作者简介

　　王兴元，男，1962年生，山东青州人。现为山东大学管理学院教授，博士生导师；兼任山东大学管理学院学术委员会副主任、市场营销系主任、品牌管理研究中心主任、管理科学研究所所长等职；主持国家自然科学基金项目"名牌创造发展及其战略管理理论与案例研究（编号：79600013)"（该项目被国家自然科学基金委员会评估为优秀成果）、国家自然科学基金项目"高科技品牌创建及可持续成长理论与实证应用研究（编号：70372015)"、国家软科学计划项目"中国名牌产品形象战略与形象识别要素的研究"，参与国家社会科学基金"非线性经济学与混沌"与"基于供应链的质量管理创新研究"等项目，并主持多项省级软科学与社科规划重大经济管理研究课题，研究项目5次获得省部级以上政府奖励。在《中国工业经济》、《系统工程理论与实践》、《预测》、《南开管理评论》、《Journal of systems engineering and electronics》、《中国软科学》、《经济管理（新管理）》等刊物上公开发表学术论文100多篇，其中有25篇论文被美国EI及ISTP收录；多次应邀参加国际学术交流活动与讲学。担任多家大型知名企业集团战略与营销管理顾问，在市场营销、品牌管理、创新管理、企业系统管理、地区经济发展战略等方面的咨询工作产生了较大的社会经济效益。指导历届"挑战杯"全国大学生创业计划大赛，其中获全国金奖2项、银奖4项、铜奖2项。

现代企业管理创新丛书

国家自然科学基金资助项目（79600013，70372015）

名牌生态系统分析理论及管理策略研究

——基于生态学视角的探索

王兴元　著

经济科学出版社

图书在版编目（CIP）数据

名牌生态系统分析理论及管理策略研究／王兴元著.
—北京：经济科学出版社，2007.12
（现代企业管理创新丛书）
ISBN 978 – 7 – 5058 – 6738 – 3

Ⅰ. 名… Ⅱ. 王… Ⅲ. 企业管理：质量管理 – 研究
Ⅳ. F273.2

中国版本图书馆 CIP 数据核字（2007）第 181789 号

《现代企业管理创新丛书》
编 委 会

总　　序

　　人类社会进入 20 世纪末，特别是进入 21 世纪以来，企业经营环境发生了根本性的变化，一是以知识经济为主体的新经济特征逐步形成；二是经济全球化趋势日益显现；三是信息技术飞速发展，基于互联网技术的网络经济方兴未艾。因此，企业要在复杂多变的环境中生存与发展就必须不断进行技术、制度与管理的变革与创新。管理理论产生于管理实践，管理实践呼唤管理理论的创新。为了分析、探讨和解决企业管理实践中出现的新情况和新问题，现代管理思想、管理理论、管理方法和管理手段不断涌现与演进。近半个世纪以来，中国经济高速发展，经济规模迅速扩大，企业竞争力有了提高，同时，面临的机遇与挑战不断增多。为应对日益严峻的国际竞争的挑战，中国企业急需加强创新能力。为此，除了需要研究总结我国企业管理的成功经验外，还必须学习、引进、吸收、消化世界先进企业的经验与知识。为了从不同视角反映现代企业管理最新研究成果，我们组编了这套《现代企业管理创新丛书》。

　　在浩如烟海的管理知识海洋中，这套丛书不过是我们注入的点滴浪花。我们难以企求丛书全方位展示管理学发展的趋势，也难以使选辑的作品都是"高、精、尖"的顶峰之作。我们力求为构筑中国管理学发展的巨大工程增砖添瓦。我们追求的目标有三：一是着力推出学术功力深厚、思想新颖独到的专著问世；二是反映管理学领域前沿学科、边缘学科和综合学科研究的新成就、新成果；三是借鉴国外企业管理研究的前沿理论，密切联系中国管理实践的发展，提出供管理学界同行关注并共同探讨的新课题。

　　这套丛书还是山东大学"985"二期工程人文社科重点研究基地"现代企业管理创新丛书"项目标志性成果之一。经过充分论证,山东大学管理学院承担了"985"工程二期重点建设项目。面对新形势与环境要求,确定了以现代企业管理创新为研究重点,力求在企业制度创新、企业组织管理创新、企业人力资源管理创新、企业品牌管理与营销创新、企业金融与财务管理创新、企业技术创新等领域取得突破性进展。《现代企业管理创新丛书》作为山东大学"985"二期工程规划项目,将陆续出版原创性企业管理创新成果,并介绍国外的优秀成果。以期对中国企业管理理论与实践做出应有贡献。

　　当我们推出这套丛书的时候,有点惶恐不安。我们深知丛书选题存在许多不足之处,作品理论水平也参差不齐。但我们也深知,理论创新是永无止境的,我们希望广大管理界同仁对这套丛书提出批评、建议与忠告,并参与这套丛书的编写,把你们的宝贵成果提供丛书出版。我们的目的是一致的,那就是推动中国管理理论的繁荣和管理理论指导下的中国企业的可持续性发展!

　　我们和国内管理学家们一起展望中国管理学发展和企业腾飞的未来!

李京文

2006 年 1 月

目　录

第 1 章

绪　　论

§1.1　研究背景与问题的提出

对于品牌理论的研究，国内外学者及企业界进行了大量的探索与实践，积累了较为丰富的文献资料。其中关于品牌概念、内涵、特征、品牌形象策划塑造、品牌管理、名牌创造策略与方法等内容，学者们进行了较为透彻的系统研究，形成了较为完整的企业品牌管理理论。Keller 的 Strategic Brand Management（《战略品牌管理》）提供了一种研究品牌、品牌资产和战略品牌管理的综合的、最新的方法，包括建立、测量和管理品牌资产的营销计划及行动的设计与执行。Murphy 在 "Brand Strategy" 中详细探讨了企业品牌战略的制定框架。Upshaw 的 "Building Brand Identity" 通过对 Bank of America、Worldwide Express、DHL、Nike、P&G、Disney 等公司的案例研究，详细描述了品牌特征策略、品牌定位及塑造和管理品牌最主要的技术。我国学者分别从不同的角度论述了品牌概念、内涵、特征，企业品牌形象整体策划、塑造、传播、品牌管理、品牌保护等内容，形成了中国名牌战略与管理理论体系。国内外的品牌理论为我国企业的品牌塑造与战略管理起到了很大的指导作用。

　　然而，从目前国内外关于企业品牌理论研究的状况来看，品牌与名牌的作用、内涵、单一品牌的策划、设计、塑造、传播、品牌资产管理及品牌资本运营方面的内容最多；整体品牌管理、激励及保护政策等方面的内容次之；品牌可持续发展与品牌系统营销方面的内容研究较少，尤其在品牌与市场环境系统互动以及品牌市场行为方面的研究，国内外研究尚显不足。比如，加入 WTO 后国际名牌进入中国市场的运作模式及对中国品牌的影响与干扰测度问题、中国市场品牌分布格局及形成机理问题、品牌及其产品的市场游动性问题、品牌市场投入合理量及其持续支撑强度问题、中小企业品牌进入市场并得以快速发展及著名品牌持续增强活力问题、失败品牌再造重建问题等，尚缺少科学合理的品牌理论框架加以解决。

　　随着市场经济的深入发展及加入 WTO，中国市场上各种名牌均遇到了前所未有的市场竞争压力。如何使名牌能够在激烈的市场竞争中求得生存并发展壮大，成为各个企业经营活动的关键问题。我们经常看到这样一种现象：在许多市场上，有的名牌进入后迅速成长，并成为该市场区域中的领导名牌，而另一些品牌开始投入很大，但很快就败下阵来，成为过眼云烟，形成了区域市场上的品牌流动现象。有的名牌在市场上能够长盛不衰，而有的名牌在市场上虽能长期存在，但却长期得不到成长。还有品牌进入市场不久即全面退出市场而成为衰败品牌，造成了很大的资源浪费。目前，市场营销理论主要研究企业角度的市场营销，包括企业营销的基本观念、企业市场营销环境分析、营销机会分析、企业营销竞争策略、企业市场营销组合策略以及企业的营销计划、组织、实施和控制等。虽然，近年来增加了提供优良的顾客价值、满意和质量、关系营销、整体营销质量、战略联盟、价值传递机制、全球营销以及企业伦理、绿色营销和社会责任等内容，但这些理论大都是立足于企业角度的市场策略与管理的静态理论，缺乏动态性和生态性。因此，如何保证名牌在多变的市场上生存与持续发展，迫切需要建立新的名牌生态系统理论予以指导。

　　美国市场营销协会认为品牌首先是一个产品或服务标识，这个标识提供了与其他产品或服务相区别的特征，是品牌的外在形式，其组成成分即品牌要素。然而品牌的差异除了与品牌要素相关外，必然与产品或服务的差异相联系，使顾客通过不同的品牌而认知不同的产品及其价值，这才是品牌的真正含义。品牌的差异实际上来源于产品或服务的功能性价值和附加价值。所有品牌开始时都无例外地借助于产品实体或服务而产生，但是，它一旦产生，品牌便有了相对独立的存在形式与空间。具有相同实际功能的产品或服务，品牌不同则市场反应不同。名牌产品或服务具有名牌特性以及名牌市场效应。而名牌同时被应用于许多其他种类的产品上，则赋予产品或服务特定的名牌含义。简单地说，名牌就是著名品牌及其所代表的企业、产品、服务与文化。

生物隐喻作为一种科学研究方法被广泛应用，美国著名品牌专家 Up-shaw 将品牌描述成"复杂的生物"，包含其产品或服务及品牌拥有企业而形成复杂的品牌系统。品牌系统与它们生活在其中的经济、社会和竞争形成的生态环境一起，共同构成了具有极其复杂系统运动行为的品牌生态系统。生态学的原理告诉我们，名牌及其产品与其他生命体一样，存在于市场生态系统之中，适者生存。当名牌及名牌产品所在的生态系统适应环境时，名牌能够生存与发展，当不适合环境时，名牌不能存在。名牌及其产品生态系统的存在性原理告诉我们，将名牌系统及其生存环境按生物生态系统进行分析研究，可以得到名牌完整的运动规律及其变化状态，并由此推演出企业名牌及产品管理的实用方法。

将生态学原理应用于经济学研究可以追溯到 20 世纪初熊彼特的经济进化论。第二次世界大战后，生物学隐喻在经济学研究中逐步增多。20世纪 80 年代纳尔逊和温特出版了《经济变迁的进化论》，标志着经济系统采用生物隐喻的复兴。另外，博弈论、非线性经济学、现代经济学中市场结构理论的研究也为动态经济理论增加了新的内容。美国管理学家 James F. Moore 于 1996 年首次提出商业生态系统概念（Business Ecosystem），建立了商业生态系统理论。1998 年波特（M. E. Porter）在哈佛商业评论上发表了"企业群落和新竞争经济学"一文，系统地提出了企业群落理论。这些以产业或企业为对象的研究为描述与调控经济系统提供了新途径，为现代经济学理论研究注入了新的活力。尤其是 Moore 的商业生态理论为企业发展战略与市场运作提供了新的理念与思路，在世界上造成了很大的影响。然而，目前国内外将生态学原理应用于经济与商业系统的研究主要集中在产业与企业层次。在进行国家自然科学基金项目"名牌产品创造发展及其战略管理理论方法与案例研究"（79600013）研究中，课题组对名牌的生态系统进行了研究，首次提出了名牌生态系统理论，探讨了名牌生态系统的成员组成及其利益平衡、分类与结构特征、评价与诊断、名牌生态系统演化过程及其运行机制、名牌生态系统核心能力及其扩张、名牌生态系统竞争与合作，名牌生态系统的稳定性、预警及其调控策略等问题。

生态学是研究生物物种与物理或生命环境相互作用的科学，主要内容为个体特性、个体与环境关系、个体及种群对环境总体的反应及演变规律、特定区域中所有物种的组成与结构变化问题等。生态学中的物种、群落、生态平衡、食物链、多样性分布、遗传变异、环境适合度、合作竞争、共栖生存、生态环境因子及相关性原理、生态胁迫与生态干扰、群落结构及动态演变、生态破坏及其恢复、生态系统功能等原理与方法将对品牌生态系统的研究提供借鉴。本书拟借用生态学原理与方法建立名牌市场行为理论即名牌市场生态系统理论，以期对名牌的战略规划与市场运作提供新的理论指南。

名牌市场生态系统理论主要阐述名牌及其产品与品牌企业在发展过程中的个性素质与实力、名牌及其产品定位、名牌生态环境状况及其适合性、名牌顾客忠诚度及演变、名牌及产品多样性与品牌群落、名牌生态系统的构成与影响因素、名牌生态系统演化规律、名牌生态系统的优化设计与组织、名牌结构与市场布局、名牌市场形象及其市场附着力、名牌动力与支撑体系、名牌生态系统竞争与合作、名牌生态系统可持续发展与扩张以及不同名牌生态系统的协同进化等内容。

品牌及名牌生态系统理论建立具有如下几方面的科学意义与实践作用：

（1）为企业整体名牌运作提供新的战略规划框架，丰富名牌战略理论。品牌及名牌生态系统理论有助于企业名牌看清自己在市场生态中的位置及其生态系统构成情况，寻找最优市场机会，避免名牌市场操作的盲目性，避免恶性竞争，节省市场成本，提高市场运作效益，从而实现企业名牌的可持续良性发展。

（2）名牌生态系统的研究，有助于政府有关部门了解区域市场的名牌营销与竞争状况，为政府制定公平竞争规则，建立良性的区域市场秩序，优化区域商业布局，避免出现市场名牌"游动沙丘"现象，节省大量社会资源提供科学依据。

（3）名牌市场生态系统理论为社会商业生态系统的研究打下基础。企业的市场绩效主要是名牌产品在市场中的表现，由于市场需求的多元化及动态性，企业产品也需要不断地随市场需求变化而发生变化，而企业名牌在市场上则保持相对稳定，因此在市场上，名牌是参与竞争的主角，是社会商业生态系统的最重要组成部分。名牌市场生态系统的研究可为整个社会商业生态系统的研究打下基础，有利于整个社会资源的优化配置及产业结构优化。

（4）名牌市场生态系统理论的研究可丰富发展目前的市场营销理论，为名牌区域市场经营的稳定性提供有效工具，从而形成名牌市场操作的生态模式。通过对区域市场名牌生态系统的整体描述与运作机制探讨，能够形成新的名牌生态调查与分析方法，为品牌进入、拓展、领导、转移、重建区域市场提供有效策略模式，并为名牌的区域运作管理提供工具。这可有效解决名牌市场运作的片面性、零散性，有利于提高企业名牌市场管理效率。

（5）名牌市场生态系统的研究为塑造百年名牌提供理论依据，为地区、行业、企业制定持续发展的名牌战略，为品牌生态系统尤其是中小品牌生态系统长期生存与成长壮大指明道路，尤其对进入 WTO 后中国品牌应对国际品牌挑战创造国际名牌，具有现实指导意义。

（6）名牌市场生态系统的研究可为区域市场商业发展提供指南，尤其对于经销商、代理商及各种零售商的经营品牌种类的选择及营销策略的制定特别重要。依据名牌生态系统理论方法优化经营结构与操作模式，可有效提高中间商及零售商的规模经济与范围经济效益。

§1.2　研究范围和对象

本书认为，对名牌进行研究存在不同的视角，传统名牌管理理论属于市场营销学的部分内容，认为品牌属于产品的构成部分，因此市场营销角度的名牌研究主要基于各不同利益相关者的感知和评判视角。例如，在消费品牌领域较为普遍的顾客视角和品牌关系研究领域的渠道视角。本书采用基于生态学视角将品牌视为类生物物种，将其相关的商业系统视为类生态系统，运用类比生态系统的原理与方法对品牌尤其是名牌的可持续成长问题进行研究。

本书把包含跨越企业边界的大尺度商业生态系统作为研究范围。根据文献研究，国外关于商业生态系统的现有研究主要集中在企业或产业层次，对于品牌层次的商业生态系统研究较少。而本书则把品牌生态系统及其重点物种群落——名牌生态系统作为研究对象，如图1-1所示。

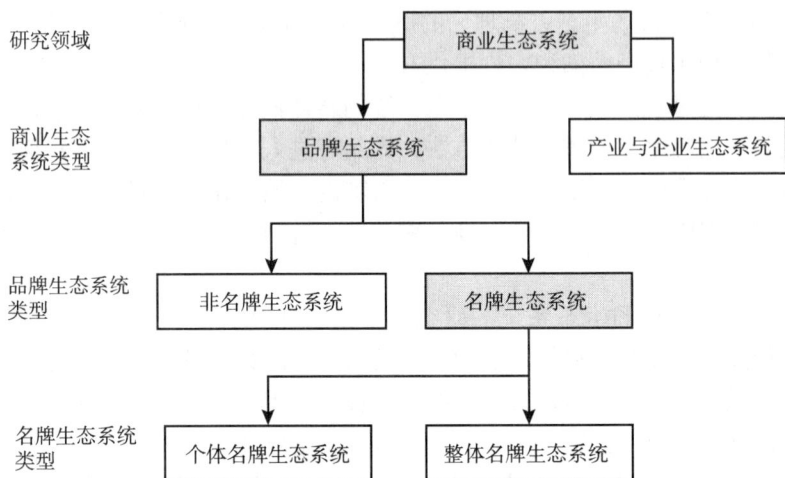

研究领域
       商业生态系统

商业生态
系统类型
    品牌生态系统   产业与企业生态系统

品牌生态系统
类型
    非名牌生态系统   名牌生态系统

名牌生态系统
类型
    个体名牌生态系统   整体名牌生态系统

图1-1 研究对象"聚焦"过程

§1.3 研 究 方 法

☞ 1.3.1 隐喻研究方法

复杂性科学要求把整体方法和还原方法有机结合起来，形成适合复杂性科学所需要的新方法论——融通论。换言之，在复杂性科学研究中既要从整体着眼，又要从细处分析着手。国内外学者霍兰、钱学森等率先提出了包括非线性、非平衡系统理论等，形成了新的从定性到定量的综合集成方法以及复杂性科学研究方法，这些新方法可归纳为隐喻、模型、数值、计算、虚拟和集成等六种具体的复杂性科学方法。其中，隐喻方法被认为是一种最为重要的复杂性问题研究方法。在传统科学研究中，隐喻虽然也是重要的研究方法，但却一般不被公开承认。复杂性学者特别是霍兰，不仅公开承认隐喻方法在复杂性科学中的作用，而且特别强调它的重要性。

本质上，隐喻是以一定语形位载体，在特殊的语用语境中生成的一种语义映射。正是特定语境中语形、语义、语用的统一，决定了相关隐喻的生成及其本质意义。隐喻是一种有效的思维方式，它基于相似性或类似性，在不同的经验世界或观念世界之间建立对照关系或对应关系。科学理论中隐喻的使用是当代科学哲学家所研究的重要课题，他们一般都把隐喻视为描述科学理论构成要素的一种有启示的范式（黄欣荣，2006）。一旦我们注意到隐喻包括源事物和目标事物，就可以将科学创新中关于模型应用的讨论同隐喻的构造联系起来。隐喻将辅助主体的某些特性作为相关暗示作用到中心主体，这些暗示通常包括中心主体和辅助主体的一种共有性。在适当情境下它也可以包括人们特意想表达的非自然的暗示（霍兰，2001）。显然，隐喻已经成为众多复杂学科分支研究的重要科学方法。

生态系统经常被用作其他复杂系统的隐喻（米哈依洛夫，2002），将品牌商业系统描述为生物生态系统是一种隐喻，通过借用生态学语言、生态学原理以及进行隐喻类比研究，可以更加有效地描述与探索品牌商业系统的复杂性现象及其内在机理。因此，隐喻研究方法将是本书使用的一种重要研究方法。

☛ 1.3.2 文献研究与规范分析方法

为了从理论上系统构建品牌及名牌生态系统的形成与成长机制基本概念模型，我们对国内外相关文献资料进行了广泛的收集，掌握了国内外学者对品牌理论及实证研究进展，积累了大量相关研究成果资料。本书利用文献研究和规范分析方法对如下一些问题进行了研究：品牌与名牌商业生态系统的定义；名牌商业生态系统的要素组成、结构及形态；名牌商业生态系统自组织机制、演化及其运行机制；名牌生态系统的核心竞争力及其扩张；名牌生态系统的竞争与合作；名牌生态系统中的信息流程网络优化管理；名牌生态系统成员构成特点及其利益平衡；名牌生态系统知识分享与知识创新；名牌生态系统的稳定性；预警及其调控策略；名牌生态系统评价诊断原理与方法以及名牌生态系统可持续发展管理模型和成长策略轨道设计。

☛ 1.3.3 调查研究方法

本书在进行研究中采用了观察、访谈、问卷调查以及案例调查等方法，主要是了解品牌商业分布形态、运行机制以及调控机制等问题。

首先对多行业名牌进行深度访谈与案例调查，获取数据资料，选择了上海、北京、杭州、济南、青岛的部分名牌企业进行了调查。

其次在探究相关理论文献和实证研究的基础上，在符合研究规定的名牌企业相关人员中抽取样本进行问卷发放与回收。调查内容主要是名牌生态系统组织及运行机制，以验证研究假设与模型的有效性。

☛ 1.3.4 定性与定量相结合的综合集成模型方法

本书结合定性分析，采用系统科学、模糊数学、统计学等方法对名牌生态系统的有关问题进行定量分析及仿真研究，并给出相应的应用案例。而模型的最终目的是用其指导实践，其所起的作用就是将复杂现象进行概念化、数学化和系统化，用于了解一个系统的现状，评价其优劣、预期未来的发展，以便提出新的假设和对策。从理论上看，每一名牌生态系统过程都与许多变量密切相关。而建立一个普适的、描述名牌生态系统的模型，则应具备如下特点：在其哲学概念上，模型必须具有所有被描述对象的共性；模型必须建立在严密的科学定理之上，保证模型原理的正确性；各种参数应用较大的定义域，以保证数学推导的结果能与名牌生态系统的实际情况在较大的范围内相符。

§1.4 研 究 流 程

本书依据图 1-2 所示的研究流程进行研究。

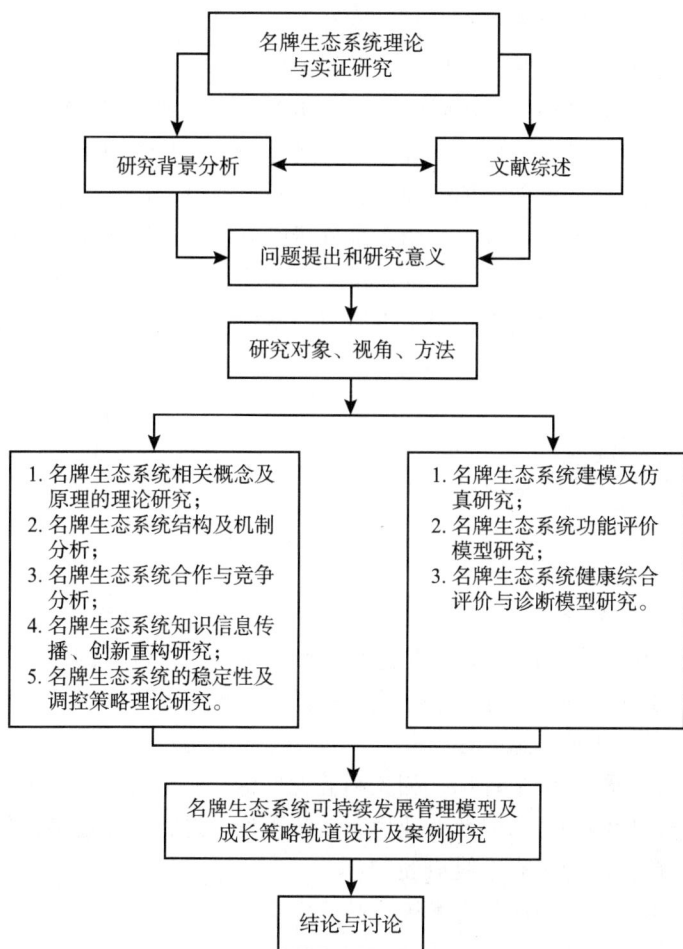

图 1-2 研究流程

§1.5 研究内容和结构

1.5.1 研究内容

本书对有关理论文献和企业实践活动进行了梳理，将理论研究、定量模型研究以及实证案例研究进行了结合。在对以往研究文献进行综述基础上，我们结合企业实践，提出了本书的主题、研究对象、研究视角和研究方法，并通过大量理论与实际研究，初步建立了名牌生态系统理论分析框架及方法，探讨了名牌生态系统形成与运行的机制与调控策略，建立了名牌生态系统可持续发展管理模型及成长策略轨道设计途径。本书将理论分析和实证案例研究相结合，运用系统分析的方法，从定性和定量两个方面研究名牌生态系统的若干规律及启示，保证了研究具有良好的合理性、科学性和系统性。最后结论指出了本研究的学术价值、实践意义及未来的研究方向。

☞ 1.5.2　结构

本书共包括 12 章。

第 1 章：绪论

简要地阐述了品牌及名牌生态系统创建和可持续发展的重要性，明确了研究对象和范围，并介绍了理论分析框架和研究方法。

第 2 章：相关文献综述

对品牌、社会网络理论、相关利益者理论、供应链理论、生物生态理论在经济管理中的应用以及商业生态系统理论等进行了综述与评价。

第 3 章：品牌生态系统概述

对品牌生态、品牌生态系统、品牌生态位等概念进行了界定，描述了品牌在市场区域中的分布结构及分布规律，提出了品牌生态位原理，并建立了品牌生态位的测度方法与模型。

第 4 章：名牌生态系统结构形态及环境分析

提出了名牌生态系统概念，分析了名牌生态系统的要素构成、分类，描述了名牌生态系统的结构形态，分析了名牌生态系统的环境因素。

第 5 章：名牌生态系统运行动力机制

分析了名牌生态系统的演化过程、成长途径、运行及成长动力机制，建立了名牌生态系动力来源结构优化匹配方程。

第 6 章：名牌生态系统的竞争与合作

分析了名牌生态系统成员的利益平衡与名牌生态系统的竞争及合作问题，建立了名牌生态系统的竞争及合作分析模型，利用博弈论探讨了名牌生态系统的成员竞合问题。

第 7 章：名牌生态系统知识传播与信息流程优化

对名牌生态系统中的知识分享、关联性及功能发挥，名牌生态系统的知识创新，名牌生态系统中的信息分类及信息流程优化等进行了探讨与分析。

第 8 章：名牌生态系统创新与重构

对名牌生态系统创新以及名牌生态系统的重构原则方法与途径进行了研究。

第 9 章：名牌生态系统演化定量仿真模型

利用生物群落扩张方程，建立了名牌生态系统名牌生态系统成员群落数量扩张模型；利用多主体建模、系统动力学等工具及方法，建立了名牌生态系统演化定量分析、定量仿真模型，并给出了应用案例。

第 10 章：名牌生态系统的调控

分析了名牌生态系统的稳定性问题，探讨了名牌生态系统的稳定性判据与失稳预警方法，提出了名牌生态系统稳定性复合调控机制、调控模式与调控工具以及名牌生态系统的预警及调控策略。

第 11 章：名牌生态系统评价模型

探讨了名牌生态系统的评价问题，利用 FUZZY、DEA/AHP 等方法，建立了名牌生态系统功能及健康性评价模型，并给出了实际应用案例。

第 12 章：名牌生态系统可持续发展系统管理模型及其策略轨道

建立了名牌生态系统可持续发展系统管理及策略轨道模型。通过案例研究给出了名牌生态系统创建成功的若干策略启示。

§1.6 创 新 点

（1）界定了品牌生态、品牌生态系统、品牌生态位等概念，指出品牌是具有类似生物特征的"生命体"，它与其生存环境一起形成了典型的商业生态系统即品牌生态系统，具有特定的品牌生态系统特征；描述了品牌在市场区域中的分布结构及分布规律，提出了品牌生态位原理，并建立了品牌生态位的测度方法与模型。

（2）提出了名牌生态、名牌生态系统等概念，分析了名牌生态系统的要素构成、分类、结构形态，建立了名牌生态系统运行机制、动力机制及竞争与合作分析模型，提出了名牌生态系统知识传播、信息流程优化以及创新重构问题。

（3）利用多主体建模、系统动力学等工具及方法，建立了名牌生态系统演化定量仿真模型；利用 FUZZY、DEA/AHP 等方法，建立了名牌生态系统功能及健康性评价模型；提出了名牌生态系统的预警及调控策略。

（4）建立了名牌生态系统可持续发展系统管理模型及其策略轨道模型，通过案例研究给出了名牌生态系统创建成功的若干策略启示。

第 **2** 章

相关文献综述

§2.1 品牌及名牌研究回顾

人们对品牌的理解随着时间的变迁而不断地演进，从最初认为品牌是一个标识到复杂的生态系统，每个阶段人们的认知都在不断地深化。1955年 Gardner 和 Levy 在《哈佛商业评论》上发表《产品与品牌》一文标志着品牌研究的正式开始。总的来看，人们对品牌的认识和研究大致可分为以下几个阶段。

☞ 2.1.1 品牌研究综述

1. 品牌是标识

品牌最初仅被人们用作区分产品类别的符号，借以说明产品的归属或制造者，无论是对生产者还是消费者，这时的品牌没有促销作用和附加价值。对品牌的研究也没有形成规模。美国市场营销协会（AMA）在 1960年给出的品牌定义，认为品牌是用以识别一个或一组产品的名称、术语、象征等及其组合，以和其他竞争者的产品劳务区别，就是这一阶段人们对品牌认知的反映。这种观点忽略了品牌的附加作用,无法解释由品牌引发的诸多经济现象。

2. 品牌是形象和认知

随着市场竞争的日趋激烈,人们逐渐认识到品牌不仅是区分标识,还有更丰富的形象内涵,人们对品牌的理解已经由单一产品载体向形象和关系等多元载体转化。在产品与产品之间差异性越来越小和人们购物趋于感性的条件下,为品牌树立起有别于竞争对手的形象可为企业获得较高的市场地位。20 世纪 50 年代大卫·奥格威(David Ogilvy)首次提出品牌形象理论,他对品牌内涵的描述更为深刻:"品牌是一种错综复杂的象征,它是品牌属性、名称、包装、历史声誉、广告方式的无形总和。"这种象征通过消费者的认知能够证实的某种身份,与消费者的自我反映相吻合,进而使消费者形成品牌忠诚。1978 年 Levy 教授指出,品牌是存在于人们心智中的图像和概念的群集,是关于品牌知识和对品牌主要态度的总和。Levy 教授更强调品牌的中心是消费者,没有消费者的认知就没有品牌。人们对品牌的识别和区分也逐步超越了品牌的产品层面,品牌的情感和表达成为人们认可品牌的重要因素。这段时间内为了使人们更加认可本企业的品牌,对产品形成偏好,品牌经理制开始在全球流行。

为强化目标顾客对品牌的认知需要对品牌有一个清晰的定位。品牌定位是对公司提供的产品、服务及公司形象进行设计,从而使其能在目标顾客心目中占有一个独特的、有价值的位置的行动(Kotler,1994)。品牌定位是企业品牌经营的一个基础环节,品牌定位的效果通过在消费者心目中形成品牌形象以及消费者的行为表现出来。对品牌定位的研究集中在品牌定位的测评(Olson,1993;Aaker,1996;Henderson,1998)、品牌定位与品牌延伸的关系(韩经纶等,2004)等。

人们认可某一品牌,会对这一品牌产生偏好进而形成品牌忠诚(Jacoby,1978),这体现在态度和行为两方面。对品牌忠诚的研究始于 20 世纪 50 年代,至今方兴未艾。研究的内容包括品牌忠诚的含义、品牌忠诚的计量、品牌忠诚的作用等。

3. 品牌是资产和关系

20 世纪 80 年代后期,欧美兴起大规模并购的浪潮,很多收购价高于被收购企业的净资产的数倍，很多企业不仅把品牌看作标识，更将其视为企业的资产，重视品牌带来的价值。对品牌战略和品牌资产的研究文献开始大量出现。对品牌战略的研究拓宽了品牌研究的视角，出现了如"360°品牌"、"品牌轮"、"品牌冰山"等一系列的概念，使企业品牌操作的实践更具有整体性和针对性。品牌资产是由品牌带来的无形资产，它通过对消费者的影响产生（柴俊武等，2005）。品牌资产的概念最初出现在美国的广告界，后续对品牌资产的研究多是围绕品牌的价值、品牌资产的界定、品牌资产的来源和品牌资产的评估进行。品牌的价值包括功能性价值、条件性价值、社会性价值、情感性价值、知识性价值（Sheth et al.，1991）。界定品牌资产的出发点包括财务、市场力和品牌关系等，由最初的"资产—货币观"逐步转向"能力—效应观"。品牌资产来自于消费者的认知面和行为面。对品牌资产的评估也分为财务取向和顾客取向。财务取向的测评方法大体可分为三类（范秀成，2000）：成本法、金融市场法、收益法。顾客取向最具代表性的模型包括 Aaker 的品牌资产五星模型（1991）、品牌财产评估（Brand Asset Valuator）电通模型、品牌资产趋势模型、品牌资产十要素（Brand Equity Ten）模型、品牌资产引擎（Brand Equity Engine）模型等（卢泰宏，2002）。但整体而言，在深入研究品牌创建与品牌资产之间的投入产出关系和品牌资产的评价的指标体系等方面仍有较大的不足。

对品牌资产利用的重要方式之一就是品牌延伸。品牌延伸是指将著名品牌或成名品牌使用到与现有产品或原产品不同的产品上，它是企业在推出新产品过程中经常采用的策略。品牌延伸的研究自 20 世纪 80 年代以来持续升温。这期间西方有关品牌的学术文献中有一半以上涉及品牌延伸（Laforet，1995），世界顶级营销杂志均大量刊载有关品牌延伸的文献。研究的成果主要集中在（符国群，2003）：影响消费者评价品牌延伸的因素、消费者评价延伸产品的过程、品牌延伸对原品牌的影响、品牌延伸对市场份额和广告效率的影响、品牌延伸的时机等。

20 世纪 90 年代末期，品牌关系理论（Blackstone，1992；Duncan，1999）开始兴起，Blackstone 认为品牌关系是"消费者对品牌态度与品牌对消费者态度之间的互动"，并构建了品牌关系模型。Fournier（2001）年开发了多主体的品牌动态关系模型，将品牌关系理论推进了一大步。随后研究者发展出一系列品牌关系的价值评估模型。随着竞争环境的日趋激烈，企业在注重品牌资产的同时也更加注意塑造与利益相关者尤其是消费者之间的关系，塑造、维护和强化品牌关系已经成为关系营销和营销过程研究的基本问题。品牌是一种关系性契约，品牌不仅包含企业与消费者之间的交换关系，而且还包括其他社会关系（王新新，2000），如企业与顾客之间的情感关系、企业对其他利益相关者之间的关系等，提升与利益相关者的关系质量成为企业持续发展的前提。

在视品牌为关系的阶段，对品牌的研究也呈现多学科交融的态势，这些学科包括心理学、社会学、人类学、经济学、战略学、脑科学、神经学、生态学、生理学等（Shocker，1994），对品牌管理研究的整体来说，不再是一种单一的理论框架，多学科的研究加深了人们对品牌的理解和认识。

传统顾客关系研究的焦点是顾客与企业（或品牌）之间的关系，更广义的关系甚至包括基于品牌的顾客与顾客的关系。Muniz 和 O'Guinn（2001）创新性地提出"品牌社区"（Brand Community）的概念。这一概念着眼于顾客之间的关系，指基于品牌核心而形成的顾客与顾客之间的关系群体。McAlexander 等（2002）对品牌社区的概念作了修正，他们认为顾客与企业、顾客与产品、顾客与品牌、顾客与顾客等四类关系都应纳入这一概念范畴。品牌社群更关注会员从顾客群体沟通与交往中获得的品牌体验。"品牌社群"一词替代传统的"会员制"更顺应体验经济的大趋势（周志民，2005）。

由于服务业和网络技术的发展在人们生活及国民经济中地位的日益重要，学者们在 21 世纪初开始关注服务市场的品牌和网络品牌塑造。服务品牌理论的代表人物是英国的彻纳东尼和麦克唐纳（2001）。他们认为，拥有一个强有力的服务品牌是服务业可持续的竞争优势的来源。服务的特殊性要求产品品牌经营的原则经过适当调整后再用于服务品牌经营，一种有效的宣传服务品牌价值的方式是通过"企业做事的方式"。服务品牌更强调品牌内部化，更注重员工对品牌的理解和认可。

几乎与此同时，西方学者对网上品牌理论进行了比较系统深入的研究，主要代表人物有美国的 D. 布瑞肯里奇、赛奇、里斯父女等。他们把网上品牌分为因特网品牌（传统企业品牌在网上的延伸）和 e 品牌（仅以因特网作为发展空间的企业品牌）两部分。里斯父女（2000 年）提出了每一家企业如何利用网络来建立他们的品牌的 11 条简练法则。布瑞肯里奇（2001）提出了网上品牌成长的新的 4P 理论。赛奇（2002）认为网上品牌创建有发现、构思、文字表达、视觉、感觉及有形的表达、执行 5

个基本的阶段，这 5 个阶段都与强大的网络要素直接相关。

近年来，随着战略联盟的广泛兴起，联合品牌战略在世界范围内受到越来越多公司的青睐，联合品牌是两个或以上品牌进行合作的一种形式，通过相互间的借势可以增加彼此的品牌资产，强化竞争优势。品牌联合包括接触/认知型、价值认可性、元素组成型和能力互补型，价值创造的等级逐次提高（布莱科特等，2006）。

4. 品牌是生命体和生态系统

美国著名品牌专家 Lynn 将品牌描述成复杂的生物，迈克尔·穆恩等在《火炬品牌：网络时代的品牌铸造》中论述了品牌具有的生命性质，世界营销管理大师菲利普·科特勒（Philip Kotler）认为品牌是有生命力和灵魂的，在市场中，它具有无限的灵性。总之，品牌作为现实存在物，在其市场活动能够表现出特定的生物属性，这为品牌的拟人化研究提供前提。

品牌具有特殊的生态属性，积累品牌资产必须具有开放的视野，注意塑造与利益相关者之间的关系。现代社会复杂的竞争环境也迫使企业将越来越多的因素纳入决策考虑的范畴，仅从自身角度考虑问题会使企业陷入不利地位。大量对战略管理研究的文献（Moore，1986，1996；波特，1998）开始出现生态学的观点，对品牌的经营也不例外。品牌作为一种有生命力的活化物，具有类似生命体的诸多特点，生态学的研究能对品牌理论的发展产生有益的启示。著名品牌理论专家 Aaker（1998）首先提出了基于单个企业品牌系统的"品牌群"概念，将生态学的种群概念引入到品牌理论的研究中，这为认识品牌提供了一个全新的角度，他又在2000 年进一步提出了"品牌领导"的新管理模式。邓肯（1998）指出：真正的品牌其实是存在于利益相关者的内心，品牌生态系统内各相关利益团体之间存在着内在的双向互动联系和重叠交叉现象。Winkler（1999）则提出了品牌生态环境的新概念，并指出品牌生态环境是一个复杂、充满活力并不断变化的有机组织。王兴元（2000）明确提出了名牌生态系统的概念，并对名牌生态系统的一系列相关问题作了开创性的研究，初步构建了名牌生态系统研究的理论体系。王兴元（2000）、张燚和张锐（2003）将对品牌生态的研究上升到品牌生态学，并试图构建了品牌生态学研究框架及学术规范。品牌与生态的结合将成为品牌理论发展的新趋向，生态学将成为解决品牌复杂性问题的一把钥匙。

2.1.2 名牌理论研究综述

名牌即著名品牌，它代表着特定的企业、产品、服务与文化。作为质量好、美誉度高、竞争力强的品牌，是社会经济中的重要元素，不仅是区域经济发展的主要"助推器"，还是企业市场竞争的法宝。国内外学者对名牌的研究包括名牌构成要素与特质特征、名牌的创建和保护、企业名牌整合策略、名牌效应研究和网上名牌战略等。

名牌作为社会经济现象，有着相对复杂的构成要素，名牌的出现和发展需要所属企业的长期努力和积淀，包括高质量的产品和服务、具备一定的规模、具有自我创新能力、实行现代企业管理方式、具有现代的品牌意识和品牌经营方式以及优秀的企业文化等（艾丰，2001）。这些要素的综合作用反映在市场中，使得名牌具有了高知名度、高信任度和高美誉度的特点。

名牌的特质和特性在于七个"对立统一"（艾丰，2001）：有形资产和无形资产、简单和丰富、结实和脆弱、自己和他人、有限和无限、经济和文化以及宏观和微观。换言之，名牌以产品和服务为载体，是企业宝贵的无形资产；名牌传播要素相对简单，但内涵丰富；相对于一般名牌具有较强的抵御风险的能力，但也具有脆弱的一面；名牌不仅能容纳自身企业的资产，还能兼容和吸收其他资产，具有很高的获利能力；名牌不仅具有有形资产要素，还包括无形资产，这种无形资产更具有市场影响力；名牌不仅属于经济领域，还能在社会文化领域产生深刻影响。名牌效应表现在市场开拓力、资产内蓄力、资本扩张力和环境适应力上，即名牌相对于非名牌和普通品牌，更具有开发和延伸现有市场的能力；能够吸纳更多的优质资源，进行跨越式发展；名牌有较强的环境适应能力，还具有改造环境的能力。名牌的这些效应都源自消费者强烈的品牌意识，这种品牌意识直接影响着消费者对名牌信息的认知和加工，进而对名牌产品、延伸、价格和沟通等市场表现都产生行为反应（Hoeffler and Keller，2003）。

名牌创建需要考虑多种因素，进行系统推进，既需要名牌企业采取系统化的视角，合理安排各种要素，也需要企业所处的社会环境系统给予积极扶持。按照企业创建名牌的一般规律，可以总结出"名牌塔"的策略模式，"名牌塔"的塔基是优秀企业家与高素质员工队伍，塔身由企业管理系统、文化系统及功能系统构成，塔顶部分是名牌产品、名牌企业以及名牌。即名牌的塑造应以人为本，在调动管理者和员工积极性的基础上完善名牌的价值创造系统，从管理和文化等"软"因素和生产制造等"硬"因素共同出发，最终产出具有高附加值的名牌。同时，名牌的创建需要优化名牌发展环境、需要政府制定有利于名牌发展和保护的相应政策、加大社会整体科研投入等，使名牌的发展有坚实基础。另外，名牌创建和维护不仅需要企业对要素的统筹规划，还应按照消费者的认知模式和品牌资产积累路径进行。根据消费者认知的一般模式，名牌资产的积累需从塑造品牌知名度开始，对消费者认知品牌的各项要素内容进行有针对性的建设，增加消费者对品牌的满意感和信任感，使消费者出现持久的忠诚。

名牌的持续发展需要加强保护，名牌保护包括名牌的日常维护和法律保护等。名牌的日常维护需要名牌所属企业的管理者和员工加强忧患意识，进行产品和服务的创新，不断积累消费者对品牌的认可度和美誉度，避免出现因观念落后、行为处理不当和其他主体的不利行为导致的"逆名牌效应"（潘成云，2005）；法律保护是指加强对名牌的商标和知识产权的法律保护，避免出现商标被抢注等导致的企业无形资产流失等现象。

名牌整合策略的选择是企业名牌塑造和管理的主要内容之一。企业名牌整合策略特指企业对下属不同名牌的组合管理。这些不同的名牌统一在企业品牌之下，却有着自身相对独立的目标市场和发展轨迹。名牌整合策略内容包括确定和培育旗帜品牌、选择不同名牌的组合策略、建立协调的管理方式等。旗帜品牌往往是市场中的名牌，是企业的生存发展状态的主要标志和品牌延伸的动力源。因此一个好的旗帜品牌必须有一定的涵盖性，提炼出的品牌定位要超越品牌所依托的产品核心利益，尽量包括所有市场上都适用的品牌承诺和沟通主题（于淼、张崴，2006）。不同名牌的组合策略包括各下属名牌独立竞争、下属名牌联合、母品牌的担保等，企业应考虑行业特征和品牌实际选择品牌的组合方式，使整体名牌间的力量最大化，避免同一企业下的名牌出现对抗。建立协调的管理方式是整合名牌的支持性活动之一，这需要企业在战略规划和组织结构中做出调整，使不同名牌发展得到管理上的支持。

名牌不仅对企业，对企业所在的地区和社会都有显著的影响。名牌的生存和发展需要社会资源的投入，同时成功的名牌对相关产业和地区发展也具有带动和示范效应。现实中名牌的出现多具有"区域积聚"的现象，这种名牌群落能够放大名牌的影响，体现在：改进消费意识和营销服务意识，提高不同阶层的生活质量；提高产地知名度，促进采购集约化与消费集约化；通过人员流动和技术外溢提供积极的外部性；促进区域良好风气建设等（赵成文，2003）。名牌的发展对区域经济结构调整和产业结构升级也具有重要意义（彭新沙，2004），一方面，名牌作为经济存在物能够和经济发展结合，这为名牌参与经济结构的提升提供了可能性；另一方面，名牌能够吸纳大量的资源，最大化投入资源的产出价值，这又为名牌充当区域经济龙头、促进经济结构的升级提供了必要性，因此区域经济整体发展需要在综合区域名牌分布的基础上，综合考虑产业升级方向和路径进行。

随着网络经济的发展和经济增长方式的变化，网上名牌建设为更多的研究者所关注。网络经济的特点决定了名牌建设特殊性。贺爱忠（2004）在《网上名牌战略》中通过分析因特网对名牌的影响，比较了网上名牌战略与传统名牌战略的区别，提出了网上名牌战略法则与步骤，并探讨了网上名牌的规划、经营、管理及生态系统，对网上名牌建设做出了探索。

§2.2　社会网络理论研究综述

社会网络理论起始于社会学研究，早期的社会网络理论主要集中在个人层面。随着企业间分工的细化和网络资源重要性的进一步提升，20世纪90年代以来，社会网络理论开始被广泛应用于企业研究领域。事实上，任何个人或组织都与社会中其他个人或组织发生着这样或那样的关系，这些关系共同组成社会网络的基本架构。对于社会网络的定义，不同的学者有不同的看法：Foss（1990）从个人角度出发认为社会网络是指特定个人之间比较持久的、稳定的社会关系模式，Coleman（1990）认为社会网络是企业社会资本的重要部分，它通过人际关系建立起来并增加相应的人力资本。这些对社会网络的定义尽管各不相同，但具有一个共同的特征，都强调特定时空范围内相对稳定的一种人与人之间或组织之间的相互关系。

由于社会网络理论最基本的分析单位是各种"关系联结"，因而要认识社会网络，就必须了解"关系联结"及其特性。早期研究社会网络的代表性学者是 Granovetter，他通过引入了网络"力度"，将联结分为两种类型，强联结（Strong Tie），即关系密切，且经常联络的社会关系；弱联结（Weak Tie），即关系较为紧密，或间接联络的社会关系。他提出的一个著名论点是弱关系对于信息的传递与获取起着比强关系更为重要的作用。尽管 Granovetter 对于强弱联系的界定和判断可能存在一定的局限性，但他提出的网络弱联系假设仍然是分析资源获取的一个有用角度。

与弱联系力量论相对应的是由克拉哈德（David Krackhardt）等人提出的强关系力量论。克拉哈德认为只有弱连带关系，许多商业行为将难以完成，尽管弱关系能够提供"圈外"的信息与资源，但是对于人们的行动会有较大的助益还应属强关系。他与斯泰因（Stern）的合作研究进一步证实，一个社会网络若具有跨越部门界限的友谊连带（指弱关系），将有利于适应环境的变迁与不确定性。而强关系则提供了人们彼此相互信任的基础，从而降低了人们对于变迁的拒斥程度，使人们得以安然地面对不确定性。因此，"并非是弱关系促成了组织变迁，反而是一种特殊形态的强关系产生了作用"。其实他们之间貌似矛盾的研究结果与其说是对立的，不如说是互补的。经验地看，弱关系的优势在传播信息与知识，强关系的优势则体现在传递影响力和信任感等方面。

国内外学者对社会网络理论的研究成果，包括以下几个主要类别：

1. 社会网络结构理论

社会网络结构理论强调按照行为的结构性限制而不是行为者的内在驱动力来解释行为（Ruan，1993）。该理论的主要代表人物有 Granovetter 和林南等。他们普遍把人与人、组织与组织、社会实体与其他社会实体之间的纽带关系看成一种客观存在的社会结构，分析这些纽带关系对人或组织的影响。网络结构观认为，任何主体（人或组织）与其他主体的关系都会对其行为产生影响。

2. 社会资本理论

对社会资本的深入研究始于 20 世纪 80 年代，法国社会学家 Bourdieu

将社会资本与社会网络连接起来，他认为社会资本是个体或团体通过与外界的联系所积累的实际或潜在资源的集合，是与占有某种持久性的网络密不可分的，而这种网络是大家所熟悉的、得到公认的、体制化的社会关系网络。把社会资本理论的研究推向深入的当属社会学大师科尔曼和林南。科尔曼（1990）认为社会资本是社会结构的构成要素，它"使取得某些缺少社会资本就无法实现的结果成为可能"。在个体通常情况下拥有的三种资本中，财务资本与人力资本是个体自身的资产，是独立于其他个体的，而社会资本则代表了与其他个体的关系，它不依附存在于独立的个体，是寓于人际关系结构之中的，并为结构中的个体行动提供便利。林南则把社会结构想象为按照某种规范的荣誉和报酬而分等的人组成的社会网络。在"金字塔形"的社会结构中，处于相同等级的人们更多依靠强关系相互连接，但处在不同等级的人们之间的联系往往是弱关系，信息的沟通和资源的交换都是凭借弱关系进行的。

社会资本理论认为个人或组织在社会中赖以生存和发展所依靠的资本既可以基于自身，也可能来自网络，处在复杂交往关系中的个人或组织与外界的联系越多，获取资源的渠道越丰富，社会资本也就越多，竞争力就越强。

3. 结构洞理论

所谓结构洞，是社会网络的两种类型中的一种，即"社会网络中的某个或某些个体和有些个体发生直接联系，但与其他个体不发生直接联系。无直接或关系间断（Disconnection）的现象，从网络整体看好像网络结构中出现了洞穴"。结构洞理论是伯特（Ronald Burt）在1992年提出的。他在借鉴社会资本概念的基础上，针对网络的路径依赖性提出：一个网络中最有可能给组织带来竞争优势的位置不是处于关系稠密"地带"之内而是处其之间，这种关系稀疏"地带"即为结构洞（Structural Hole）。结构洞为网络内的信息与资源的交流和沟通提供了连接，富含结构洞的社会网络比之拥有纯粹的关系稠密的网络价值更大，竞争优势更明显。更进一步来看，由于认识到结构洞隐含的潜在价值，人们就会寻求在结构洞之间架起某种形式的"桥梁"，使原有的社会网络就会发生结构上的变动，而这种变动的结果则是带来了原有网络的价值增加。事实上，伯特的"结构洞"理论与Granovetter的"弱关系"思想有关，即由于结构洞之内多是弱关系，而弱关系在传递资源过程中更具重要性，因而社会网络因结构洞的存在而价值更大。

§2.3 利益相关者理论文献回顾

古典企业理论"股东至上"的逻辑基础在 20 世纪 60 ~ 80 年代受到了理论和实践的双重冲击，利益相关者理论（Stakeholder Theory）应运而生。企业实际是"状态依存"的"一组契约"，是以所有权为中心的社会关系的集合。企业剩余权拥有者的范畴不断地在向外扩展。任何一个公司的发展都离不开各种利益相关者的投入或参与，企业追求的是利益相关者的整体利益。这些利益相关者包括企业的股东、债权人、员工、客户、供应商等交易伙伴，也包括政府部门、当地社区、媒体等压力集团，甚至还包括自然环境、人类后代、非人物种等受到企业经营活动直接或间接影响的客体。这些利益相关者都对企业的生存和发展注入了一定的专用性投资，或是分担了一定的企业经营风险。企业的发展前景依赖于企业管理层对利益相关者的利益要求的回应。管理者必须从利益相关者的角度来看待企业，这样才能获得持续的发展。

最早使用"利益相关者"概念的经济学家是安索夫，他认为"要想制定理想的企业目标，必须综合平衡考虑企业的诸多利益相关者之间相互冲突的索取权"（Ansoff，1965）。实际上在主流企业理论的源头就有利益相关者理论的思想基础。伯利和米恩斯在他们的名作《私有财产与现代公司》中就有关于"公司参与者"的论述（Berle and Means，1932）。但是在物质资本所有者在公司中居于无可争议地位的时代里，"利益相关者"理论的声音显得微弱和另类。进入 20 世纪 70 年代，随着物质资本所有者地位的逐步弱化，智力资源拥有者地位相对上升，全球开始关注企业的社会责任（Corporate Social Responsibility），利益相关者理论得以长足发展。越来越多的学者认识到，企业是受到多种市场和非市场势力影响的经济存在物，企业的其他利益相关者如员工、债权人和供应商等与股东一样也在承担着企业的风险，拥有着相应的权力和责任。利益相关者理论的标志性人物之一的美国布鲁金斯研究中心的布莱尔指出，股东拥有的只是股份，并不是企业本身，企业的"拥有利益者"为数众多，"也没有理由认为股东的权益就应该放到优先的地位"（西尔伯斯通，1996）。弗里曼在1984 年出版的《战略管理：一种利益相关者的方法》一书中则具体描述了利益相关者概念的基本特征，提出了"利益相关者是影响组织目标实现，或是组织在实现目标过程中影响到的人"，他按所有权、经济依赖性和社会利益等角度对利益相关者做出了分类，并将其纳入了企业战略的整体思考，"但是他在使利益相关者的概念成为理论还是不大清晰"（Jones，1995）。《Academy of Management Review》在 1995 年的第 1 期上做出利益相关者理论的专刊，极大地丰富了利益相关者研究的理论体系。随之研究者的部分注意力开始从"为什么要"的层面转向"如何做"，代表性的研究成果包括基于评分法的利益相关者的界定（Mitchell and Wood，1997），他们根据合法性、紧迫性和影响能力将利益相关者分为确定的、预期的和潜在的三类，提高了管理的可操作性；威勒的利益相关者的 4 分法，即将利益相关者分为主要社会性利益相关者、次要社会性利益相关者、主要非社会性利益相关者、次要非社会性利益相关者（Wheeler，1998）；波斯特（1998）则列出了利益相关者对企业的具体要求。多伦多大学"克拉克森企业伦理研究中心"提出利益相关者管理 7 原则（Szwalkowski，2000）；以及利益相关者管理 RDAP 方法即对不同的主体分别采用对抗（Reactive）、防御（Defensive）、妥协（Accommodative）和前瞻（Proactive）的策略（Jawahar et al.，2001）；基于利益相关者模式的企业社会绩效评价（陈维政等，2002）和整体绩效评价（贾生华等，2003），等等。杨瑞龙和周业安（1998，2000）详尽地论述了利益相关者对公司治理结构的影响，提出了很多具有启发性的命题，包括有效的治理结构体现为共同治理和相机治理的有效结合、有效率的企业治理结构在于责权利对等基础上的利益相关者之间的长期合作、公司治理应调节股东和众多利益相关者的作用等并提出了操作性的对策。陈宏辉（2004）则阐述了利益相关者之间的"平衡原理"，作为利益冲突的协调机制，公司治理需要平衡各种利益诉求，保持动态的调整。总之，在最近 10 年的时间里，利益相关者理论的理论基础、分析架构和方法都取得了显著的进展。

对利益相关者理论的研究目前更多地强调规范性研究，从而使这一理论在实践上缺乏可操作性。正因为如此，长于规范分析的利益相关者理论与长于实证检验的企业社会绩效（Corporate Social Performance）研究从 20世纪 90 年代开始全面结合。这种结合和实证分析让利益相关者理论更加接近"现实地面"，符合企业的实际需要。

尽管利益相关者理论有助于拓宽企业经营的视野，强化企业的竞争优势，深刻的影响着企业治理模式的选择和管理方式的转变，但是也招致了很多的批评，主要集中在以下几个方面：（1）从现行法理看，企业就是股东所有，作为受托人的董事会和经理层过多地考虑相关者的利益不符合委托人目的，甚至有企业在此招牌下出现了机会主义行为（杨瑞龙，2001）；（2）至今尚无通用的利益相关者的概念，它的外延几乎没有边界，泛化到"甚至连一棵树都可能进来"，何况利益相关者的状态也不确定，概念的模糊直接妨碍了理论的推广应用；（3）作为"非主流企业理论"的利益相关者理论的框架还有待进一步完善（陈宏辉，2004），尤其在管理的原则、应对的对策和治理模式上取得新的突破；（4）没有明显的证据表明，利益相关者公司治理模式的典型代表创造财富的效率高于传统公司治理模式下的公司，而且从长期来看，利益相关者公司治理模式或许会出现更高昂的代价，如决策低效和内部人控制等。

§2.4　供应链管理研究综述

供应链的概念最早出现在 20 世纪 80 年代左右，但到目前为止没有形成统一的定义。广为接受的定义是物品从供应商向下流动到客户，而信息向着两个方面流动的一个由供应者、制造者、分销者、零售商和客户构成的系统（Houlihan，1985）。供应链力图通过计划、控制、协调来进行存储、分销、服务等一系列活动，在客户和供应商之间形成一种合理的衔接，使用户的需求较为真实、快捷地反应到制造商，将生产资料以最快的速度，通过生产、销售等环节变成价值增值的产品，并以最快的方式送到客户手中，从而使企业能满足内部生产和外部客户的需求。因此在某种程度上讲，供应链又叫做供需链。

供应链管理（Supply Chain Management，简称 SCM）的思想最早起源于迈克·波特 1980 年发表在《竞争优势》中"价值链"的概念。目前有关供应链管理的定义比较公认的是美国 Copacino 对供应链管理的定义："管理从物料供应者一直到产品消费者之间的物料和产品流动的技术"。国内学者陈国权认为，供应链管理是对整个供应链系统进行计划、协调、操作、控制和优化的各种活动和过程，其目标是将顾客所需的正确产品

（Right Product）、能够在正确的时间（Right Time）、按照正确的数量（Right Quantity）、正确的质量（Right Quality）和正确的状态（Right Status）送到正确的地点（Right Place）——"6R"，并使总成本最小。因此，供应链管理主要是通过控制和协调供应链各个实体及其行为，以达到降低系统成本、提高产品质量和改善服务水平等目的，进而全面提高整个系统的综合竞争力。

目前供应链研究领域存在大量文献，内容广泛。董安邦和廖志英对供应链管理的研究现状进行了总结，从研究方法角度（维度一）、供应链管理内容角度（维度二）、供应链运行模式角度（维度三）对供应链管理的研究现状进行了归纳。

目前供应链管理的研究主要从以下几方面展开：

1. 供应链管理策略

主要解决供应链管理的具体运作问题，如有效顾客反应 ECR、快速反应 QR、供应商库存管理 VIM、供应链合作计划预测和补给 CPFD 等。有效客户响应主要是不断降低供应链成本，通过企业间的密切合作而给用户更大的利益；快速响应则主要是通过最大限度地减少从原材料到最终销售的运行时间与库存数量，以提高对于用户的快速响应性；延迟技术是为了响应用户需求、提高产品设计与制造的柔性而实施的一种策略，主要是把产品最终定型的位置与时间尽可能地靠近用户，以便定制化生产产品。

2. 供应链体系结构设计

一个有效、协调的供应链的设计和运行对于每一个企业都是至关重要的。Fisher 和 Lee 认为供应链的设计要以产品为中心，必须设计出与产品特性一致的供应链，即产品的供应链设计策略。"不同的产品类型对供应链设计有不同的要求"。有效性供应链流程设计适于低边际利润、有稳定需求的功能型产品；反应性供应链流程设计适于边际利润高、需求不稳定的革新型产品。而为了企业能在市场上占据领导地位或保持一定的市场份额，必须根据市场变化、参与产品开发，针对用户需求重构供应链（Hole，1993）。Towill（1996）和 Sasser（1997）及 Evans

（1995）等提出了各自的重构模型。卢震和黄小原（2004）研究了在不确定交货条件下的一种供应链协调机制——Stackelberg 主从对策。

3. 库存问题

库存管理是供应链上各节点企业实现供应链集成管理的关键。一般认为企业应尽量降低不合理的生产运作产生的库存，从而降低成本，消除由需求和供给的不确定性造成的经营风险。目前供应链库存技术主要有面向供应链库存管理设计和供应商管理库存等。综合来看，对供应链库存管理的研究集中在以下四个方面：生产/库存系统通常采用多级库存模型加以描述、在需求确定和随时间变化情况下主要采用动态规划方法（Crowston，1973）、边界条件法（Schwartz and Schrage，1975）和拉格朗日边界条件放松法（Afentakis and Gavish，1986）对装配型生产/库存问题进行研究。目前对配送网络中的库存控制主要研究对象是优化决策结构，是最小化订货成本和存储成本。生产—库存—配送系统是上述两种系统的综合，相对生产/库存系统和库存/配送系统而言，生产—库存—配送系统要复杂得多，因而研究文献也相对较少。库存分配是配送系统中值得关注的重要问题。由于一个配送中心通常要向多个零售商配送商品，因而如何在各个零售商之间、配送中心与零售商之间分配库存是值得探讨的一个问题。对于需求不确定性的供应链库存控制的研究（潘文安，2004），信息不对称下的供应链的库存协调（苏菊宁、赵小惠和杨水利，2004），供应链的协调与合作下供应链库存协调与优化（柳键、马士华，2004）等是近期库存控制方面研究的热点。

4. 供应链信息支持技术

Lee（1992）等人指出，高质量、实时的、双向的、涉及需求和供应的信息是企业实施供应链管理的基础。Stevens（1994）、Gunasekaran（1993）以及 Nath（1992）等对 IT 在企业供应链管理中的作用及其应用作了研究和分析。尤其是 Vinelli（1996）和 Forza（1997）提出的快速反应 QR（Quick Response）策略，强调了 IT 的重要作用。陈剑（2002）对基于信息技术的供应链管理理论和运用进行了深入的研究。

5. 伙伴选择问题

成功的供应链管理必须高度重视企业间的合作关系。《供应链物流管理》作者鲍尔索克斯提出了合作竞争与无边界组织的概念。他指出要在一个跨越企业界限的范围内集成企业的活动。目前研究者主要对供应链系统中合作伙伴的选择、企业集成模式、合作伙伴的契约关系、合作伙伴的绩效评价、委托代理关系的激励问题等问题进行了研究,学者们认为合作各方的信用、信任及法律约束对建立良好的合作伙伴关系至关重要。

6. 几种不同类型的供应链研究

(1) 集成供应链。集成供应链 ISCM(Integrated Supply Chain Management)的实际是从复杂系统的角度出发,将企业所处的内外供应链整合起来,完善企业价值创造的整个过程,使整个供应链的系统产出达到最优。集成供应链在实际操作中是对单体企业供应链的一种突破性的创新。

(2) 敏捷供应链。敏捷供应链 ASCM(Agile Supply Chain Management)是以信息技术为核心,建立一个开放式、集成化的数据环境,把不同领域或全球范围内的优势企业集成起来,达到敏捷地提供原材料及产品的目的。敏捷供应链更强调分工经济和速度经济,尤其在高科技行业中,敏捷供应链更能使企业体现出给予速度的竞争优势。主要研究包括基于供应链管理的信息集成和系统的快速重构两个领域。

(3) 虚拟供应链。虚拟供应链 VSC(Virtual Supply Chain)是合作伙伴基于专门信息服务中心所提供的技术支持和服务而组建的动态供应链。尤其在出现即时任务时,虚拟供应链更能体现出竞争优势。利用虚拟供应链既能为企业提供集群作战的优势,也节约了价值创造不同阶段的企业对供应链的固定投入。但是由于缺乏经济契约的保护,链条成员的利益更多靠经历和信任调节,心理承诺是促成虚拟供应链的关键因素,这也会影响虚拟供应链的稳定性。

(4) 基于产品的供应链。供应链作为价值传递的途径和方式,其传递载体是产品。考虑到最终消费者接受的是产品,供应链的设计应以产品为中心(Fisher, 1997)。最终产品按照类型可以分为创新型产品和功能型产品,前者包括定制化产品,对供应链的应变能力有较高要求,后者更强调供应链产出的速度和效率。

（5）基于电子商务的供应链。蓝伯雄认为，电子商务对供应链的影响表现在以下几个方面：动态联盟的系统化管理、生产两端的资源优化管理、不确定性需求的信息共享管理及生产的敏捷化管理。

（6）绿色供应链。绿色供应链 GSCM（Green Supply Chain Management）是绿色制造和供应链的学科交叉，是实现可持续制造和绿色制造的重要手段。绿色供应链既要求具有传统供应链的各种优点，同时更突出供应链的"环境友好"，从而提高资源的利用效率。

§2.5　生物生态理论及其在管理学中应用回顾

2.5.1　品牌生态系统基本概念

1. 生物物种与生态环境

生物物种即为形态相似的生物个体的集合，是自然界中的一个基本进化单位和功能单位。生态环境是指某一特定生物体或生物群体以外的空间，以及直接或间接影响该生物体或生物群体生存的一切事物的总和。

2. 生态系统

"生态系统"（Ecosystem）一词是英国植物生态学家 A. G. Tansley 于1935 年首先提出来的。他指出："更基本的概念……是整个系统（具有物理学的概念），它不仅包括生物复合体，而且还包括了人们称为环境的各种自然因素的复合体。我们不能把生物与其特定的自然环境分开，生物与环境形成一个自然系统。正是这种系统构成了地球表面上具有大小和类型的基本单位，这就是生态系统。可以看出生态系统是指生物群落与其生境相互联系、相互作用、彼此间不断地进行着物质循环、能量流动和信息联系的统一体。简言之，生态系统就是生物群落和非生物环境（生境）的总和。"

生物生态系统由生物（生产者、消费者、分解者）以及非生物（物质和能量等）组成。许多生态系统合在一起构成的镶嵌体，形成了流域、山脉、城镇等景观单位，地球上所有各种镶嵌体联合起来就构成复杂程度更高的生物圈。Tansley 提出生态系统概念时，强调了生物和环境是不可分割的整体；强调了生态系统内生物成分和非生物成分在功能上的统一，把生物成分和非生物成分当作一个统一的自然实体，这个自然实体——生态系统就是生态学的功能单位。例如，森林群落与其环境就构成了森林生态系统，草原群落与其环境就构成了草原生态系统，而池塘中的鱼、虾和藻类等生物与水域环境就构成了池塘生态系统。

3. 生态因素

生态系统受生态因素的影响，生态因素是影响生物的分布、形态和生理等因素，包括生物因素：种群内同种生物个体或群落内异种生物个体；非生物因素：阳光、温度、空气、水、土壤等。

4. 生物群落

"生物群落"是一个非常泛指的名词，可用来指明任何大小和自然特性的生物种群的集合体，一般指某一类生物的集合体，如马尾松林群落、森林鸟类群落、荒漠蜥蜴群落、草原昆虫群落、高山草甸鼠类群落。常有一些群落能表现出明显的差别，可彼此分开；另一些群落则彼此混合，不存在明显的界限（即结构松散、边界模糊），形成了"群落交错区"（Ecotone）。

5. 优势种与从属种

群落组成中的每个成分，在决定整个群落的性质和功能上并不具有相同的地位和作用。一般来说，群落中常有一个或几个生物种群大量控制能流，其数量、大小以及在食物链中的地位，强烈影响着其他生物种类的栖境，这样的生物种称为群落的优势种。优势种通常在群落中不仅占有较广泛的生境范围，能够利用较多的资源，具有较高的生产力，而且具有较大容量的能量，即具有个体数量多、生物量大等方面的特点。如果去除群落中的优势种，必然导致群落发生重要变化。

在陆地群落中，植物常常是优势种类。有时动物也对群落起控制作用。群落中优势种的多少，主要受物理因素的制约和种间竞争的影响。除优势种外，群落中的其他物种称为从属种（Subordinate）。

6. 关键种

物种在群落中的地位不同，一些珍稀、特有、庞大的对其他物种具有与生物量不成比例（Disproportionately）影响的物种，它们在维护生物多样性和生态系统稳定方面起着重要的作用。如果它们消失或削弱，整个生态系统就可能发生根本性的变化。这样的物种我们称之为关键物种（Keystone Species）。

关键种的类型：关键捕食者（Keystone Predator）；关键被捕食者（Keystone Prey）；关键植食动物（Keystone Herbivore）；关键竞争者（Keystone Competitor）；关键互惠共生种（Keystone Mutualism）；关键病原体/寄生物（Keystone Pathogen/Parasite）；关键改造者（Keystone Modifier）。

7. 食物链（Food Chain）与食物网（Food Net）

食物链是生物之间以食物营养关系彼此联系起来的序列。一个生态系统中常存在着许多条食物链，由这些食物链彼此相互交错连接成的复杂营养关系就是食物网。

8. 生态平衡

生态平衡学说认为共同生活在同一群落中的物种种群处于一种稳定状态，其中心思想是共同生活的物种通过竞争、捕食和互利共生等种间相互作用而互相牵制。生物群落具有全局稳定性特点，种间相互作用导致群落的稳定特性，在稳定状态下群落的物种组成和各种群落数量都变化不大。群落出现的变化实际上是由于环境的变化，即所谓的干扰造成的，且干扰是逐渐衰亡的，而以中度干扰理论最为著名。该学说认为构成群落的物种始终处于变化之中，群落不能达到平衡状态，自然界的群落不存在全局稳定性，有的只是群落抵抗外界干扰的能力和群落在受干扰后恢复到原来状态的能力。生态系统作为生物群落与理化环境的统一体，同其他生命系统一样具有自我维持和自我调节的能力。在一定的时间内，生态系统中各生物成分之间、群落与环境之间以及结构与功能之间的相互关系可以达到相对地稳定和协调，并且在一定强度的外来干扰下能通过自我调节恢复稳定状态，这就是生态平衡（Ecological Balance）。

9. 种群空间分布格局

环境的不一致性，导致了群落在空间上的异质性，主要有随机型、集聚型及均匀型三种形态。

生态系统中的能量流和物质循环在通常情况下（没有受到外力的剧烈干扰）总是平稳地进行着，与此同时生态系统的结构也保持相对稳定状态，这叫做生态平衡。由生产者、消费者和分解者这三个亚系统的生物成员与非生物环境之间通过能流和物流而形成的高层次的生物组织，是一个物种间、生物与环境之间协调共生、能持续生存和相对稳定的系统。向自然界生态系统寻找这些协调共生、能持续生存和相对稳定的机理，能给我们对复杂系统稳定性的研究带来许多新的启示。

☞ 2.5.2 生物生态原理在管理学中的应用

生态学是研究生物物种与物理或生命环境相互作用的科学，主要内容为个体特性、个体与环境关系、个体及种群对环境总体的反应及演变规律、特定区域中所有物种的组成与结构变化问题等。生态学中的物种、群落、生态平衡、食物链、多样性分布、遗传变异、环境适合度、合作竞争、共栖生存、生态环境因子及相关性原理、生态胁迫与生态干扰、群落结构及动态演变、生态破坏及其恢复、生态系统功能等原理与方法将对品牌生态系统的研究提供隐喻及借鉴方法。

从生物生态学的观点来看，作为社会经济重要基础的企业也具有拟生态特性，与生物个体存在着诸多的相同点。它们同样具有由生到灭的生命周期过程、具有遗传与变异的特征，面临着"物竞天择、适者生存"的考验等。将生态学原理应用于经济学研究可以追溯到 20 世纪初熊彼特的经济进化论，第二次世界大战后生物学隐喻在经济学研究中逐步增多，一般系统论的奠基人贝塔朗菲就有"推广对生物系统理解的思想"。20世纪 80 年代纳尔逊和温特出版了《经济变迁的进化论》标志着经济系统采用生物隐喻的全面复兴，此后生态学的理论在企业的战略、组织和营销等诸多领域内有着广泛的应用。典型的研究成果包括：企业仿生—进化论、企业生命周期理论以及企业年龄、企业的能力、企业的生物学解剖、企业的蜕变、企业的遗传、企业组织的选择和商业生态系统及生态位等。

1. 企业仿生—进化论

企业仿生—进化研究把生物进化论作为经济分析的方法论基础，从生物学的视角切入来研究企业的组织结构。企业仿生论者认为，企业也具有一般自然生物的这三个生命特征：新陈代谢性、自我复制性与突变性。具体来说，首先，企业也会不断地进行新陈代谢，吐故纳新，将从外部获取的资源形成产品，体现出企业的竞争优势；其次，企业也有自我复制机制，不断成长的企业既依据原有的企业记忆，又形成新的再生与复制功能；最后，企业也有突变性，宏观、中观和微观任何一个因素的变化都可能使企业的经营状况发生质变。仿生论最具影响的理论是企业进化论，该理论以温特（Winter，1984）为代表。企业进化论认为，企业的成长是通过生物进化的三种核心机制（即多样性、遗传性、自然选择性）来完成的，且强调组织、创新、路径依赖等进化对企业成长的影响。

2. 生命周期理论

企业生命周期的概念由金伯利和米勒斯在 20 世纪 70 年代中期提出，真正使人们广为接受则是伊查克·艾迪思（Adizes）博士的努力。他的《企业生命周期》从企业生命周期的各个阶段分析了企业成长与老化的本质及特征。艾迪思把企业生命周期形象地比作人的成长与老化过程，认为企业的生命周期包括 3 个阶段 10 个时期：成长阶段，包括孕育期、婴儿期、学步期、青春期；成熟阶段，包括盛年期、稳定期；老化阶段，包括贵族期、内耗期或官僚化早期、官僚期和死亡期。每个阶段的特点都非常鲜明，并且都面临着死亡的威胁。曼弗雷·布鲁恩描述了品牌的生命周期，他认为品牌生命周期由 6 个阶段组成，即品牌的创立阶段、稳固阶段、差异化阶段、模仿阶段、分化阶段以及两极分化阶段。琼斯则指出，品牌发展过程并不完全遵循成熟后必衰退的规律，不一定会随产品而进入衰退期，品牌生命周期学说往往会诱导企业不恰当地将旧品牌向新品牌转移，造成真正的资源损失。

3. 企业年龄和寿命研究

企业年龄是对企业生命周期的量化研究。企业作为生命体与自然界中的有机生命体一样，可以用年龄来描述其从诞生到走向死亡的生命过程。就像人有生理年龄和心理年龄一样，企业在客观上存在着两种不同的年龄，即自然年龄与商业年龄。前者是企业自诞生之日起所经历的时间；后者是企业生命体活力的量化。日本研究者根据企业的销售平均增长率、员工平均年龄、设备平均年龄计算企业的商业年龄，认为保持最佳商业年龄的关键因素是持续的技术与产品创新、彻底强化主业、适时进入有发展前途的领域和拥有卓越的领导者（顾力刚等，2000）。刁兆峰和黎志成（2003）则设计了一整套方法计算企业的智商、意商和情商进而综合反映出企业的商业年龄。

4. 企业的能力研究

自彭罗斯开先河以来，对企业能力的研究文献可谓汗牛充栋。普拉哈拉德和汉默的《公司核心能力》更是其中的典型代表。企业的能力理论更强调企业竞争优势的内生来源，企业获得超额利润的基础是其能力，企业的能力储备决定着企业的竞争优势和发展空间，这种企业赖以生存的能力必须是有价值、异质、很难被仿制和替代的（巴尼，1991）。对企业能力理论的深化研究出现企业知识管理理论，在知识管理的框架下学者得出很多具有启发意义的结论，但是如何使企业能力理论更好地应用于企业实际是这一理论面临的关键问题。

5. 企业的生物学解剖

企业与生物体一样，也可被视为具有若干器官的生命体，这种隐喻对诊断企业经营有很强的借鉴作用。企业的大脑是以董事会和经理层为代表的高级管理者，他们掌握着企业的发展方向；神经系统则是企业的信息流，企业依靠内外的信息流动维持日常的经营；企业的财务则是血液循环系统，是判定企业是否"健康"的重要依据；市场营销是企业的消化系统，危机管理则是企业的免疫系统。企业这个有机体必须不停地新陈代谢才能获得成长的动力。

6. 企业的蜕变

提出企业蜕变理论的学者包括藤芳诚一（1978）和美国的高哈特与凯利（1995）。藤芳诚一认为企业的战略经营就是有意识"蜕变"的经营；随着企业所从事事业的变革，企业内部必须做出调整以适应新的环境。高哈特和凯利提出的"企业蜕变"理论，以"生物法人"（Biological Corporation）作为逻辑起点，以"十二大生物法人系统"为分析框架，主张让企业永生的秘诀在于推动企业"十二大"系统同步蜕变，协调一致追求相同的目标。他们认为"生物法人"由基因组成，其中包括 12 对染色体，每对染色体主管一个生物法人系统。

7. 企业的 DNA

分子生物学认为，控制生物性状遗传的主要物质是脱氧核糖核酸（DNA），而遗传物质的主要载体是染色体。DNA 的结构为双螺旋结构，其不仅具有一定的化学组成，而且还具有特殊的空间结构，构成了生物个体遗传和变异的特征。美国 SUN 公司的 CTO Eric Schmidt 认为，组织与生物体一样具有 DNA，它来自于组织最初的创立者，决定着一个组织的基本特征。韩福荣等（2002）则描述了基于 DNA 的企业生命模型：（1）企业 DNA 的双螺旋长链为四条基本链：资本链、物力资源链、人力资源链、信息链；（2）企业 DNA 的碱基假定为企业家、企业的机制、技术和文化；（3）企业的碱基——企业家、机制、技术和文化把四条基本链连接起来。肯·巴斯金（K. Baskin，2001）则把 DNA 描述成一种灵活的、无所不在的公司程序和结构信息。公司 DNA 包含全部的内部信息，这些信息分布在各处，组织内的员工可以利用这些信息自主工作，但是公司管理者需要为 DNA 增加新的因素，否则公司旧有的 DNA 将对新的 DNA 产生免疫行为，阻碍公司创新。

8. 企业组织的选择

无数案例表明，企业的组织并不存在"最优"的模式，适应企业发展的生态空间就是最好的，这种生态空间包括企业所处的市场环境、战略和技术条件等。韩楠（Hannan）和弗里曼（Freeman）提出了可用于解释企业环境对组织的影响机制的自然选择模型（Natural Selection Model）。这种观点认为变化着的环境决定组织生存或失败，组织在环境中的生存也秉承适者生存的生态法则，环境依据组织结构的特点以及组织与环境是否适应来选择或淘汰组织，例如，知识经济时代比以前的大规模制造时代更能容纳"团队"这种组织形式。

9. 商业生态系统理论

1986 年美国管理学家 Moore 在《哈佛商业管理》评论上发表了"新竞争生态学"，首次提出商业生态系统概念（Business Ecosystem），指出"商业生态系统"是以组织和个人（商业世界中的有机体）的相互作用为基础的经济联合体，是客户、供应商、主要生产厂家以及其他有关人员相互配合以生产商品和服务组成的群体，同时包括其他利益相关者等。这些群体在一定程度上是有意识建立的，在很大程度上是自行组织的，甚至是由于某种原因而偶然形成的。但结果却是其成员做出的贡献能够相互完善、相互补充。随后他在 1996 年出版的《竞争的衰亡》一书中利用生态学原理初步建立了商业生态系统的理论框架，构建了顾客、市场、产品或服务、经营过程、组织、利益相关者、社会价值和政府政策等 7 个维度，通过对高科技案例公司成长过程的描述，向人们展示了处于同一商业系统中的相互依存的商业物种的共同进化现象以及整个商业生态系统的进化。Moore 强调，企业要成功，仅仅完善自身还不够，还要塑造整个商业生态系统的发展，因为其所处生态系统的前景制约着企业的发展。扬西蒂（2004）进一步阐述了从商业生态系统出发制定战略的方式，提出要制定正确的战略决策，必须了解公司赖以生存的商业生态系统以及公司在商业生态系统中扮演的角色。总之，商业生态系统理论认为企业是它所栖息的生态系统的有机组成部分。这个生态系统内部和外部不断地进行资源交换，具有企业自身所没有的新的特性和功能。基于商业生态系统的管理成为战略管理的新趋势（范保群等，2006），作为经济社会必然存在的一种现象，研究商业生态系统具有重要的学术意义和实践意义，能够为社会的最终可持续发展提供借鉴（王兴元，2005）。

10. 企业生态位研究

生态位原指生物有机体在它的环境中所处的位置和所发挥的功能，包括有机体发生所需的各种条件、所利用的资源和在那里的时间。因为资源及环境变量是多维的，所以一个生物的生态位就是一个多维的超体积。企业生态位可以定义为企业在特定市场环中所占据的位置和所发挥的作用，类似于"市场位"的概念，但比"市场位"多了生态的内涵（许芳等，2005）。对企业生态位的研究多集中在企业生态位的测度（万伦来，2004；王兴元，2005），基于生态位匹配模型的企业演化解释（钱辉等，2006），高新技术企业、虚拟企业的生态位理论应用等。

2.5.3　商业生态系统研究综述

1986 年，美国管理学家 Moore 在《哈佛商业管理评论》上发表了"新竞争生态学"一文，首次提出商业生态系统概念（Business Ecosystem）。1998 年，波特（Porter）在哈佛商业评论上发表了"企业群落和新竞争经济学"一文，系统地提出了企业群落理论。这些以产业或企业为对象的研究为描述与调控经济系统提供了新途径，为现代经济学理论研究注入了新的活力，尤其是 Moore 的商业生态理论，为企业发展战略与市场运作提供了新的理念与思路，在世界上造成了很大的影响。Moore 于 1996 年出版了《竞争的消亡》一书，该书运用生态学理论来解释商业运作，用系统论的观点反思竞争的含义，力求"共同进化"为目标，利用生态学原理初步建立了商业生态系统的理论框架。通过对高科技案例公司成长过程的描述，向人们展示了处于同一商业系统中的相互依存的"商业物种"的共同进化现象，以及整个商业生态系统的进化过程，阐明了新时代商业竞争的竞合法则，描述了商业生成系统的生命周期阶段及其领导策略。该理论超越了 20 世纪 90 年代以前的战略管理理论偏重竞争而忽视合作的缺陷，吸收了产品生命周期理论、有关生态进化理论的合理成分，给出在产业融合环境下理解企业经营环境的完整状况、企业生态系统的基本框架，以及企业如何在其中发展并取得领导地位的战略管理方法。Michael Mazarr 在 1998 年召开的未来趋势会议上也指出，商业生态系统将是未来的一个趋势。

所谓商业生态系统，是指由组织和个人所组成的经济联合体，其成员包括核心企业、消费者、市场中介、供应商、风险承担者，在一定程度上还包括竞争者，这些成分之间构成了价值链，类似于自然生态系统中的食物链，不同的链之间相互交织形成了价值网，物质、能量和信息等通过价值网在联合体成员间流动和循环。不过，与自然生态系统的食物链不同的是，价值链上各环节之间是价值或利益交换的关系。从这个意义上说，处在价值链的一个环节两端的单位更像是共生关系，多个共生关系形成了商业生态系统的价值网。在现实的商业世界中，严格的商业生态系统定义是很难存在的。在最近几年中，商业生态系统理论得到了广泛的关注与传播，有代表性的是马克·扬西蒂（2004）等在《哈佛商业评论》上从商业生态系统角度研究了公司应采纳的战略类型。

目前，国内外学者研究商业生态系统主要是从生态系统方向和复杂系统方向两方面进行的。生态系统方向强调对生物学和生态学知识的借鉴，比如生态位理论、协同进化理论、自然选择理论，等等。学者们认为企业参与经济就如同生态系统中的生物体一样，生物体间有竞争也有合作，共同形成一个错综复杂的食物网，每个生物体仅是食物网中的一个节节，执行着一个功能，某一节点的缺失将对整个生态系统造成或大或小的破坏，所以，整个生态系统会维持一定的动态平衡，商业世界也有类似的情况。因此，生物学和生态学的有关知识，尤其是生态位理论、协同进化理论和自然选择理论等都可以为商业世界所借鉴。比如，Moore 认为商业生态系统的形成同样遵守"集合定律"，即生物可以在一个共同体中和平共处，而且结果是生物有可能移植到一个生态系统中。Sui 认为，商业界与自然界有很多相似之处，比如竞争促使企业和生物都选择了生态位分离，并最终导致了多样性的出现。复杂系统方向则强调过去基于线性思维的经济管理理论与实际的商业世界的运行机制是不相一致的。现实的经济是错综复杂、不可预测的，受随机因素影响很大，因此，应当把商业生态系统当作一个复杂系统来对待，并运用复杂系统的理论来研究它。Backers 也认为复杂性理论的一些研究成果可以用来解释竞争者、供应商和消费者之间复杂的关系。

从主要的研究成果来看，关于商业生态系统的研究，以目前来说，主要还是国外的学者在进行，也有一些学者结合中国实际情况，从不同行业角度对建立中国商业生态系统作了研究。如赵国杰、李菊栋和郭世起的"商业生态系统理论及其应用"；许亮、王若的"谈现代企业商业生态系统的建立"；李怀政的"我国连锁超市商业生态系统的构建与创新"等。但国内学者关于商业生态系统的构建仅局限于宏观角度，缺乏具体实施，如商业生态系统的总体架构、系统中领导的职能和必备要素，以及商业生态系统领导对合作伙伴的选择等。

具体来说，国内外对商业生态系统的研究主要集中在以下几个领域：

1. 商业生态系统的成长和发展问题

自然界的诸多现象同样为具有拟生态特性的商业生态系统的发展提供了借鉴和启示。Moore 在《竞争的消亡》一书中，刻画了商业生态系统的生命周期，他将从创建一个商业生态系统到商业生态系统的自我更新或灭亡，分为开拓、扩展、领导和自我更新或死亡 4 个阶段。指出了关键成员在每个阶段的工作重心，系统关键成员在每一步中都必须创造出新的价值创造系统，吸收并团结更多的系统成员，解决系统冲突以及不断地为系统注入新的思想。

2. 健康的商业生态系统对企业成功的支持问题

只有健康的商业生态系统才能够持续稳定的创造价值。哈佛商学院的 Marco Lansiti 和 Roy Levien 借鉴了自然生态系统健康概念和模型，针对商业世界与自然界的不同，对指标进行更改和修正，最终确定了一套商业生态系统健康的评价指标，并利用这套指标来指导企业制定战略和管理操作。

3. 运用商业生态系统理论研究技术创新问题

Rycroft 和 Kash 等认为，技术的进步不仅需要研究人员不断的深入学习，也需要不同学科领域人员的参与，没有一个组织能够单独取得复杂技术的创新。实际表明，复杂技术的创新依靠的是自组织的创新网络。自组织的创新网络已经证实，它有能力把各种不同的知识集成到一个创新过程中。

4. 运用商业生态系统理论研究国家或地区经济政策

商业生态系统理论另一个应用是研究国家或地区经济发展，比如黄听和潘军运用商业生态系统研究我国汽车工业，指出我国汽车工业存在的问题有系统长期封闭、孤立导致物种孱弱，物种缺落、链接断裂、系统不全，优胜劣汰作用有限，缺少成熟的关键物种等。

§2.6　文献综合评述

综合上述研究文献，可以看出，品牌及名牌理论、社会网络理论、利益相关者理论和供应链管理理论等均为传统管理理论的发展，这些理论的内涵及本质基本上都属于超越企业边界和关注企业环境的理论延伸。在现代品牌理论中，品牌被比喻为"生命体"，使得品牌理论从静态走向了动态。名牌理论则主要聚焦于名牌作用意义及具体创建策略的研究；社会网络理论则从社会学角度研究企业与社会其他成员的关系强度等问题；利益相关者理论则从公司治理角度研究企业治理所需考虑的利益关系，实际上是基于企业权利强度的关系理论；而供应链管理理论则主要从物流信息流优化平衡角度对前后关联企业实体运作的管理进行研究。这些理论体现了新时代复杂多变环境下企业管理理论的新进展，为企业更加有效运作提供了方法与工具。然而，从理论深化、推广及应用情况看，上述这些理论尚缺乏协调性及可操作性。一方面，这些理论不能系统描述企业的可持续成长机制；另一方面也不能给出一些用于企业可持续成长的系统管理模型与方法。生物生态学在商业管理中的应用成果在描述企业可持续机制方面有了较大进步，尤其是商业生态系统理论的提出，为深入理解企业可持续成长规律提供了新的视角及方法。在品牌管理方面，生物生态学的引入也有了一定的进展。上述种种理论研究对名牌可持续成长的研究提供了新的视角及方法借鉴。

生态学中的"关键种"概念及其理论（以下简称"关键种理论"）

认为，生物群落内不仅存在着制约物种分布与多度的相互作用关系，而且还存在着起关键作用的物种，即"关键种"（Keystone Species），它（们）对其他物种的分布和多度起着直接或间接的调控作用，决定着生物群落稳定性、物种多样性和许多生态过程的持续或改变（Paine，1969）。1966年 Paine 首次明确提出了关键种思想。1969 年 Paine 首次将"关键种"术语应用于海洋群落，并把"关键种"概念定义为这样一类捕食者：它们"把被捕食者的种群密度保持在资源限制水平以下，阻止被捕食物种因竞争而消失"。关键种理论的提出，使人们对这种变化的认识上升到了调控机制的高度，这是关键种理论最核心的思想。关键种理论的另一个重要思想，是强调对生态过程起关键作用或具有特殊功能物种的研究和保护。尽管这些物种可能不是食物链中的大型食肉动物或食植动物，也可能不是旗舰种（Flagship Species）或优势种，然而它们在保持生态系统结构和功能的稳定方面却起着至关重要的作用。当对名牌进行生态学考察时，我们就会发现名牌就像自然界中的生态系统一样是一个非常完整的生态系统，即名牌生态系统，自然界中的生态规律同样适用于这些社会经济生态系统。在这个商业生态系统中，名牌企业是其关键优势物种，它决定了系统的规模及核心竞争力。个体名牌生态系统由名牌产品、品牌拥有企业、股东（或投资人）、员工、经理人、供应商、最终顾客、金融机构、大众传媒、社会公众、中间商、政府、竞争者、其他相关企业以及社会、经济、文化、自然环境等组成。名牌生态系统作为典型的品牌生态系统，是社会经济中关键及优势物种组织。众多个体名牌生态系统与其他品牌生态系统一起组成了区域市场品牌生态系统。实际上，个体名牌生态系统是由关键及优势种——名牌企业、供应商群落、分销商群落、零售商群落、消费者（或用户）群落、中介成员群落、政府及其他成员群落以及社会自然环境等组成，而区域市场名牌生态系统则是由众多品牌群落及市场环境所组成的。名牌生态系统始于一个企业品牌的创造，名牌生态系统的演化过程实际上就是名牌的生命周期过程。名牌生态系统生命周期的演化过程可以描述为品牌产品—非名牌生态系统—准名牌生态系统—名牌生态系统—领导名牌生态系统—老化名牌生态系统—退出的过程。它的运行具有极强的自组织特征，较一般品牌生态系统更具扩张性，各方分工协作形成商业生物链与共生协作体系。名牌生态系统是以名牌为龙头的品牌生态系统，它是社会商业生态系统的核心组成部分。

　　名牌作为市场存在的著名品牌，它具有类似自然生态的特点。名牌时刻与系统内部和系统外部进行着物质、信息和能量的交换，从生态系统的角度更能把握名牌运营的实际。名牌生态系统的概念由王兴元（2000）提出，在进行国家自然科学基金的研究中对名牌生态系统的构成与结构、名牌生态环境、名牌生态系统演化及运行、名牌生态系统的核心竞争力及扩张性、名牌生态系统的竞争与合作、名牌生态系统的创新与重构、名牌生态系统的评价与诊断、名牌生态系统对现实的启示等作了系统研究，初步构建了名牌生态系统研究的理论体系。名牌生态系统中不同的系统成员有着不同的利益要求，因此必须做好系统成员之间的利益平衡，建立有效的协调机制和应对策略（王兴元，2000）。名牌生态系统的竞争存在于三个层次：一是名牌生态系统与其他同类品牌生态系统之间的竞争；二是名牌生态系统内部成员之间的竞争；三是名牌生态系统与其他非同类品牌产品生态系统之间的竞争。不同的竞争主体根据各自的目标和所处的环境的不同采取不同的竞争策略。名牌生态系统竞争的强度可由市场中品牌数量及其实力的大小、市场需求饱和程度等来描述，成员之间存在着复杂的竞争与合作策略。名牌生态系统成员众多，含有的信息庞大而复杂，为了使名牌生态系统中的信息流程运行保持高效的状态必须对系统进行优化控制，名牌生态系统内部不同的主体之间含有不同的知识，存在复杂的知识交换，为促进名牌生态系统知识功能的发挥，需要加强组织创新和知识编码的工作。另外，需要对名牌生态系统的创新与重构、名牌生态系统的运行及动力机制、名牌生态系统的稳定性及其调控、名牌生态系统的系统评价与仿真以及名牌生态系统的系统管理策略等问题进行定性与定量的系统研究。

综上所述，我们认为目前出现的有关品牌价值网络管理的理论方法，大都是某一侧面的研究，缺乏系统性与可操作性。而对社会商业的关键优势物种——名牌——利用生物隐喻方法进行系统研究可以得到有益的结论及方法，一方面它可以弥补现有名牌理论仅仅考虑品牌名称及其传播而缺乏系统性的不足；另一方面还可以从生态学视角中得到新的名牌发展规律。

第 3 章

品牌生态系统概述

§3.1　有关概念与命题

3.1.1　品牌及品牌生态系统

　　品牌作为复杂的"生物"，依靠市场资源生存与发展，其发展性态取决于品牌个性及其品牌内部生态。只有形成合适的品牌生态系统，品牌才能生存与发展。将品牌系统及其生存环境按拟生物生态系统进行分析研究，可以得到品牌完整的运动规律及其变化状态。

　　[定义 1] 品牌（Brand）：是指企业或组织拥有的具有寿命与活力的商品、服务等的标志性无形资产。其表象为注册商业标记，内涵为品牌拥有企业及其商品的属性及活力。品牌具有如下一些特点：（1）品牌具有寿命及活力；（2）品牌是特定的形象标志性无形资产；（3）品牌的内涵是极其丰富的，它包含了表象以下的本质属性。从定义可以看出，品牌的含义已超越商品名牌的范畴而上升为具有寿命与活力的特种形象的标志性商业资产。

　　[定义 2] 品牌生态系统（Brands Ecosystem，用 BE 表示）：是指品牌

及其赖以生存发展的相关环境复合而成的商业生态系统。品牌商业生态系统描述了以某一个或某一些特定品牌为龙头的商业共同体。它是以品牌为龙头的商业生态系统，由品牌产品、品牌拥有企业、股东（或投资人）、员工、经理人、供应商、最终顾客、金融机构、大众传媒、社会公众、中间商、政府、竞争者、其他相关企业以及社会、经济、文化、自然环境等成员通过一些内在规则连接而成的。在这个共同体中，品牌价值或逐步得到提升、维持、下降或衰亡。

☛3.1.2　关于品牌生态系统的一些命题

　　[品牌生态系统存在性公理]　所有品牌都是具有寿命的商业生命体，其寿命及活力取决于对环境的适应性与内部创造性，存在着内部的生存支撑系统及外部干扰系统。因此，品牌生态系统的存在是必然的。

　　[品牌生态系统复杂性公理]　品牌生态系统构成成员数量多且种类繁杂，是一个开放的复杂系统，其行为受众多因素的影响，具有自组织复杂性。它在执行任务并生存下去的基本前提下，通过关联网络与其他复杂系统环境的相互作用，以非线性的方式进行演化。

　　[品牌生态系统容量有限性公理]　品牌依附其产品或服务而诞生，之后形成独立于产品或服务之上的"生命体"。由于品牌具有一定的市场定位，因此，品牌生态系统受其文化与价值特性的限制，品牌延伸具有一定的边界及有限的产品或服务品种容量。

　　[品牌生态系统活力公理]　品牌活力取决于品牌系统整体的优化状态及市场动力。品牌整体系统存在"瓶颈"环节时，品牌成长受到限制而非常规运行、单方面突进时，品牌在一定阶段活力很强，但必须及时充实薄弱环节，调整系统至优化状态。若不能及时优化生态系统结构，则品牌活力会很快消失，呈现流星名牌现象。另外，在品牌系统构成合理，运行健康状况下，增加市场动力可以增强品牌活力，比如提升品牌形象、增加品牌产品市场投入等。

　　[品牌生态系统边际报酬不确定性公理]　品牌生态系统受品牌无形资产以及品牌生态系统自组织管理状态的制约，其系统边际报酬变化较大。当品牌产品容量较大时，品牌生态系统边际收入报酬递增，而当品牌容量较小时，其边际报酬递减。

［品牌生态系统可塑造与再生性公理］　品牌生态系统可通过品牌拥有企业的生产经营运作逐步自组织形成。由于品牌存在产权特性，品牌生态系统由品牌拥有企业发起并进行调控，因此，品牌生态系统具有可塑造性。另外，对于衰败品牌，企业可通过品牌生态系统的创新、再造或并购、转让等途径使其再生。

§3.2　品牌生态系统的特点与性质

☞3.2.1　品牌生态系统及其结构描述

品牌产品及品牌拥有企业形成复杂的品牌系统。生活在经济、社会和竞争形成的生态环境中，与相关环境共同组成具有极其复杂的系统行为的品牌生态系统。生态学的原理告诉我们，品牌生存于市场生态系统之中。品牌作为复杂的"生物"，依靠市场资源生存与发展，其发展状态取决于品牌个性及品牌的内部生态。只有形成适当的品牌生态系统，品牌才能持续生存与发展。将品牌系统及其生存环境按拟生物生态系统进行分析研究，可以得到品牌完整的运动规律及其变化状态。

品牌生态系统的结构可以从个体与整体的角度加以描述。个体品牌生态系统主要指单个品牌的品牌生态系统，系统边界划定在包括品牌顾客以及品牌供应链与资源供应链之内。整体市场品牌生态系统则描述某特定市场中，由多个品牌系统共同组成的品牌生态系统，包括区域市场品牌生态系统与产业品牌生态系统。

1. 个体品牌生态系统的结构

个体品牌的活力取决于品牌内部系统状态、资源状况及外部市场环境的适应性，它依赖于整体品牌生态系统。个体品牌生态系统的结构如图3-1所示。图中的中心部分是品牌及品牌拥有企业构成的内部系统，它是个体品牌生存与发展的核心及动力源。供应链上的供应商群体及环境构成了品牌供应生态子系统，中间商、用户群体及外部环境构成了品牌的整体市场生态子系统。在品牌生态系统中，品牌拥有企业、供应商群体、顾客群体形成的供应链，构成了品牌生态系统的核心子系统，企业股东及员工构成了品牌运作的内部支撑系统，金融机构、政府有关部门等则构成了品牌运作的外部支撑系统，而社会公众、竞争者、大众传媒以及其他外部因素则构成了品牌生存发展的环境系统。系统中成员之间的连接关系主要为业务关系、信息传递关系以及公共关系。品牌生态系统成员在系统中依托品牌资产相互依存、共同发展。

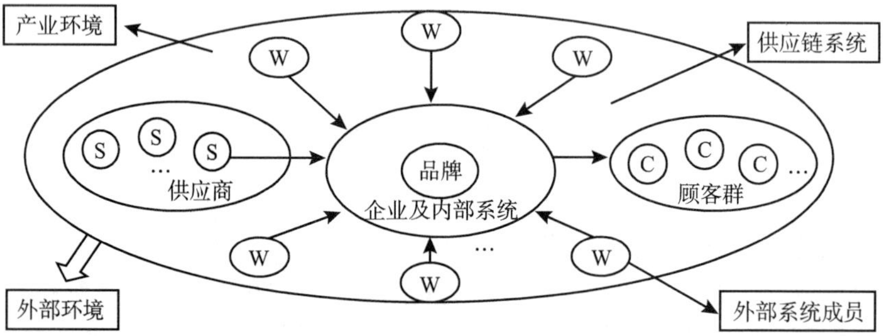

图 3 - 1　个体品牌生态系统

2. 整体市场品牌生态系统的结构

许多品牌在同一个市场中形成错综复杂的品牌生态系统结构，品牌既相互竞争又相互依存。各种因素作用于不同品牌而对品牌发展产生了不同影响，同时形成了不同的市场生态系统状况。一般来说，区域市场中，居于领导地位的品牌占据最大的市场份额，对区域市场的竞争结构起着决定性作用。处于次要地位的品牌以其品牌实力及品牌个性占据较大的市场份额。随着市场的变化，有的可能代替领导品牌而成为新的领导品牌，而有的则可能一直处于附属地位，甚至退出市场。大量中小品牌则根据自己的资源状况与市场定位，占据较小的市场份额，或独立成为一个小型的品牌生态系统或成为大型品牌生态系统的一个成员主体。另外，不同品牌依据产业链位置及优势，形成不同的协作关系及互补联盟，构成了错综复杂的商业生态系统结构。区域市场中众多品牌进出频繁，在相互依存相互竞争中形成了特定的品牌市场生态系统，如图 3 - 2 所示。

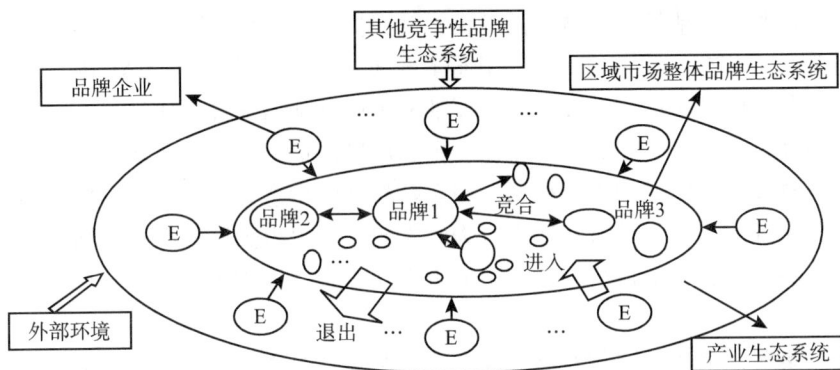

图 3 - 2 整体品牌生态系统

整体市场品牌生态系统由区域市场整体品牌生态系统以及整体产业品牌生态系统两大类组成。区域市场整体品牌生态系统由众多个体品牌生态系统复合而成，可分为垄断型与非垄断型两种整体品牌生态系统结构，而非垄断型又有少量较大型或大量中小型之分。产业品牌生态系统则描述了一个产业内同类个体品牌生态系统的组合状况。有的产业品牌生态系统较少，有的产业品牌生态系统较多，它是由其产业类型及其市场结构类型所决定的。

可以看出，品牌生态系统是品牌赖以生存与发展的空间，是包含了品牌及拥有企业、营销系统、顾客及外部环境在内的复杂系统，具有生命性。品牌衰亡并不只是品牌本身的衰亡，而主要是指品牌生态系统的衰亡，具体表现为企业品牌的停用、品牌生态系统功能的丧失以及品牌生态系统结构解体等。

3.2.2 复杂适应系统（CAS）具有的基本特征与机制

与简化的、线性的传统系统理论相比，复杂性科学提供了一个完全不同的视野，它主要研究非线性反馈网络，特别是复杂适应系统（Complex Adaptive System，CAS）理论（约翰·H·霍兰，2000）。CAS 理论由美国圣菲研究所 Holland 于 20 世纪 90 年代初创立，它认为复杂系统对环境的适应是系统复杂动态的重要原因，它将 CAS 看成由多个根据各自行业规则或者模式相互作用的行为主体（Adaptive Agent）组成的开放复杂巨系统。这些主体能够洞察彼此的行为，并根据其他个体的行为来调整自己的行为。CAS 在不断学习和进化并同其他 CAS 相互作用。在 CAS 中，任何特定的适应性主体所处环境的主要部分都由其他适应性主体组成，因而任何主体在适应上所做的努力就是要去适应别的适应性主体，适应性是 CAS 生成复杂动态模式的主要根源。用它解释品牌生态系统，分析与描述品牌生态系统的运行、学习和适应行为的本质，可以得到许多有益的结论。

CAS 具有 4 个特征（前 4 个）和 3 个机制（后 3 个）共 7 个基本点，它们是：

聚集：个体通过黏着形成较大的、所谓多主体的聚集体，在系统内像一个单独的个体那样行动。聚集反映了系统不同层次行为主体之间的有效协调和共生特征。

非线性：个体以及它的属性在发生变化时并非遵从简单的线性关系，而是一种复杂的非线性关系。个体之间是相互适应的关系，系统内各种反馈作用交互影响、相互包含。

流：在个体与环境之间以及个体相互之间存在着物质流、能量流和信息流，它们是保证系统正常运转的基本条件。

多样性：在主体适应过程中，由于主体间、主体与环境间的相互作用，主体之间的差别会发展与扩大，最终形成分化。表现为个体之间存在差别，且主体类型多种多样。

标识：是 CAS 系统为了聚集和边界生成而设定的标志。为了相互识别和选择，无论在建模还是在实际系统中，标识的功能与效率决定了信息交流的实现程度。

内部模型：每个主体都有复杂的内部运行模式，即内部模型，它是系统实现预知功能的机制，可以指明系统发展的趋向与行为。

积木：复杂系统是在相对简单的"积木"基础上，通过改变组合方式而形成的。其复杂性往往不在于"积木"的多少，而在于"积木"的组合状态。通过自然选择和学习，寻找那些能够再使用的"积木"，人们能够把复杂事物进行分解与重组。

1. 品牌生态系统具有聚集特征

通过系统成员、品牌及产品等的聚集形成品牌生态系统的复杂结构。从图 3-1 和图 3-2 可以看出，品牌生态系统的构成成员均属于具有适应性的主体，按着组织长远及近期利益最大化的原则，彼此行动组成协同一致的聚合体。在特定品牌生态系统的旗帜下，通过聚集而相互作用，以不断适应环境。对品牌生态系统来说，并不存在一个集中控制中心来控制各个主体的行动，但品牌生态系统仍然可以在品牌拥有企业的协调下表现出一种有序状态，正是这种主动性以及它与环境反复的相互聚集作用，才是品牌生态系统发展进化的基本动因。个体品牌生态系统以一个品牌为龙头，聚集了包括品牌企业、供应商、企业资源供应者、员工、经销商、分销商、零售商以及消费者等成员在内的多个利益相关者组成了一个整体系统。在个体品牌生态系统运作过程中，各个成员依据自己在系统中的贡献或地位获得相应利益。聚集成员越多，该个体品牌生态系统就越大。通过聚集减少了社会交易成本，增加了知识共享性以及形成了规模和范围经济。

2. 品牌生态系统具有非线性特征

在品牌生态系统发展过程中，由于环境影响以及系统成员间的互动作用，系统行为呈现出复杂的非线性特征，常常出现偏离线性的突变、跳跃等非线性变化，有时甚至还会出现系统混沌。非线性发展体现着系统内存在动态正反馈或负反馈变量关系，这些关系能够调节品牌生态系统成长或衰竭，使品牌生态系统的发展处于非线性状态。我们常常看到有些小的品牌生态系统在极短的时间内迅速崛起，而有的名牌生态系统在短期内迅速衰退甚至消失的现象，还可以看到投入产出不成比例、成员间发展不协调不平衡等问题出现，这些都是非线性作用的结果。

3. 品牌生态系统具有主体多样性特征

系统内任何成员（或主体）均依赖于其他成员（或主体）所提供的环境，且每个成员都在由以该成员为中心的相互作用所限定的合适生态位上。为了持续生存，系统需要不同类型的成员发挥不同的作用，而由形形色色成员共存所引发的资源再循环，比个体行为的总和要多得多。因此，品牌生态系统必然具有成员多样性的特征。从图 3－1 可以看出，个体品牌生态系统中不同成员为系统做着不同的贡献。比如核心品牌企业为品牌形象塑造及高质量产品提供做着贡献，供应商为品牌企业提供设备和原材料，分销商开展着分销业务、政府为品牌运作提供外部环境支持、金融机构提供金融服务，等等。这些多样性的主体相互协同、补充、限制而形成了良性运作的品牌生态系统。从图3－2可以看出，整体市场品牌生态系统成员更具有多样化特征，它们共同满足了多样化的市场需求。

4. 品牌生态系统"多流"并存特征

在系统内，主体与主体之间存在信息、物质、资金等流动，而这些"流"的形态不同，功能各异，通过传递，实现系统流的"增值"与再循环。由于品牌生态系统中各主体是高度自治的适应性主体，因此相互之间必然存在着信息的流动与知识分享，以协调或适应系统内的各种变化，尤其在强健的品牌生态系统中，信息的流动更加重要。另外，在市场经济中，伴随着信息流动必然会存在人与物的流动以及资金流动，这样才能实现品牌生态系统的正常运作及可持续成长。品牌生态系统的活力很大程度上取决于系统内部及系统与环境之间的"流"的状况，流动的复合性及增值性越好，品牌生态系统的运作状态就越健康。

5. 品牌生态系统具有独特的标识机制

CAS系统中，标识用来操作系统的信息对称性，使所有成员能够观察和领略到以前隐藏在市场品牌生态系统背后的文化及品质特性，可以促进选择性的相互作用。在品牌生态系统中，品牌标识是系统成员协同发展的旗帜，是品牌生态系统凝聚力的核心。在品牌生态系统中，以品牌拥有企业为核心的供应链成员最为关键，它们以独特的理念识别、行为识别以及视觉识别形成了品牌生态系统的标识系统，并通过各种途径进行传播，逐步建立起了品牌生态系统的良好形象，为品牌生态系统的发展提供了平台与基础。品牌生态系统具有的标识总体上可以分为内部标识系统与外部标识系统，由于品牌生态系统中的成员不同，因而这些标识受到不同主体的控制与制约。内部标识系统包括了品牌生态系统成员完整的视觉识别系统，也包括了成员企业的理念、文化以及制度等价值观与规范，而外部识别则体现了品牌生态系统所表现出的与其他品牌生态系统标识所不相同的品牌识别性，如品牌理念、品牌形象以及品牌企业或产品的独特性等。

6. 品牌生态系统具有独特的内部模型机制

不同类型的品牌生态系统具有不同的运行与决策机制，即具有不同内部模型。在系统运行过程中，由主体及环境相互作用形成的运行规则和预知实现机制，可以形成特定的品牌生态系统内部模型。品牌生态系统内部模型较为复杂，大体上有以下几种类型：第一类为品牌生态系统运行机制模型，它由一系列主体运行规则及规定组成，比如供应链上的业务运行惯例及约定；第二类为品牌生态系统运行决策机制模型，由信息流动规则、协商规则以及事项决定规则等组成；第三类为品牌生态系统约束及监控模型，主要由限制性规则、规定以及监控实施方法组成。品牌生态系统成员间的协商与谈判机制决定了成员间的运行决策及约束模型机制，而各成员内部的运行、决策及约束模型决定了各成员的内部系统行为模式。内部模型是品牌生态系统非线性产生的最重要原因。

7. 品牌生态系统具有再造优化机制

品牌生态系统通过自然选择和学习，不断进行动态组合与优化。当系统功能紊乱，甚至丧失时，可通过寻找有用的系统"积木"进行重新构建。如果组合得当，失败或低效品牌生态系统中的"积木"可重组成性能良好的品牌生态系统。在这里"积木"也可以称为基本模块，它具有相对独立的功能与结构。由于品牌生态系统具有非线性发展机理，因此系统结构及功能将始终处于变化与重组状态之中。因此，通过持续不断寻找合适的系统"积木"模块，按照内部模型要求对品牌生态系统进行重组，可以实现品牌生态系统功能的提升与优化。品牌生态系统的再造优化机制显示出它是一个典型的开放复杂系统。

☞3.2.3 品牌生态系统适应复杂性对企业实施品牌战略的启示

对品牌生态系统性质与机制进行深入思考可以引发如下一些启示：
（1）充分利用"聚集"特性，整合社会资源与各类主体，形成较为稳固的品牌生态联合共同体。主要途径有如下几条：一是通过提升品牌知名度与影响力，吸引社会各界参与品牌生态系统，形成递增的品牌生态系统规模效益，从而迅速提高品牌产品的市场销售额；二是随着个体品牌生态系统内部成员聚集，吸引或迫使另外的品牌生态系统并入该系统，从而"聚集"成为更大的品牌生态系统；三是通过充分利用地域产业聚集发展效应，增加创新、降低成本，为品牌生态系统增加动力与活力；四是通过品牌联盟等聚集途径，从而实现相关品牌共同占有市场，协同提升各自品牌生态系统竞争能力的目的。

（2）识别与设计品牌生态系统的非线性发展机制，迅速做强做大品牌生态系统。品牌生态系统的发展存在形成、成长、成熟以及衰退等过程，其生命周期极不规则，但基本上是非线性形态。认真研究品牌生态系统的非线性发展规律对品牌运作意义重大：首先要充分认识品牌生态系统的非线性作用机制，在不同发展阶段上识别出关键的非线性影响因子，为及时注入促进快速成长的"创新"动力，缩短投入培育期，延长成长期与成熟期奠定科学基础；其次要对品牌生态系统的非线性发展机制进行设计，通过设计合理的运行机制以及成员利益分配机制以便产生"正反馈"效应，使品牌生态系统得以快速成长；同时设计风险规避机制，从而产生"负反馈"的抑制效应，以减少成长阻力与失败风险。

（3）建立健全品牌生态系统的标识体系。塑造良好的品牌及品牌生态系统形象。品牌拥有企业可通过导入或完善自身的 CIS，协调其他品牌生态系统成员的相关形象，从而形成并保持相对统一而规范的一体化品牌生态系统形象。可采用如下一些策略：为供应商授牌使其成为特定供应商，为经销商授牌使其成为区域品牌代理商、分销商甚至零售商，或为其装饰含有品牌视觉要素的店面或交通工具，或使其重要人士成为企业名誉员工等，最重要的是要建立具有特色且具有冲击力的品牌文化理念识别体系，以塑造并展示出品牌生态系统在市场中的独特身份。

（4）加强品牌生态系统"流"的畅通性。提高"流"的协调性与运行效率。首先保持品牌生态系统中信息流的畅通性，建立品牌生态系统的信息网络流程，制定相应的管理规范，使品牌生态系统信息处理与传递快捷有序。而建立以互联网为平台、以品牌拥有企业为中心的计算机管理信息系统可有效提高品牌生态系统信息管理的水平。其次保持物流与资金流等的畅通性，制定物流与资金流规划，加快物与资金周转，提高整个品牌生态系统的运行效率。从品牌生态系统角度对物流与资金流整合可以起到单个企业无法比拟的效果，它可以大大提升品牌在市场上的影响力与竞争力。

（5）适度增加系统多样性。首先要适度增加品牌及其产品的多样性，形成合理的品牌与产品结构以满足多变的市场需求及市场运作需要。品牌多样性可以通过不同品牌组合或主副品牌（副标签）等方式得以实现，产品多样性则通过增加产品线或产品项目、品种等方式得以实现。其次是尽可能地通过各种渠道吸引更多成员进入品牌生态系统，参与品牌生态系统的成员越多，品牌生态系统的结构就越稳定，但也要注意，当系统成员多样性增加时，管理复杂性也相应增加，可能导致系统效率下降。因此，品牌生态系统多样性应控制在适度范围之内。

（6）建立起独特的品牌生态系统内部模型。建立系统内部模型，一是品牌拥有企业及主要供应链成员要建立独特的企业理念与品牌核心价值体系，并通过沟通、传递以及品牌经营活动形成品牌生态系统的共同文化与共有道德规范，从而形成品牌生态系统内部模型的"核"，违背共有文化者被淘汰，认同共有文化者保留在系统内。二是以品牌拥有企业为主协商形成品牌生态系统整体运作的决策模式与决策程序，使其成为品牌生态系统运行的中枢指挥程式与问题解决规范。三是建立品牌生态系统成长策略导向模型。这个模型可以解决品牌生态系统的发展方向、发展速度以及盈利模式问题，比如某品牌企业建立以商超为主的营销渠道策略模型，因此，在此模型控制下其他渠道成员便不能进入该品牌生态系统。四是建立品牌生态系统的内部控制及利益分配模型，以控制品牌生态系统的运行秩序，进行利益分配以及激励系统成员。由于系统成员主体各自独立，因此必须借助于内部模型来协调品牌生态系统的可持续发展。

（7）对品牌生态系统进行动态重组与优化。应经常对品牌生态系统进行创新，"积木"式或模块化重组可以实现这一目标。品牌生态系统中既有高效"积木"，又有低效"积木"。因此应首先识别出品牌生态系统的高效与低效的"积木"或"积木组合"，然后通过保留高效"积木"组合，更新低效"积木"组合来提高系统的整体效能。可以对系统内部的"积木"进行重组，也可以引入外部"积木"对系统进行重组。品牌生态系统具有的"积木"机制说明通过标准模块化管理可以使品牌生态系统的重组快捷、稳定，投入少且效益大。而核心"积木"对品牌生态系统的生存与发展起着至关重要的作用，如品牌拥有企业即是品牌生态系统的核心"积木"组合，它包含着若干个次级的"积木"组合，因此不断提升核心"积木"的效能可以保持品牌生态系统的可持续成长。

§3.3　品牌区域市场资源竞争及品牌分布规律

📖 3.3.1　同类品牌的区域市场资源竞争

市场资源是品牌赖以生存与发展的基础条件，区域市场资源分布不同，品牌生存状态不同。具体来讲，品牌区域市场资源主要是指品牌生存所依赖的区域市场购买力，而市场的资源竞争就是指市场购买力的竞争。市场资源具有较大的伸缩性与动态性，可以很大，也可以为零。因此，正确的市场资源开发利用对于品牌成长壮大至关重要。

1. 同类品牌区域市场资源竞争

经济学的主要内容是研究资源的有限性及其合理配置。对每一类品牌来讲，只能有一小部分品牌能够成长成名牌。而在激烈的生存竞争中能发展起来的品牌通常都是那些竞争能力比较强的品牌，它们具有较好的市场资源获取能力。一个品牌在市场竞争中取得优势地位不仅取决于它的实力，而且也取决于它在与其他品牌竞争时所采取的资源获取策略。假如有若干同类品牌在某市场区域中，由于一个或几个同类或相关品牌的存在而使另一品牌的销售量或市场占有率下降，那么在这些品牌之间，必然会存在着某种方式的竞争，即某些特定品牌的收益及占有率，由于存在品牌竞争而有所下降。如果每个同类品牌都不能确认一个地区的市场容量及销售状况，那么常常会出现各品牌进行重复市场开发而浪费时间、费用，并使所有同类品牌的收益及占有率有所下降。如果这些品牌属于生活必需品，则竞争的结果是保留下几个优秀品牌。如果是非必需品，则可能是一类品牌最终全部消亡。如果在一个较大且购买能力相当强的区域内品牌较少，这些品牌之间就不会发生激烈的残酷竞争；但当某些市场区域内顾客购买力强，而另一些地区购买力差，各品牌产品都会抢先进入购买力较强的富裕地区。此种情况下，多个品牌同时出现在同一市场区域的概率就会增加。当几个同类品牌同时占领某市场时，竞争变得难以避免，常常出现品牌为争夺顾客，长期占有市场资源而发生激烈的市场竞争。谁先进入市场，占有率高，谁就是该市场区域最成功的品牌。

为了使市场收益最大，各品牌有时集中于某些特定的目标顾客群，而有时则无选择地面对所有顾客，比如可口可乐公司。显然，当所有品牌都集中在报偿较高的某些目标市场时，品牌之间的竞争就会加剧。另外，品牌本身实力是有差异的，名牌要比一般品牌更有竞争力。

不同品牌在不同市场区域表现出不同的竞争能力，在一种场合下有竞争优势不一定意味着在另一种场合也具有同样的差别竞争优势。

2. 同类品牌区域市场资源竞争的四种类型

（1）同类品牌区域市场资源自然竞争。它是市场资源竞争的一种最简单形式。在发生自然竞争时，市场为卖方市场，品牌互不影响，各品牌依据最适法则进行市场运作并占有各自市场顾客资源，包括顾客购买力与中间商资源。而中间商资源则决定了品牌能否顺利成长并成为名牌。有时竞争品牌还进行联合与协作，以便形成相应联盟共同利用市场资源。

（2）品牌市场资源争夺竞争。这是品牌资源竞争的常见类型。在争夺竞争环境中，品牌相对较多，能力均衡，面对有限的市场资源，同类品牌依据各自优势展开争夺竞争，形成买方市场结构。品牌竞争者在进行市场开拓时对其他品牌采取的策略比较清楚，每个品牌竞争者都试图做出最大努力，以便能获得尽可能多的顾客资源。但这种竞争中，竞争者不会发生直接冲突和对抗，所有竞争者都可以自由进入某市场区域并进行争夺竞争。争夺竞争的结果是每个竞争品牌到获得最大收益的市场区域中去。

（3）同类品牌对市场资源利用的对抗竞争。如果一个名牌为了长期独占市场，而在市场区域驱逐其他品牌，这时就会形成品牌对抗竞争。如果这种行为所付出的代价低于它独占市场所获得的好处，那么在战略上就是合理的。这种情况下，它就会成为市场霸主而不许其他品牌侵入。这是第三种类型的市场资源竞争，即垄断市场竞争。在品牌对抗竞争中，竞争品牌在商战中所付出的代价并不是固定不变的，它将随着竞争品牌所采取的不同对策而有所变化。在分析这类问题时，常常要使用博弈论（Game Theory）等分析方法。一般来说，对抗竞争的胜者通常就成为该区域的名牌而垄断市场资源。

（4）市场资源破坏竞争。如果几个同类品牌在激烈的对抗竞争中分不出高低，又形不成战略联盟的情况下，常常会出现恶性破坏竞争，即几个品牌对抗的目的不再是占有利用市场资源，而是要毁掉该区域中的市场资源，以便大家都不能利用。毁掉市场资源的途径有：相互诋毁，使顾客产生不信任感；相互压价，造成中间商网络破坏等。这种竞争的结果常常是使该市场区域对此类商品的购买力处于萎缩状态。

3. 区域市场上同类品牌之间的竞争干扰分析

区域市场上同类品牌之间的竞争干扰用于描述同类竞争品牌的数量及其实力对市场资源开发利用的影响。在某种意义上，"干扰"一词可以用来表达同类品牌之间发生竞争的程度。一般来说，干扰被定义为由于市场竞争而导致品牌收益及市场占有率的下降，零干扰意味着没有竞争，1 干扰意味着干扰最大。

（1）无差异同类品牌间的竞争干扰。在品牌无差异情况下，竞争干扰表现为某一市场区域内 n 个品牌的收益会因同类品牌的干扰而下降为 $1/n$。根据 Sutherland 生物干扰模型可对品牌竞争做出分析。

若区域之内的 n 个竞争者中的一个品牌 i 的收益率为 R_i，则：

$$R_i = S_i/na \qquad (3.1)$$

式中，a 表示干扰常数，取值在 $0 \sim 1$ 之间；0 表示无干扰；1 表示干扰最强；S_i 是市场区域购买规模的一个量度；R_i 与品牌实力大小及市场投入状况成正比。

若 $a = 1$，则 $R_i = S_i/na$，因干扰每个品牌收益下降到 $1/n$；

若 $a = 0$，则 $R_i = S_i$，干扰不起作用。

在理想自由无差异情况下，对市场区域所有品牌来说，收益都应当相等。

$$R_i = S_i/na = 常数$$

而市场区域干扰强度系数 a 可通过下列方程求得：

$$a = (\lg S_i - \lg R_i)/\ln(n) \qquad (3.2)$$

当 a 已知时，该市场区域容纳的品牌数量为：

$$n = (S_i/\lg R_i)1/a \qquad (3.3)$$

当干扰确定以后，若 $n_i > n'$ 时，品牌向外移动；若 $n_i < n'$ 时，品牌向内移动；若 $n_i = n'$ 时，品牌移动达到平衡。

当考虑市场动态需求时：

$$S_i = S_i(t) \tag{3.4}$$

则：

$$R_i(t) = S_i(t)/n \tag{3.5}$$

$$a(t) = \lg[S_i(t) - \lg R_i(t)]/\ln(n) \tag{3.6}$$

通常在一个市场中，品牌之间的干扰途径有如下几种：一是争夺市场顾客资源；二是相互拆台，对抗竞争；三是由于竞争品牌的存在，增加了顾客的谈判砝码。

（2）名牌存在时的品牌干扰。由于名牌的存在，名牌间、名牌与非名牌之间的干扰性就会很大。一般情况下，每个区域内只有一个或几个名牌占据主导地位，因此可认为在市场内只有名牌干扰其他品牌。在此区域内，名牌所遭到的收益损失最小，而小品牌所遭到的损失较大。

①若品牌数量较少，市场资源丰富时，名牌与小品牌各占有一定的顾客群，这时，名牌与其他品牌的收益率相等，即：

$$S_{名}/C_{名} = S_{非名}/C_{非名}$$

式中，C 为品牌实力。

②若品牌增多时，无论名牌或其他品牌，其收益率会下降，但非名牌下降要比名牌大得多。这时：

$$S_{名}/C_{名} > S_{非名}/C_{非名}$$

③当竞争激烈时，名牌与非名牌的收益差异，就会变得更大，非名牌甚至变为零，而自动退出市场。这时：

$$S_{非名}/C_{非名} \rightarrow 0$$

3.3.2 品牌在区域市场环境中的分布规律

"理想自由分布"一词最早是由生态学家 Fretuwell 和 Lucas 提出的，用于描述生物在一个斑块状生境中的物种分布情况。在市场生态中，如果每个品牌都能自由出入市场生态环境中的市场区域而没有任何阻力与限制，那么每个品牌的理想选择就是到收益最大的市场区域去。但是，随着进入一个区域品牌数量的增加，市场资源竞争加剧，这个区域中每个品牌的收益就会下降。因此，如果全部竞争品牌都进入市场状况最好的区域，就会导致每个品牌产品的市场收益降至最小，这种情况会使其中的一部分品牌进入次好的市场区域。依此类推，不同状况的市场区域就会按收益率顺序依次被占领。名牌得到较大的市场份额，非名牌则只能得到较少的市场份额。竞争的结果是所有品牌会在一定时期内在不同市场区域内达到一种平衡，使每一个个体品牌无论在哪个区域内都能获得收益。如果没有名牌，所有品牌无较大差异，不会出现一个个体品牌通过依靠区域之间的转移而获得更大的好处，这种状态就是品牌的理想自由分布。

1. 无差异同类品牌的市场区域理想自由分布规律

每个品牌收益为：

$$R_i = S_i/n_i = \text{Constant} \tag{3.7}$$

即：

$$R_1 = R_2 = \cdots = R_i = \text{Constant}$$
$$S_i/n_i = S_2/n_2 = \cdots = S_i/n_i = \text{Constant} \tag{3.8}$$
$$n_i = S_i/R_i$$

上式表明，区域中的竞争者数量与市场总需求规模成正比。

式中，S_i 为该市场区域购买力；n_i 为品牌数量；R_i 为品牌市场收益。

当 $R_i > R$，品牌向该市场区域移动；当 $R_i = R$ 时品牌不会移动；当 $R_i < R$ 时品牌将会移出；R 为整个市场的平均收益。

但如果存在名牌或区域顾客品牌偏好，则自由分布就会出现某种程度的变异。

2. 包含名牌在内的竞争品牌市场区域自由分布规律

名牌在知名度、美誉度、影响力、企业实力等方面具有优势，因而在市场竞争中必然具有其他非知名品牌所不具有的独特的竞争力。由于名牌的存在，不论在何种市场区域中，名牌所获得的收益率要远远大于其他非著名品牌。品牌的市场区域分布取决于不同的品牌组合，由名牌、准名牌、非名牌等多种品牌组成。每个个体品牌的市场收益则取决于其市场竞争能力与竞争策略。目前，我国大多数品牌分布属于这种类型。

包括名牌在内的竞争品牌的自由分布模型为：

$S(总市场规模)/C(总品牌实力) = S_1/C_1 = S_2/C_2 = \cdots\cdots$

式中，S_i 为第 i 市场区域市场规模；C_i 为进入第 i 区域的品牌组合实力之和。

如果名牌在区域内处于绝对垄断地位，则该区域内的其他品牌的市场占有率可能极小。但在名牌实力薄弱区域，其他品牌可能处于无差异竞争品牌的自由分布中，但总的竞争力与总市场规模比率应该相等，否则就会发生品牌组合形态的改变。品牌组合形态的改变是一个非平衡的动态过程。

当 $R_i = S_i/C_i \neq R$ 时，则出现品牌迁移；

当 $R_i < R$ 时，该组合中的小品牌开始离开，直到 $R_i = R$；

当 $R_i > R$ 时，其他品牌开始进入该品牌组合，直到 $R_i = R$。

3. 相同品牌不同产品种类的市场区域分布

一个品牌可以包容许多相似功能的多种产品，因而可以产生不同的地域分布。其分布规律描述为：高档商品占据较好市场区域；中档商品占据一般市场区域；低档商品占据市场购买力较弱的边缘区域或农村市场。更多的情况是多种产品同时占据相同的市场区域以满足不同目标市场需要。其分布状态由每个产品的收益 R_i 的大小决定，如图 3 - 3 所示。

图 3 - 3　相同品牌不同产品种类的市场区域分布

4. 同类品牌动态自由分布规律

品牌市场区域自由分布模型只是对品牌的空间分布进行了描述，其前提条件是市场区域质量即市场购买力 S 是不随时间而改变的，其他前提条件还有竞争品牌的死亡率等于零、竞争品牌市场投入相等以及竞争品牌所在区域的移动不需付出任何成本等。如果不受这些前提条件的限制，就必须对区域理想自由分布模型进行改进。

（1）市场区域进出无限制与阻力。设市场中有 n 个市场区域 A_i，经

过时间 t，各市场区域的市场需求规模为 $S_1(t)$，$S_2(t)$，$S_3(t)$ ……，对应的品牌数量分别为 $P_i(t)$ 等。如果无差异竞争品牌在市场区域内的移动是不付代价的，那么在 t 时刻，在市场区域 i 内竞争品牌的数量应当是：

$$n_i(t) = S_i(t)/R$$

式中，R 为整个市场平均收益。

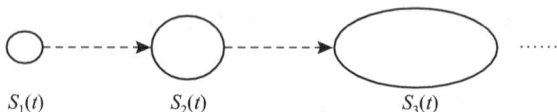

$S_1(t)$　　　$S_2(t)$　　　　$S_3(t)$

图 3 – 4

若 $n_i(t) > P_i(t)$ 时，品牌向外移动；若 $n_i(t) < P_i(t)$ 时，品牌向内移动；若 $n_i(t) = P_i(t)$ 时，品牌移动达到平衡。但是，品牌在市场区域间进行转移不可能是完全没有成本的，而且大多数市场区域的市场总购买力都会随着时间的推移而发生变化。比如，某市场区域，某品牌产品进入时，由于认识问题而购买者较少，即 $S_i(t)$ 较小，但随着时间的推移，各品牌市场促销投入加大，需求量逐步增大（或缩小），即 $S_i(t)$ 逐步变大（变小）。可以认为：竞争品牌能够离开一个区域而快速进入另一个区域；起初的新区域的收益率会大于 R（R 为常数），这将导致全部竞争品牌都应当开发这一市场区域，直到时间推移到 t' 时为止（此时品牌收益率刚好下降到 R）；t' 过后，竞争品牌应逐渐离开去寻找一个新的市场区域，留下来的竞争品牌数量将决定于品牌的平均收益值的大小。

在一个市场区域内的市场购买力下降至关键值 $S_i(t')$ 以前，全部品牌将留在这一区域内，因为这可以避免为区域间的自由转移而付出代价。但是在市场购买力 $S_i(t')$ 以后，竞争品牌就会陆续撤离，但不管是在什么时间撤离的品牌，都应当得到同样的报偿。自由分布理论也可应用于市场状况经历长期变化的场合，如市场需求的季节性发生。当出现对品牌商品季节性需求的情况下，品牌在该时间的产品投放及市场投入应与市场需求相适应，即保持不同季节中得到相应的投入产出率。在淡季，许多品牌暂停该市场区域内的经营业务。

对于品牌在一个较长时间内（如季节）的自由分布状况，我们可作进一步的深入描述，假如某市场对某类商品需求季节发生，而这种需求可由某品牌满足，则该品牌的季节行为模式为：旺季时投放品牌产品较多，淡季时投放产品较少，但始终占据市场不会消失。而替代性竞争品牌的季节行为将直接影响该品牌的市场行为与收益，则它的分布受市场需求的正面影响，而受替代性竞争品牌的负面影响。

如果在市场区域中不同品牌投放的产品及相应的市场投入不同，从而导致不同品牌面对的市场资源出现质与量的差异，符合要求的产品品牌，同样区域获得的收益就大，市场投入大的品牌收益也会明显高于其他品牌，这时品牌分布不能利用理想自由分布模型加以预测。

（2）市场区域进出有阻力。如果品牌在市场区域的移动受到限制，比如存在行政保护、品牌转移成本、信息不充分等，则品牌在市场区域中的分布就会出现非平衡且无规则的变化，若只考虑市场区域转移成本，则品牌的分布受品牌收益率的影响。由动态自由分布模型可知，所有每个品牌的收益为 $R_i = S_i / n_i$，品牌转移收益率下降值为 C_i，则某区域品牌的实际收益率应下降到 $(R_i - C_i)$ 时才有可能转移。

5. 品牌成长中市场区域自由分布规律

对于存在成长差异的竞争品牌可能存在的平衡分布可从品牌成长的不同阶段进行分析。在成长的不同阶段品牌的某些特征表现存在差异，如竞争能力存在强弱差异等，也就是说竞争实力大小并不是一个品牌固定不变的表现特征，而是随着个体成长有所变化。对于成长品牌的市场区域分布规律，可以理解为品牌在不同成长期内的区域表现规律。能够为某一成长阶段品牌提供最大可能报偿的区域市场状态常被称为该品牌的"品牌成长生态位势"。具有个体品牌成长生态位势市场可以是市场环境中存在差异的不同区域，如不同市场面存在市场需求质与量的差异或存在市场风险的差异等。因此，我们有可能在该生态环境的不同部分发现不同成长阶段品牌聚集分布现象，即在新市场或边缘市场上，可望找到新品牌踪影，那里虽然购买力小，但竞争压力小。而在成熟与购买力大的大城市市场上可望找到名牌，大城市虽然竞争激烈，但品牌实力大，风险抵御能力强，市场需求高，适宜生存与获利。

依据品牌成长分布原理，可以对品牌的战略转变做出预测。品牌个体成长生态位势是品牌分布改变的依据，何时转向与名牌直接竞争，实际上是品牌对策问题。对于品牌策略而言，一种对策是奇袭，另一种对策是保卫。奇袭的成功主要靠机会，实力大小并不十分重要。这一原理说明，新品牌如果策略得当，应当有机会成长为名牌、大品牌。而市场保卫者的成功则与实力有直接关系，实力越强，成功率越高。因此，对新品牌而言，进化稳定对策是其上策，就是要先采取奇袭策略，当成长到一定程度后再转而采取保卫市场策略，发生策略转变的时机应遵循品牌成长分布原理。我们可以利用理想自由分布理论做出预测，即预测品牌个体应该成长到何种规模或市场占有率时才开始改变策略，当品牌发生策略转变时，其生态位势必会发生较大变化。

6. 品牌的市场占领行为与垄断分布规律

出于稳定经营的需要，品牌在市场中靠攻击行为或对抗行为来保卫一定的市场份额，这种情况可以称其为垄断品牌分布。在垄断分布中，品牌在市场中不能自由移动，因此，根据理想自由分布原理所做出的各种预测将不适用。在有市场垄断的情况下，有些竞争者受到排挤而无法占有自己的领域时，每个竞争品牌都将依据自身的优势占有一个最适大小的领域并采取措施加以保护。随着竞争者密度的增加，区域内被垄断的领域数量也会增加，直到所有小区域都被占满为止，而未能占到领域的竞争品牌就会到处游动，并经常受到占有品牌的攻击，不可能长期生存。

在有大名牌参与的市场中，品牌垄断性加强。名牌凭借其雄厚的实力控制价格，投放大量广告吸引顾客，使得小品牌市场资源匮乏，几乎难以存在。

实际上，品牌的市场占领行为常常受信息不充分与移动障碍介于自由与垄断分布两种极端情况之间，并且分布极不均衡，在某些市场上以市场占领分布为主，而在另一些市场上则以自由分布为主，更多的是呈现出混合分布状态。

7. 同类竞争品牌在市场区域中的稳定分布与非稳定分布

从分析可以看出，在某一市场区域内竞争者数量的增加会降低每个品牌产品的收益率。但是，品牌组合之间的某些相互作用往往并不能导致竞争者在一个区域环境内的稳定分布，从而产生不稳定性。品牌非稳定分布情况通常发生在当区域市场对一些品牌有利而对另一些品牌不利的时候。设想在一个市场区域内有两个品牌与几个小区域，小市场区域的顾客购买力相差不大，但两个品牌一个为名牌甲，另一个为非名牌乙。如果甲与乙在不同小市场区域内销售产品，完全独立和互不干扰，那两个品牌的收益率会大致相等。但如果一个小市场区域同时出现这两种品牌，名牌甲就会借助于其竞争优势而夺去非名牌的乙品牌部分顾客购买力。如果尚有另外空白小市场，品牌乙就会在留下与到另外区域之间做出选择。这种情况常会导致产生品牌游动而导致不稳定分布。

竞争品牌的稳定分布只有在下述两种条件下才能达到：一是若干市场区域之间的购买力资源相差很大，名牌与非名牌在一起共占优质区域所获得的收益大于它们单独去购买力贫乏区域时的收益，品牌分布才会达到稳定；二是品牌在区域间的转移阻力或障碍很大，即使出现收益率下降局面，率先进入区域市场的品牌一般不会退出，这时也会呈现稳定分布。

假定在某市场中有若干个品牌，共有多种不同的品牌组合。各品牌组合之间表现出一种优势等级关系，每个品牌的收益实际上都等于市场资源所给予的平均收益，加上强势品牌从弱势品牌那里夺得的收益，再减去被优势名牌所夺走的收益。整体来说，由于差异等级的存在所造成得失应当大致相等。如果各小市场区域质量差异极大，那么所有个体品牌就会集中到最好的区域。但如果小区域之间的质量差异不大，就会出现不稳定分布，表现为各种品牌组合形态在各小区域中的数量不断变化，个体品牌分布总是达不到平衡状态。但各种品牌在不同市场区域转移程度是不一样的，优势最大的品牌组合常常在最好的市场区域中出现，次优品牌组合分布在次好的前几个市场区中出现，而较低的个体品牌则在所有的区域之间不断转移游动。

8. 某区域酒类品牌分布规律

该区域内果酒品牌数目繁多，基本符合自由分布条件，品牌可以根据收益的大小自由出入市场区域。在区域中由于名牌的存在，新品牌只能占据偏远郊区。中秋节、春节到来时，各品牌上市品种突然增加，而在炎热的夏天，大型市场上只有几个著名品牌在陈列销售。另外，我们可以发现，在该市场区域上品牌竞争者进出较多。有的品牌只有不到一年即退出市场，个体成长极不稳定。名牌采用优质、廉价、并配以广告宣传，以"保卫"已占据的市场份额。市场区域的品牌分布基本上呈现以一个名牌为主，各种流动品牌共存的市场分布格局。到目前为止，尚未发现有两个以上名牌瓜分某一区域市场的例子。具体品牌分布状况见表 3 –1。

表 3 –1　　　　　　　　　　某区域酒类品牌分布

项　目	概　况
品牌种类	33 个
品牌市场结构	一个名牌覆盖全部区域，以中心城市为主要区域，其他均为中小品牌，多分布于市郊及郊市县
品牌寿命	一个品牌已存在 10 年，中等品牌存在 5 年，其他多为 1～3 年
实际购买力	逐年稳步提高
果酒销量	逐年稳步增加
主要品牌区域保护行为	长期通过电视广告进行促销，配合节日、假日进行终端推广，严格限制主要经销商对其他品牌的经销
名牌生态系统稳定性	一种品牌占统治地位，已有 5 年，并且地位稳固，居民品牌中成度逐步提高。名牌生态系统处于市场源头稳定状态

3.3.3　对企业实施名牌战略的几点启示

（1）对于实力尚不够强大的企业，实施名牌战略的首要问题就是要做好市场调查研究，最好选择无其他品牌的空白市场区域，进行市场营销。若已没有空白市场，则应选择名牌较为薄弱的平均区域进行操作。对已占有的市场应加以保护，增强自身品牌在该市场区域的影响力与市场竞争力，以尽可能减小与名牌之间的竞争力差距。

（2）当一个市场区域已存在众多品牌，竞争异常激烈时，企业应根据市场购买力状况适时转移市场，避实就虚。如果所有市场区域的竞争激烈，则品牌企业应考虑通过开发新产品，制造差别优势，以充分利用其他品牌所不能利用的市场资源。

（3）品牌运作时，需要经常测定区域市场的投入产出效益，并对品牌的长期与短期利益做出平衡。只有实施动态战略管理，创造名牌才有正确的操作方向。

（4）从目前中国市场的布局看，存在从南向北，从东向西的发展态势。南部与东部市场区域品种繁多，名牌林立，竞争激烈，而北部与西部则相对品牌较少，存在着巨大的发展潜力与生存空间，非著名品牌可优先考虑西部与北部市场。但东、南、西、北的市场资源存在着巨大的差异与特点，需要各品牌企业深入了解才能与之适应。

（5）对名牌企业来讲，购买力强的大城市市场是必占之地，但应考虑名牌之间的竞争。独占所有市场不大可能，可考虑通过正确进行目标区域市场定位及采取相应策略措施，在某一区域占有较大份额或绝大部分份额，但要尽可能避免大品牌之间的对抗与破坏竞争。

（6）买方市场形势下，各品牌在市场区域的投入成本逐步加大，从而导致新兴品牌进入市场较难。新兴品牌若想进入市场并有所发展，必须在产品与策略上有所创新，进入市场尽量避免过早与名牌进行对抗，而充分利用过去老名牌的营销网络进行品牌运作可能是其迅速发展壮大的途径。

（7）由于市场资源具有很大的伸缩性与动态性特征，企业在实施名牌战略时，应根据不同区域市场状况采取正确有效措施刺激顾客需求，创造市场资源，并通过建立顾客品牌忠诚度巩固市场资源。良好的产品质量、深厚的文化内涵，稳定的营销网络及无微不至的服务是品牌获取市场资源的关键措施。

（8）尽量避免市场生态中出现品牌恶性竞争。每个品牌应根据自己的差别优势，进入较为适宜的市场环境，在满足顾客需要的同时，稳定品牌分布状态，只有稳定的分布才能真正创造出名牌。

（9）除了考虑品牌之间的竞争外，企业还应对同一品牌的商品种类与系列结构做出正确安排，不同市场区域的产品投放要根据具体的市场品牌分布状况加以决定。一般情况下，不同区域应形成不同特色的产品组合，但要避免出现自己与自己竞争的局面。

（10）政府应对品牌在市场布局机制方面实施调控，制定相应法规避免品牌恶性冲突与不公平竞争，创造适应的外部环境。形成优胜劣汰的市场运行机制，促进中国名牌的形成、发展、壮大以及更新，从而切实改善我国市场经济的运作质量，提高全社会的整体经济效益。

§3.4　区域市场品牌分布格局及其分布指数

☞3.4.1　概论

品牌在市场中生存与发展，呈现出丰富多彩的商品世界。考察市场中品牌的区域分布可以发现如同生命世界一样，品牌分布具有一定的规律性。

品牌区域分布及其变化规律对企业品牌经营意义重大，它可有效指导企业制定品牌进入市场及参与市场竞争的有效策略，大大提高企业的市场营销效率。

已有的文献对品牌的进出与占据市场的动态特性作了初步分析研究，得到进出市场的关键参数，缺乏对品牌在市场区域内的分布格局研究。本书将解决品牌在市场区域中的分布格局的描述。

☞ 3.4.2　区域市场品牌分布指数

区域市场品牌分布格局主要是指品牌在某市场区域中的分布状况及其结构，可由品牌分布均匀度、品牌多样性、品牌品种丰富度、品牌实力对比度及品牌群落聚集度等分布指数加以表示。

1. 品牌分布均匀度

分布均匀度主要指品牌在区域市场终端上的铺货均匀状况及消费者（或用户）的分布均匀状况。铺货面广且布局均匀，说明该品牌在该区域知名度高，品牌强度大。消费者（用户）分布均匀说明品牌的市场占有率大。

假设区域市场内有 n 个品牌，m 个零售市场终端，某品牌的铺货终端只有 n_i 个，则定义 $\zeta_i = n_i/m \times 100\%$ 为第 i 个品牌的分布均匀度或共有 m 个消费者，某品牌 i 的消费者个数有 n_i，则 $\zeta_i = m/n_i \times 100\%$。某区域的品牌分布均匀度 $\zeta = \left(\sum \zeta_i \right)/n$。

2. 品牌多样性

某市场区域品牌数量的多少，其多少用多样性指数 b 描述。

$$b = B_1/B$$

其中，B_1 为该市场上同类品牌数量；B 为所有市场同类品牌数量。

3. 品牌品种丰富度

品种丰富度主要指某品牌商品在某区域市场上投放品种的多少。品种丰富度表明了品牌在某市场上的品牌实力。品种丰富说明品牌实力较强，顾客选择余地大；品种少，则说明品牌在市场上品牌实力较弱，顾客选择余地小。

品牌品种丰富度可用两种指数表示：

（1）同一品牌的终端市场平均丰富度指数：

$$a = A_1/A \tag{3.9}$$

式中，A_1 为某市场中的平均品种；A 为该品牌总品种。

（2）市场区域品种丰富度指数：

$$A = A_1'/A' \tag{3.10}$$

式中，A_1' 为某市场这所有品牌投放品种平均数；A' 为某市场中所有品牌品种总数。

4. 品牌实力对比度

品牌实力对比度主要指同类品牌与在市场区域中综合实力最强品牌的对比度。若大多数品牌与最强品牌的实力对比度较小，说明该区域存在垄断品牌；若实力对比度相当，说明该市场区域品牌竞争相当激烈或者市场刚刚起步。品牌实力 S_i 可用占有率或市场投入额表示。则区域品牌实力对比度为：

$$s = \left(\sum S_i \right)/nS_i \qquad 0 \leqslant s \leqslant 1 \tag{3.11}$$

5. 品牌群落聚集度

群落聚集度表示市场中不同品牌的区域分隔状况。品牌群落聚集度 ρ 指某一市场中 m 个子区域市场品牌数量 Q_i 与子区域最大品牌差值平均数与全部子区域平均值的比值。

$$\rho = \sum (Q_{max} - Q_i)/ \sum Q_i \tag{3.12}$$

6. 品牌成熟度

品牌平均进入时间与最大实力品牌入市时间的比值称为市场区域的品牌成熟度。

$$\lambda = \sum (T_i)/n \qquad\qquad (3.13)$$

📍 3.4.3　品牌分布格局

1. 分布格局的综合描述

对某一市场区域，同类品牌的分布可用 6 个指数综合判定，如表 3 - 2 所示。

表 3 - 2　　　　　　　　　　　同类品牌的分布指数

区域	均匀度	丰富度	成熟度	多样性	实力对比度	群落聚集度
1	ζ_1	a_1	λ_1	b_1	s_1	ρ_1
2	ζ_2	a_2	λ_2	b_2	s_2	ρ_2
…	…	…	…	…	…	…

（1）若均匀度、丰富度、多样性大，说明该市场区域品牌数量多、品种多，是许多大品牌聚集的存在。但垄断品牌并没有排斥其他弱小品牌的存在，并且弱小品牌品种齐全，市场投放自由，品牌群落聚集现象不明显。

（2）若均匀度较小，多样性较大，则品牌出现群落聚集现象。一般是以不同层次顾客群分布而自然划分群落，收入高区域，高档品牌聚集；收入低区域，则中低档品牌聚集。

（3）若品牌多样性及丰富度较小，其他指标较大，说明市场区域基本上被垄断品牌控制，并且实力对比度、品牌成熟度较大。

（4）若品牌分布均匀度较大，多样性较大，丰富度较小，聚集度较小，则说明该区域品牌较多，但大部分是新进品牌，市场处于开发阶段。

（5）若品牌多样性小，丰富度大，且实力对比度大，均匀度小，成熟度大，群落聚集度小，说明该市场的垄断品牌实力大，成熟，顾客忠诚，品牌形象良好。其他品牌不易进入，即使勉强进入，成长也极为困难。

（6）品牌区域终端市场分布格局与消费者（用户）品牌分布格局存在着较大差异。取决于区域的商业布局与居民（用户）分布格局状况，市场调查时要区分两者之间的差异性。

2. 几种典型的分布格局

分布格局主要有单一品牌型、一大多小型、几大多小型、多小型、大中小混合型，如图 3-5 所示。

| 单一品牌型 | 一大多小型 | 几大多小型 | 多小型 | 大中小混合型 |

图 3-5　几种典型的分布格局

§3.5　品牌生态系统形成规则与机理

品牌生态系统形成过程可分为如下三个阶段：（1）核心品牌企业进行产品开发及品牌定位、形象策划、信息传播，以其产品经营业务为龙头创造产供销业务链，逐步扩大产品品牌影响，形成稳定的核心企业产品经营体系。（2）以品牌为龙头，吸引精英成员进入该品牌生态系统，然后逐步扩大市场规模及影响力。在此阶段，各参与成员各取相关利益，系统核心能力得到加强，品牌生态系统进入快速发展期。（3）随着品牌生态系统规模及影响力的扩大与增强，品牌生态系统成为名牌生态系统。这时系统具有很大的稳定性及获利能力，系统成员质量高、品牌价值大，各方相关利益均衡。名牌生态系统具有市场领导地位。品牌生态系统成长的具体过程如图 3-6 所示。一般来说，在第二至第三阶段，外部成员进入品牌生态系统的数量最多，其成员质量也最高。

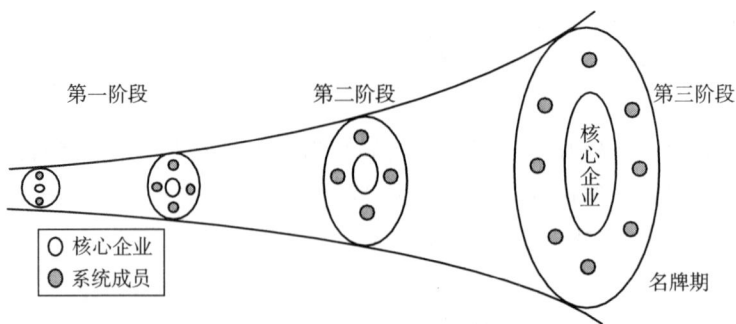

图 3 - 6   品牌生态系统成长过程

品牌生态系统形成主要遵循市场规律及相关利益获取规则，其中自组织机制是品牌生态系统形成与成长的主导机理，具有开放性、耗散结构、涨落变化以及非线性成长等功能。其自组织过程中的序参量为：产品顾客价值、系统成员利益及品牌市场动力。每一个序参量的变化都会引起品牌生态系统的复杂行为，系统功能随之发生重大变化。产品顾客价值是品牌生态系统生存发展的主要基本功能，系统成员利益是品牌生态系统的支撑变量，而品牌市场动力则是决定品牌生态系统成长速度的快变量。

在品牌生态系统的发展过程中，系统成员依据本身的价值取向而决定进入或退出系统。若进入者多于退出者，则品牌生态系统规模不断成长，系统核心价值增大，稳定性加强。若退出者多于进入者，则品牌生态系统核心价值减弱，不稳定性加强。一般情况下，品牌生态系统处于远离平衡的发展状态，随着顾客品牌体验的增加、品牌形象及品牌忠诚度的建立，通过技术与产品创新涨落、市场涨落以及意外事件涨落，品牌生态系统得以突变而呈现非线性成长。若运作得力，则品牌生态系统发展呈正向反馈，迅速成长；若运作乏力，则会导致系统成员利益链断裂，品牌生态系统萎缩。

§3.6   品牌生态系统存在状态及术语

品牌生态系统存在状态描述品牌生态系统的规模及其功能，展现了品牌的生存状况。若品牌生态系统规模较小、相对孤立、品牌产品科技含量较低，则其生命力弱，品牌前途渺茫。而有的品牌生态系统规模虽小，但品牌商品与新兴行业关联度大，产品科技含量高，竞争品牌较少，则该品牌生态系统有好的发展前景，处于大品牌生态系统的萌芽期或成长期。若品牌生态系统规模较大，但竞争品牌生态系统较少，说明该品牌产品科技含量高或处于政策性行业独占，品牌生态系统处于垄断状态。若品牌生态系统规模较大，但竞争品牌较多，产品科技含量低，则该品牌生态系统处于成长后期或成熟期，缺乏活力。而品牌生态系统规模由大变小，市场地位逐步削弱，竞争者逐步成长，则呈现多个品牌生态系统势均力敌，若原品牌生态系统不能进行创新，则品牌生态系统处于衰退状态，严重时处于全面退出市场的状态。归纳起来，有如下存在状态，如图 3 - 7 所示。

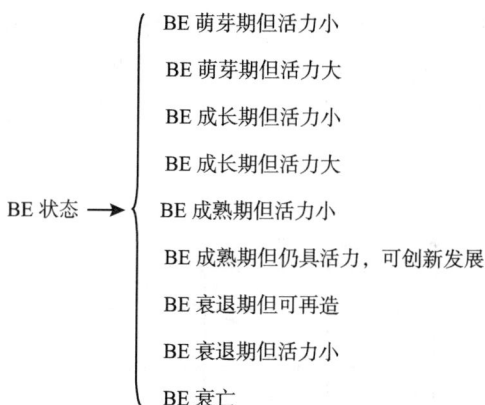

BE 状态 →
- BE 萌芽期但活力小
- BE 萌芽期但活力大
- BE 成长期但活力小
- BE 成长期但活力大
- BE 成熟期但活力小
- BE 成熟期但仍具活力，可创新发展
- BE 衰退期但可再造
- BE 衰退期但活力小
- BE 衰亡

图 3 - 7 几个关于品牌生态系统的状态术语

品牌生态系统存活。品牌形象无恶化现象，品牌产品存在市场需求，品牌生态系统结构基本完整，品牌供应链有一定规模运动的品牌生态系统状态。

品牌生态系统健康。品牌生态系统处于良性协调发展状态，供应链存在价值增值，系统成员凝聚力较强。

品牌生态系统创新与再造。品牌生态系统处于创新调整与根本性重建状态。

品牌生态系统死亡。品牌形象遭到严重破坏，品牌产品失去市场，品牌生态系统供应链逐步消散而难以恢复。这时我们可以认为该品牌生态系统处于死亡的状态。

品牌生态系统发展阶段与活力的关系如图 3 - 8 所示。图中，象限 1 表示品牌生态系统处于导入期，系统活力较大，成员参与较快，各方获取较高价值；象限 2 表示品牌生态系统处于成长期，系统活力大，在市场环境中属于挑战品牌，颇具市场潜力；象限 3 表示品牌生态系统处于活力大的名牌期，在市场环境中处于领导地位。象限 4、5、6 分别表示处于不同发展期但活力为中等水平的品牌生态系统；象限 7、8、9 则分别表示处于不同发展期但活力较小的品牌生态系统。较为理想的品牌生态系统当然是处于象限 1、2、3 的品牌生态系统，但象限 4、5 亦为较好的品牌生态系统；位于象限 7 的品牌生态系统属于风险型的品牌生态系统，如果管理得当，可以使其向象限 4、5 转化。同步线所处的象限 7、5、3 是一般名牌生态系统所经历的成长路径。而象限 8、9 属于衰败品牌生态系统。象限 6 表示的是一种处于危机状态的品牌生态系统，通过恰当的管理与创新可增加其活力，若缺乏管理与创新则逐步衰败退出市场。最理想的品牌生态系统成长路径则是图 3 - 8 中所示的黄金轨道，即通过象限 7、4、1、2、3 的轨道。

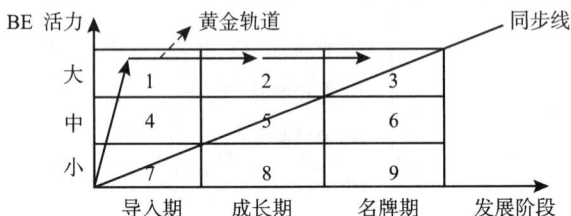

图 3 - 8　品牌生态系统发展阶段与活力的关系

§3.7　品牌生态位测度

3.7.1　品牌生态位及其原理概述

随着现代科学技术的不断发展，生态位（Niche）研究（周凤霞，2005）已经渗透到了很多领域，而且应用范围越来越广，已经成为生态学最重要的基础理论之一。

　　品牌生态位是品牌在市场中所处的位置和所利用市场资源的综合状态，它是品牌生存条件的总集合体。而品牌生态位重叠则是品牌在市场中所处的位置和所利用的市场资源存在交集的状态。当两个品牌利用同一市场顾客资源或共同占有他环境变量时，就会出现品牌生态位重叠现象。在这种情况下，就会有一部分市场空间为 n 维超体积的两个品牌生态位所共占。假如两个品牌具有完全相同的市场生态位，就认为发生了 100% 的重叠，这时候就会出现排他性的恶性竞争，但通常品牌生态位之间只发生部分重叠，即一部分市场资源如顾客资源是被共同利用的，其他部分则分别被各自所占有。在现实的品牌生态位形成过程中，由于品牌间的竞争作用力发挥重要作用，使得每一种品牌的市场生态位明显分开，这种现象就称为品牌生态位分离（Brand Niche Separation）。在很多情况下，市场资源常常被品牌以某种方式瓜分，即全部市场资源将被充分利用并将容纳尽可能多的品牌类型，同时还能使品牌间的竞争减少到最低限度（见图 3-9所示）。

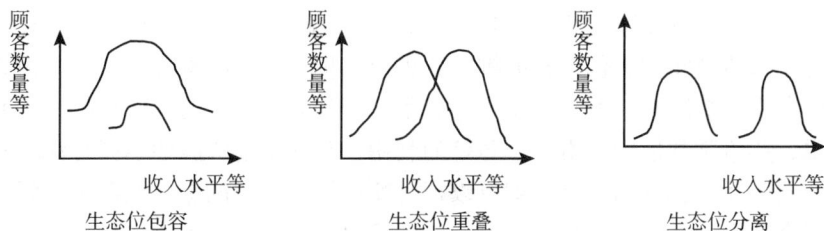

图 3-9　几种生态位类型

　　品牌市场生态位宽度的限度被称之为现实品牌生态位，其宽窄的描述主要依据品牌生态位在某些市场资源如顾客资源轴上所截取的段落的宽窄，即品牌生态位宽度可以描述为一个品牌所利用的各种市场资源类型的总和。品牌生态位宽度的测量常常与测定某些形态特征。某些市场度量或市场生境空间有关。显然，要想确知构成品牌生态位的变量是不容易的。而多维分析法可以使我们把许多品牌生态位变量在坐标图中标注出来。一个品牌的品牌生态位越宽，可利用的市场资源种类就越多，也就是说它更倾向于一个泛化品牌，相反，一个品牌的品牌生态位越窄，可利用的市场资源种类就越少，即该品牌的特化程度就越强。泛化品牌具有很宽的生态位，以牺牲对狭窄范围内市场资源的利用率来换取对广大范围内市场资源的利用能力。如果市场资源本身不能十分确保供应，那么作为一个竞争者，泛化品牌优于特化品牌。另一方面，特化品牌占有很窄的生态位，具有利用某些特定市场资源的特殊适应能力，当资源能够确保供应并可再生时，特化品牌的竞争能力将超过泛化品牌。通常情况下，一种可确保供应的资源常被许多特化品牌明确瓜分，从而减少它们之间的生态位重叠。与其他品牌相比，大品牌较多采用同所有品牌进行生态位重叠的策略，以保证占有领导地位和占据更多市场资源。

生态位宽度可以按照要素资源、空间利用情况以及形态差异加以考虑。不同的品牌类型可以借助于把一种资源分离为许多部分而分别占有它。这种分离可以是空间的，也可以借助于资源特化来完成。空间分离是由品牌的行为和形态特化引起的，这种特化可以使每一种品牌限定于市场的一定部位和利用特定部分的资源。同一品牌的不同类别也常有空间分离或占有不同的生态位。虽然品牌生态位的 n 维超体积模型是一个很好的模型，但实际应用起来却太抽象。为了构造一个 n 维超体积的市场资源生态位维度集合，我们必须了解有关品牌市场的几乎所有方面，但实际上我们不可能掌握影响品牌的所有因素，因此，n 维超体积模型只能是一个理论概念。即使现实生态位，它的维度数也很难将其全部因素考虑之内。因此在研究实际品牌时一般只限于那些竞争已得到有效减弱的主要维度。一般来说，竞争常常借助于市场小环境的利用、获取市场资源的不同和活动时间的差异而大大减弱。这样就可以把品牌市场生态位的有效维数减少到至少三个，即地点、资源种类和时间，即可以把一个资源利用饱和的市场品牌群落看作是一个三维空间内占有的一定体积。在一维生态位状况下，每个品牌在其生态位空间内就只有两个相邻品牌。沿着两个或两个以上的生态位维，各品牌最终的生态位重叠通常会存在差异，不同品牌生态位各维度之间经常会发生互补，如品牌在某个生态位维度上重叠较多，而在另一个生态位维度上就可能重叠很少。多维生态位关系极为复杂，随着维数的增加，品牌生态位可以在一个维度上部分重叠或完全重叠，而在另一个维上却完全分离。图 3-10 展示了 A、B、C、D、E、F、G、H 品牌在 xy 两维资源维度上的重叠及分离状态。

如果一个竞争品牌从一个市场移走，留下的品牌也会进入以前它们无法占据的市场生境，这种品牌生态位扩展也是品牌生态位释放。与品牌生态位压缩和品牌生态位释放有关的另一种反应是品牌生态位移动（Brand

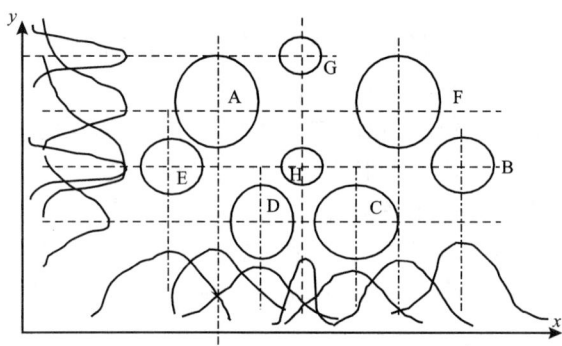

说明：在y维上，AF、BE、DC各具有相同的生态位，而在x维上，A、B、C、D、E、F则各具有不同的生态位，即存在生态位的部分重叠或分离。而G、H在x维上具有相同的生态位，在y维上则具有完全不同的生态位。

图 3 - 10　品牌生态位重叠或隔离

Niche Shift)。品牌生态位移动是两个或更多个品牌类型由于品牌间的竞争而发生的行为变化和目标市场格局的变化，这些行为上或形态上的变化可以是对环境条件做出的短期的生态反应，也可以是长期的进化反应。大多数品牌的品牌生态位是依据时间和地点而变化的。品牌生态位的时间动态可发生在两种时间规模变化上：一是短期的品牌生态规模变化，通常只涉及一个或少数几个品牌产品变化；二是长期的进化规模变化，至少要涉及几个世代品牌产品变化。现实品牌生态位可以看作是理想品牌生态位的一个变化子集，在 n 维生态位超体积模型中，则可以被看作是一个被理想品牌生态位超体积包围着的一个具有伸缩性的、超体积的、可实现的品牌生态位。在品牌成长过程中生态位不断发生变化，有的生态位可能发生重大变化，而有的则比较渐进和连续。

一个品牌的生态位相邻（通常是潜在的竞争者）有可能对该品牌的生态位施加强大的影响。从理论上讲，同种类品牌间竞争的减弱可导致品牌生态位的扩展。而品牌间竞争的加剧则会导致品牌生态位的压缩。由于在二维以上生态位空间中，相邻品牌的数目可以有很多，而且随着生态位有效维数的增加，潜在相邻品牌的数目可以是呈倍数增长的。因此，每一个品牌的生态位空间可以具有更多的相邻竞争者，从而大大地降低了竞争的强度。生态学家 Schoener 对于自然生态的结论是：一般来说，对于生态位分离，地理生境维比食物资源维更为重要，食物资源比时间更为重要。但由于品牌生态位属于拟生物生态，信息远程传递快，商业零售系统规模大，品牌在市场中所处的地理位置及市场顾客资源生态位的分离难度很大。不同品牌在市场中的生态位状态决定了品牌的发展趋势及整个市场的结构。

总而言之，品牌生态位原理可以从一种新的角度对品牌市场成长及市场竞争规律进行阐释，诸如品牌生态位重叠、品牌生态位分离、品牌生态位泛化、品牌生态位特化、品牌生态位缩放、品牌生态位动态变化、品牌生态位关键因子控制、品牌生态位多维竞争弱化、品牌生态位熟化、品牌生态位协同共生、品牌生态位非平衡发展、品牌生态位最优化以及品牌生态位保护等原理都是从不同角度对品牌生态系统进行的科学描述，有效利用这些品牌生态位原理将为企业品牌战略的制定及运作提供很多有益的启示。

☞3.7.2　品牌生态位的测度

近年来，关于生态位的形成和生态位关系的研究已经成为生态学最为活跃的领域之一。这些研究进展已使我们能够对现实生态位重叠做出可靠的评价。科学家已经提出了许多方法定量地测定生态位的宽度和重叠，在此，我们可借鉴生态学原理建立品牌生态位的测度方法。

1. 品牌生态位宽度的计算

（1）个体品牌生态位宽度计算。品牌生态位宽度的概念主要是指任何一个品牌对市场资源利用的多样化程度。如果实际被利用的市场资源只占整个市场资源的一小部分，那么我们就说这种品牌具有较窄的品牌生态位；如果一种品牌在一个连续的市场资源序列上，可利用多种多样的市场资源，我们就说它具有较宽的生态位。比较简单的品牌生态位宽度测定方法是多样性测定法，计算公式为：

$$B = 1/ \sum_1^i P_{ia}^2 \tag{3.14}$$

式中，P_{ia} 代表品牌 i 中利用市场资源的个体比例，或者说代表第 i 个品牌所利用的市场资源占总市场资源的比例，i 为市场资源的个体总数。可以看出，B 越大，品牌生态位越窄；反之，越宽。

（2）区域市场品牌生态位宽度计算，计算公式为：

$$\overline{B} = 1/q \sum_1^q P_{ia}^2 \tag{3.15}$$

式中，q 表示品牌数量；$\overline{B}$ 表示区域品牌的泛化程度，其值越小，说明市场区域中所有品牌均属泛化品牌，其值越大，说明市场区域中所有品牌均属特化品牌。

2. 竞争品牌生态位重叠的计算

品牌生态位重叠的计算方法主要来自对各种多样性指数的分析，特别是根据对市场资源分割的分析。最常用的品牌生态位重叠计算公式如下：

（1）个体品牌生态位重叠计算。参考 MacArthur 在 1972 年提出的个体生物生态位重叠计算公式，则品牌个体生态位重叠的计算公式为：

$$O_{ij} = \sum P_{ia}P_{ja} \bigg/ \left(\sum P_{ia} \right)^2 \qquad (3.16)$$

参考 Pianka 在 1973 年提出的个体生物生态位重叠计算公式，则品牌个体生态位重叠的计算公式为：

$$O_{ij} = \sum P_{ia}P_{ja} \bigg/ v \left(\sum P_{ia}^2 \right) \left(\sum P_{ja}^2 \right) \qquad (3.17)$$

式中，O_{ij} 代表品牌 i 和品牌 j 的生态位重叠；P_{ia} 和 P_{ja} 分别代表品牌 i 和品牌 j 对市场资源 $a(a=1，\cdots，n)$ 的利用，或者说是品牌 i 和品牌 j 对市场资源 $a(a=1，\cdots，n)$ 的个体数。品牌生态位重叠值的取值范围是 $0\sim1$，0 表示品牌生态位完全分离，1 表示品牌生态位完全重叠，即 O_{ij} 越大，则品牌生态位重叠越大。

以上的品牌生态位重叠公式各有特点，MacArthur 型公式所使用的重叠矩阵是不对称的，也就是说，品牌 i 对品牌 j 的重叠不等于品牌 j 对品牌 i 的重叠，这虽然有些不便，但有一个显著优点，即对于每个品牌的个体数量非常敏感，该公式不仅反映了市场资源利用上的重叠，而且也适当反映了由于品牌生态位重叠而产生的品牌竞争压力。而 Pianka 型公式则主要是反映品牌在市场资源利用上的重叠。

（2）区域市场品牌生态位重叠计算，计算公式为：

$$\overline{O_{ij}} = 1/q \sum_{1}^{q} \sum_{1}^{h} O_{ij} \qquad (3.18)$$

式中，O_{ij} 指标表示了区域市场品牌的竞争强度，O_{ij} 越大，品牌资源重叠度越大，竞争就越激烈；反之，竞争就弱。

3. 品牌生态系统生态位重叠测度指标及测度方法

品牌生态系统生态位重叠维度可具体分为环境维、市场维、系统结构及能力维等三个维度，而环境维、市场维、系统结构及能力维又可以细分为若干具体指标，如环境维可以分解为品牌企业所在地与品牌市场所在地的政治、经济、法律、社会文化、自然地理以及公共舆论等环境指标；市场维可以划分为区域维、顾客维、销售及传播渠道维等；系统结构及能力维则可以分为核心企业实力（规模、品牌个性、技术能力、管理水平及资金实力等）、供应链成员用于该品牌的实力、中介机构及其他利益相关者的参与状况，以及品牌生态系统商业模式类型、品牌生态系统内部调控机制等。

品牌生态系统生态位重叠度可以从以上三个维度上设定变量指标进行测度（见图 3 – 11）。

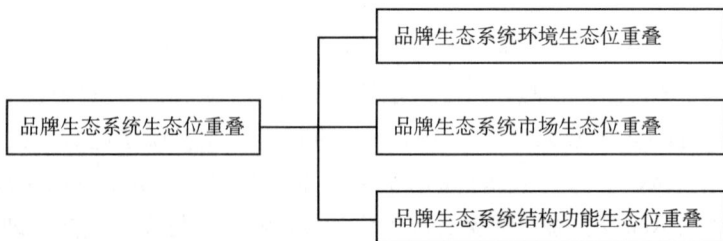

图 3 – 11　品牌生态系统环境生态位重叠测度

（1）品牌生态系统环境生态位重叠由品牌生态系统成员所在地及市场区域两部分构成：

政治环境：政府支持力度、政策稳定性等；

经济环境：经济发展状况、经济政策优惠度等；

法制环境：普法状况、法制完善度、法律保护状况等；

科技环境：科技创新意识、科技创新产出、科技政策支持度；

社会文化环境：社会观念、人口素质等；

自然环境：自然资源禀赋。

（2）品牌生态系统市场重叠测度包括：

市场区域：市场覆盖地域；

顾客群：消费者指收入以及年龄、性别等人口变量；产业用户指行业、规模、特点等变量；

零售终端：大型卖场、连锁超市、百货商店以及便民店等；

传播渠道：电视、广播、报纸、书刊、路牌、网络、人际及其他媒体等。

（3）品牌生态系统的系统结构及能力重叠测度包括：

品牌企业资源及能力重叠：品牌企业规模、品牌企业资本实力、品牌企业技术水平、品牌企业管理水平、品牌个性、品牌影响力；

供应链成员类型及能力要素：中间商成员类型及能力要素、中介服务机构成员类型及能力要素、外部支撑性相关利益成员类型及能力要素、系统商业模式、系统内调控机制。

4. 品牌生态位适合度评价模型和方法

（1）统计分析模型。

$$Q = f(x_1, \cdots, x_m, B, O_{ij}, c) \tag{3.19}$$

式中，Q 为品牌产出量；$x_1, \cdots, x_m$ 为 m 个市场资源的利用比例，表现为现实利用量与市场资源总量的比值；B 为品牌宽度系数；O_{ij} 为不同品牌间的市场资源重叠系数；c 为资源获取及利用能力。统计若干品牌生态位数值，然后进行拟合求得函数参数。

（2）品牌生态位状态模糊综合评价法模型。

①品牌生态位状态评价指标体系。将影响品牌生态位状态的内外部因子作为评价指标，构成品牌生态位状态评价指标体系（见图 3 - 12），指标分别是品牌对外部环境的适合度、品牌宽度适合度、与其他品牌重叠适合度、市场资源适合度、品牌自身能力、品牌区域领导力以及品牌市场竞争强度等。指标的评价值 f_i 越大越好，对不同指标的取值规则为：前 7 个指标值越大，$f_1 \sim f_7$ 取值越大，第 8 个指标值越小，f_8 越大，其中 $0 \leqslant f_i \leqslant 1$。

②建立品牌生态位评价综合模型。首先对各个指标的重要度进行打分或利用 AHP 方法，得到不同指标的重要性权重 w_i，$0 \leqslant w_i \leqslant 1$，$\sum w_i = 1$，$i = 1, 2, \cdots, n$；然后针对不同类型的指标进行模糊量化评分，得评分值 f_i，$0 \leqslant f_i \leqslant 1$，则品牌生态位状态总评价值 F 为：

$$F = w_1 f_1 + w_2 f_2 + \cdots + w_8 f_8 \tag{3.20}$$

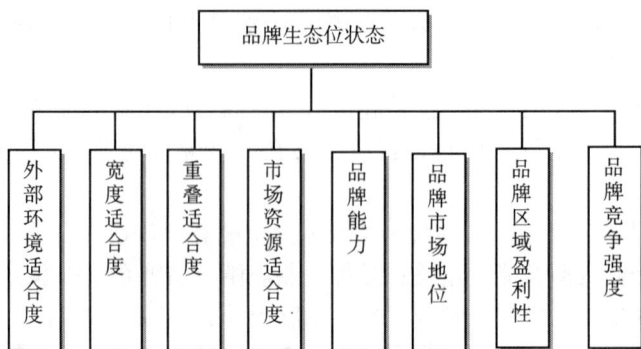

图 3 - 12　品牌生态位状态评价指标体系

（3）品牌生态位适合度复合系数评价法。品牌生态位适合度可以由品牌生态系统各个组成部分的适宜性评价值复合计算而得。图 3 - 13 表示了品牌生态系统的复合结构，A 为品牌拥有企业内部系统，B 为品牌供应链系统（包含了 A），C 为包含了支撑性成员在内的品牌生态系统，D 为包括了竞争者及其他相关社会公众成员之内的大品牌生态系统，该系统又构成了整个社会经济系统的子系统（见图 3 - 13）。

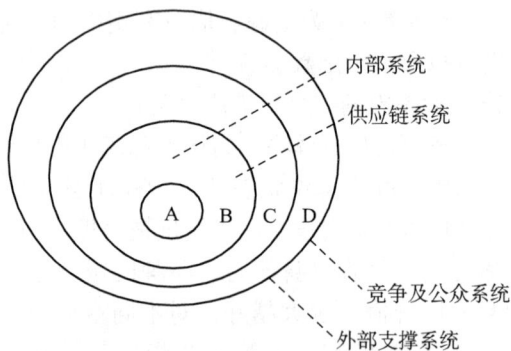

图 3 - 13　品牌生态系统

通过对不同子系统对大系统的适合度评价，我们可以得到不同子系统的适合度评分值。假定 A 系统的适合度系数为 a_1，B 系统的适合度系数为 a_2，C 系统的适合度系数为 a_3，D 系统的适合度系数为 a_4，等等，则整个品牌生态系统的整体适合度评价值 F 为：

乘积型：$\qquad\qquad F = a_1 \times a_2 \times a_3 \times a_4$ (3.21)

平均型：$\qquad\qquad F = \sum a_i/4$ (3.22)

若考虑各个子系统对品牌生态系统的重要权重 w_i，则整个系统的适合度评价值 F 为：

平均型：$\qquad\qquad F = \sum w_i a_i/4$ (3.23)

而各个子系统又可分解为更小的子系统进行评价，图 3 – 14 所示的为品牌供应链系统的内部结构，不同链环的适合度系数分别为：a_1，a_2，a_3，a_4，a_5。则乘积型品牌生态系统的整体适合度评价值 F 为：

$F = a_1 \times a_2 \times a_3 \times a_4 \times a_5$，其中 $0 \leqslant a_i \leqslant 1$，$i = 1$，$2$，$\cdots$，$5$ (3.24)

加权平均型的评价值为：

$$F = \sum w_i a_i/4$$ (3.25)

（4）基于同类标杆案例品牌贴近度的品牌生态位适宜度评价法。

同类标杆案例品牌生态位指标集为：$A_0 = (x_{01}, x_{02}, \cdots, x_{0n})$，被评价品牌 i 的生态位指标集为：$A_i = (x_{i1}, x_{i2}, \cdots, x_{in})$。

式中，$i = 1$，$\cdots$，m，m 为被评价品牌数量；x_{in} 为品牌生态位指标，n 为品牌生态位维度。

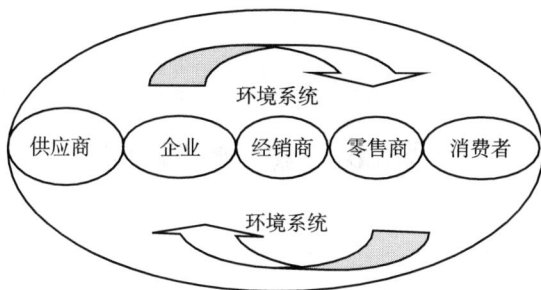

图 3 – 14　品牌供应链生态系统

则对应指标差值：

$$\Delta x_{in} = x_{in} - x_{0n}$$

设 a_i 为被评价品牌 i 相对于标杆案例品牌的生态位综合相对评价值，即基于同类标杆案例品牌贴近度系数，其值可由如下公式求得：

$$a_i = \sqrt{v\left(\sum |x_{in} - x_{0n}|2\right)\Big/n}$$ (3.26)

式中，n 为品牌生态位维度。a_i 值越小说明贴近度越大，品牌适合度越高，反之，a_i 值越大则说明贴近度越小品牌适合度越低。

贴近度系数还可以利用被评价目标品牌的生态位指标集与标杆品牌生态位指标集的灰色关联度表示出来，具体计算方法如下：

设标杆品牌生态位指标集为参考序列 A_o，被评目标品牌生态位指标集为比较序列 A_i，则参考序列对于比较序列集间的绝对差记为 $\Delta O_i(k)$，则 $\Delta O_i(k) = |A_i(k) - A_i(O)|$；

称 ΔO_i 为差序列，其值为：$\Delta O_i = (\Delta O_i(1), \Delta O_i(2), \cdots, \Delta O_i(n))$；

上边界值：$\Delta(\max) = \max_i \max_k \Delta O_i(k)$

下边界值：$\Delta(\min) = \min_i \min_k \Delta O_i(k)$

令 r_k 表示比较序列对于参考序列在 k 点的关联系数，则：

$$r_k = \left[\min_i \min_k \Delta O_i(k) + \zeta \max_i \max_k \Delta O_i(k)\right] / \left[\Delta O_i(k) + \zeta \max_i \max_k \Delta O_i(k)\right]$$

(3.27)

则两品牌指标集关联度 r 为：

$r = 1/n \sum r_k$，其中 ζ 为分辨系数，一般取 $\zeta = 0.5$。

则 r 越大说明两品牌越相似，比较品牌的生态位适合度越大；反之，则适合度越小。

§3.8 案 例 研 究

☞3.8.1 品牌发展状况

目标品牌为一消费类品牌，2004 年的市场总销售额为 8 亿元人民币。主要竞争对手有 3 个，其中一个为标杆品牌，另外两个一般竞争品牌。本书以主要生态位指标如某大区 17 个市场区域内的市场占有率、不同收入层次消费者占有比例、不同产品结构比例等为研究指标，具体数据规整后见表 3-3、表 3-4 和表 3-5。

表 3 - 3 不同区域市场品牌市场占有率

地域序号	1	2	3	4	5	6	7	8	9
目标品牌市场占有率	0.00	0.00	0.00	0.25	0.30	0.25	0.30	0.60	0.70
竞争品牌 1 市场占有率	0.20	0.05	0.00	0.10	0.10	0.00	0.00	0.00	0.00
竞争品牌 2 市场占有率	0.05	0.10	0.10	0.10	0.00	0.00	0.00	0.00	0.05
标杆品牌市场占有率	0.75	0.85	0.90	0.55	0.60	0.75	0.70	0.40	0.25
地域序号	10	11	12	13	14	15	16	17	
目标品牌市场占有率	0.40	0.55	0.25	0.10	0.00	0.30	0.00	0.00	
竞争品牌 1 市场占有率	0.15	0.02	0.30	0.35	0.35	0.20	0.60	0.20	
竞争品牌 2 市场占有率	0.15	0.18	0.30	0.30	0.35	0.40	0.20	0.30	
标杆品牌市场占有率	0.30	0.25	0.15	0.25	0.30	0.10	0.20	0.50	

表 3 - 4 品牌不同收入层次占有比例

收入层次（由低到高）	1	2	3	4	5	6	7	8	9	10
目标品牌占有比例	0.00	0.05	0.10	0.20	0.50	0.55	0.45	0.30	0.20	0.00
竞争品牌 1 占有比例	0.50	0.55	0.50	0.40	0.20	0.10	0.10	0.00	0.00	0.00
竞争品牌 2 占有比例	0.50	0.45	0.30	0.30	0.20	0.10	0.10	0.00	0.00	0.00
标杆品牌占有比例	0.00	0.00	0.10	0.10	0.10	0.25	0.35	0.70	0.80	1.00

表 3 - 5 不同品牌产品结构状况

产品种类（档次由低到高）	1	2	3	4	5
目标品牌产品结构	0.25	0.30	0.35	0.28	0.30
竞争品牌 1 产品结构	0.30	0.20	0.20	0.00	0.00
竞争品牌 2 产品结构	0.35	0.25	0.15	0.12	0.00
标杆品牌产品结构	0.10	0.15	0.30	0.60	0.70

☛3.8.2 品牌生态位测度与评价

根据表 3 - 3、表 3 - 4 和表 3 - 5 提供的数据，我们可以计算出上述品牌的生态位宽度及其重叠状况，并对目标品牌的生态位进行综合分析与评价。

1. 品牌生态位宽度测算

将有关数据代入（3.14）式中，我们得到结果如表 3 - 6 所示。

表 3 - 6   品牌生态位宽度计算结果

	区域品牌生态位宽度	收入层次品牌生态位宽度	产品结构品牌生态位宽度
目标品牌	0.6494	1.067	2.26
竞争品牌1	1.163	0.97	5.88
竞争品牌2	1.458	1.444	4.51
标杆品牌	0.2177	0.426	1.03

（1）市场区域品牌生态位宽度：

$B_{目标} = 0.6494$ $B_{竞争1} = 1.163$ $B_{竞争2} = 1.458$ $B_{标杆} = 0.2177$

可以看出四个品牌中，目标品牌与标杆品牌具有较宽的市场区域生态位。

（2）不同收入层次生态位宽度：

$B_{目标} = 1.067$ $B_{竞争1} = 0.97$ $B_{竞争2} = 1.444$ $B_{标杆} = 0.426$

可以看出四个品牌中，标杆品牌、目标品牌与竞争品牌1具有较宽的收入层次生态位。

（3）不同产品结构品牌生态位宽度：

$B_{目标} = 2.26$ $B_{竞争1} = 5.88$ $B_{竞争2} = 4.51$ $B_{标杆} = 1.03$

可以看出四个品牌中，标杆品牌具有较宽的产品结构品牌生态位，其次为目标品牌。

综合以上计算结果可以看出，标杆品牌与目标品牌具有较宽的综合生态位（见图 3 - 15）。

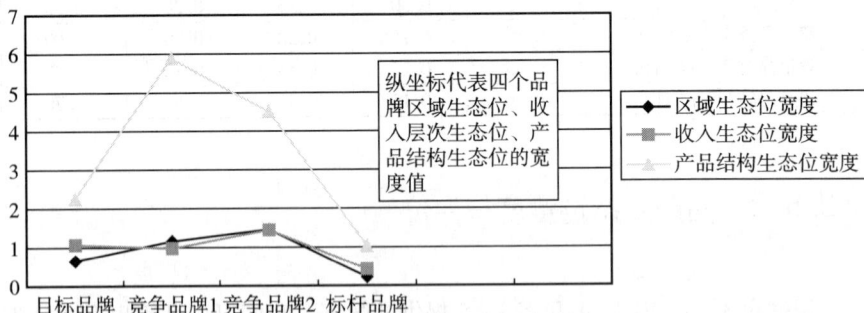

图 3 - 15 品牌生态位宽度计算结果

2. 品牌生态位重叠系数计算

将有关数据代入（3.16）式中，我们得到结果如表 3 - 7 所示。

表 3 - 7 品牌生态位重叠系数

	区域生态位重叠	收入层次品牌生态位重叠	产品结构品牌生态位重叠
目标品牌与竞争品牌1	0.079	0.152	0.139
目标品牌与竞争品牌2	0.11	0.133	0.168
目标品牌与标杆品牌	0.333	0.317	0.374

（1）市场区域品牌生态位重叠系数：

$O_{mj1} = 0.079$　　　$O_{mj2} = 0.11$　　　$O_{mb} = 0.333$

可以看出，目标品牌与标杆品牌的市场区域生态位重叠最大。

（2）不同收入层次品牌生态位重叠系数：

$O_{mj1} = 0.152$　　　$O_{mj2} = 0.133$　　　$O_{mb} = 0.317$

可以看出，目标品牌与标杆品牌的收入层次品牌生态位重叠最大。

（3）不同产品结构品牌生态位宽度：

$O_{mj1} = 0.139$　　　$O_{mj2} = 0.168$　　　$O_{mb} = 0.374$

可以看出，目标品牌与标杆品牌的产品结构品牌生态位重叠最大（见图 3 - 16）。

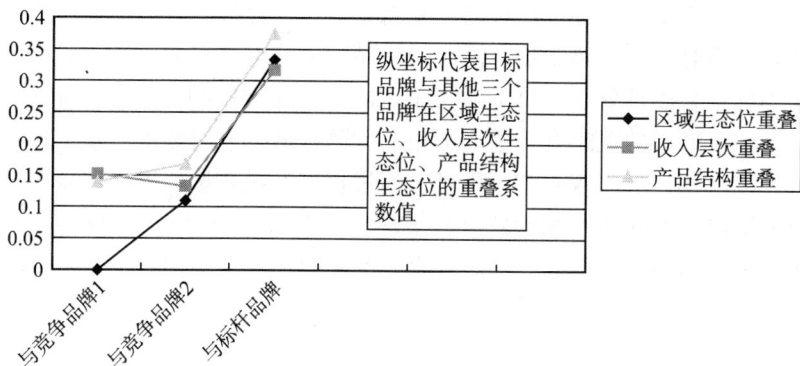

图 3 - 16　品牌生态位重叠系数

3. 品牌生态位适合度评价

利用品牌生态位状态模糊综合评价模型对四个品牌的生态位综合适合度进行评价，通过打分得到有关评价指标值（见表 3 - 8）。

表 3 - 8   不同品牌有不同的指标评价值

评价指标	1	2	3	4	5	6	7	8
评价指标权重值	0.15	0.10	0.10	0.15	0.15	0.10	0.10	0.15
目标品牌评价指标值	0.90	0.60	0.60	0.90	0.80	0.75	0.80	0.60
竞争品牌 1 评价指标值	0.80	0.80	0.80	0.60	0.50	0.55	0.40	0.60
竞争品牌 2 评价指标值	0.80	0.80	0.70	0.60	0.60	0.50	0.40	0.60
标杆品牌评价指标值	0.90	1.00	0.90	0.90	0.90	0.95	1.0	0.80

从表 3 - 8 可以看出，不同品牌的指标评价值存在很大不同，根据 (3.20) 式对不同品牌的综合适合度进行评价。即：

$$F = w_1 f_1 + w_2 f_2 + \cdots + w_8 f_8$$

则：$F_{目标} = \sum w_i f_i = 0.755$ $F_{竞争1} = \sum w_i f_i = 0.63$

$F_{竞争2} = \sum w_i f_i = 0.63$ $F_{标杆} = \sum w_i f_i = 0.865$

可以看出，目标品牌与标杆品牌的综合适合度较大，其他两个品牌的适合度较低。

综合计算结果可以看出，标杆品牌与目标品牌的综合生态位重叠较大。因此可以断定，标杆品牌的主要竞争对手为标杆品牌。根据品牌生态位原理，重叠大则竞争激烈，因此目标品牌面临着严峻的挑战与风险。但由于品牌适合度较好，因此企业要根据资源状况制定相应的市场竞争策略，近期可考虑的策略有：适当缩小品牌的区域生态位宽度，集中精力做好中高档市场，巩固现有市场份额，通过提高产品质量、增加产品差异化以及采取更加有效的市场营销组合策略等提高顾客忠诚度及市场占有率，并密切关注标杆品牌动向，提防在自己的主要市场面上展开恶性竞争。

§3.9　品牌生态位原理及其对
企业品牌战略的启示

1. 品牌生态位熟化原理与品牌初创战略

品牌推向市场后，随着品牌经营活动的展开必然逐步形成特定的品牌生态位，由于品牌生态位的形成需要时间，而转换过程需要大量成本投入，因此品牌生态位在形成阶段须相对稳定。这段时间品牌产品销量可能很小，成长率也可能很低，但品牌在用户或消费者的心目中的良好形象可能迅速建立，开始尝试并逐步认同，这个阶段我们称之为品牌生态位熟化。之后，品牌生态系统可能迅速扩大并趋于稳定。任何品牌生态位都需要熟化的机理我们称之为品牌生态位熟化原理。这一原理告诉我们，当初创一个品牌时，必须精心策划、科学安排，掌握品牌生态位熟化周期，切不可求胜心切、急功近利、拔苗助长，也不可朝令夕改，缺乏定力，变换频繁。由于在品牌初创期内品牌功能、构成要素以及品牌结构等均不太成熟，因而各方面呈现出不规范及不稳定的状态，随着时间的推移，品牌成熟度将会逐步得到提高，采用较为稳定的品牌战略对于初创期品牌至关重要。

2. 品牌生态位协同共生原理与品牌可持续成长战略

品牌生态位是一个超体积集合，具有多维生态位变量。相关品牌生态位必须保持协同和谐才能实现这些品牌的可持续成长。品牌生态位协同指不同品牌生态位维度或同一品牌的不同市场维度应相互依托、相互补充、相互协助以及相互和谐的状态与过程。任何知名品牌均具有良好的生态位协同特征，尤其在资源生态位上呈现出正反馈增长的超协同状态。例如，品牌市场生态位中的目标顾客群协同、产品营销协同以及资源生态位中的资源利用协同等到对品牌成长起到了正面推动作用。在任一品牌的市场生态中，目标顾客、地域、产品相关性等的协同可产生 $1+1>2$ 的放大效应，资源生态中规模经济、范围经济以及垂直经济均是在资源生态位协同下产生的。因此，必须实施品牌生态位协同共生战略才能最终实现品牌的可持续成长。品牌持续成长战略从某种意义讲实际上是品牌生态位的多元协同战略。

3. 品牌生态位非平衡发展原理与品牌跨越式发展战略

品牌生态位受控于非平衡成长机理，呈现出非均衡发展态势。不同品牌生态位维度及整体品牌的发展常常呈现出突变、阶跃、涌现等形式。而品牌生态位的非平衡发展可能体现为不同生态位维度的发展不平衡，可能表现为主要生态位维度的变化，也可能是生态位整体突然的膨胀或塌陷等。若品牌生态位的构成及状态发生了非线性变化，则品牌必然呈现出非线性的发展态势。而品牌要实现跨越式发展必须使品牌生态位得到快速扩张变化，产生正向的"多米诺"骨牌效应，比如，品牌市场定位由中低向高端的扩张转换或产品的突破性创新等可使品牌得到快速成长。由于整体或局部的非平衡发展都有可能产生品牌跨越式成长效应，因而，品牌跨越式发展战略必须规划好品牌生态位的非平衡变化点与变化机制，或局部推进或整体推进。同时要密切关注品牌生态位的非平衡变化，严格控制不良效应的产生及蔓延，预防品牌出现严重的不可控"多米诺"危机。

4. 品牌生态位最优化原理与企业名牌战略

品牌生态位是一个品牌市场资源利用集合状态，因而，不同的品牌总是在一定的自身环境条件下争取形成最有利于自己发展的最佳生态位。由于品牌生态系统具有拟生态特性，因此可通过定位、规划与抢占有利的生态空间，并随着品牌生态系统的演化而形成优化的品牌生态位——名牌生态位。这一原理告诉我们，名牌创造的关键是形成最优的品牌生态位。在区域市场中，名牌一般占据主流市场并利用优势资源，对于一般品牌来说，要实现创造名牌的目标就要不断发展并优化自己的品牌生态位。企业名牌战略从根本上说属于企业的高层战略，它以创造与保护名牌为最终目标。要实现创造名牌的目标，企业必须在市场营销、产品创新与制造、人力资源以及财务绩效等方面处于领导地位，这在客观上必然要求其生态位处于优化状态，品牌生态位最优化原理可以为企业制定并实施名牌战略提供有效的理论与方法支持。

5. 品牌生态位重叠原理与品牌竞争战略

假设两个品牌具有完全相同的市场生态位，这时就会出现竞争型排他现象。拥有完全相同的市场生态位的两个主体必然是你死我活，或你走我在，很难共生共存。这一自然规律几乎主宰了所有生物或拟生物的生态演化，因而品牌生态系统也不例外。综观国际市场的品牌竞争，只要品牌理念、目标、市场定位、产品及营销策略完全相同，商战便不可避免。尤其在品牌产品同质、目标顾客相同时，排他性竞争就会非常激烈。在一般情况下，两个品牌不可能具有完全相同的生态位，因而排他性竞争只发生在某些环节或某些方面，而在其他一些方面则可能相容，品牌处于竞合状态。企业在制定品牌战略时，一定要高度关注主要竞争品牌的战略动向，尽可能在主要生态位维度上与强势品牌展开正面竞争，同时要与竞争品牌具有一定的生态位重叠，以便保持品牌的高效率运作。当市场容量受到限制时，品牌要采取有力措施打击竞争品牌，迫使竞争品牌退出市场，以便减少品牌的主要生态位重叠。

6. 品牌生态位分离原理与品牌差异化战略

当两个品牌利用同一市场资源或占有其他环境资源时，就会出现品牌位重叠现象。根据品牌生态位排他性竞争原理，品牌必然会根据环境能力及目标选择竞争或退出，因而产生了品牌生态位变化与转移，导致品牌生态位重叠现象消失。这种变化和转移可能是局部的也可能是整体的。我们将这种生态位分化机制称为生态位分离原理。若品牌生态位处于完全分离状态，则两品牌无竞争关系。不同类型的品牌可以借助于空间分离与资源利用分离把一种资源分离为许多不同部分而分别占有它。而同一品牌的不同品种也会存在空间与资源利用分离的生态位。这一原理告诉我们当企业安排品牌竞争战略时必须首先弄清楚现有竞争品牌的生态位重叠状况及自身优势，然后确立与主要领导品牌生态位相分离的差异化生态位战略，以便避免恶性竞争。差异化可通过在产品功能、目标顾客群、地域、价格定位等主要生态位维度上的不同加以体现。在市场空间大时，采取市场区域差异化战略，而在空间小时，采取产品及营销策略差异化战略。

7. 品牌生态位泛化原理与品牌多元化战略

一个品牌所利用的各种市场资源类型的综合称之为品牌生态位宽度。若一个品牌具有很宽的生态位，那么它是以牺牲对狭窄范围内市场资源的利用率来换取对广大范围内市场资源的利用能力，这种规律即为品牌生态位泛化原理。若市场资源本身不能十分保证或产品市场需求变化很快，作为一个竞争者，品牌泛化将会对品牌生存与发展具有重要意义。市场目标顾客群规模很小，产品市场容量就小，因此要使品牌得到发展必须开拓新的产品线，占据新的市场面，以扩大品牌销售规模。另外为了规避风险，品牌主动进行生态位泛化，进入不同产业的市场，可以实现东方不亮西方亮的稳态经营状态。生态位泛化对品牌能力要求较高，一般情况下多为强势品牌所采用。对于众多中小品牌来说，除非具有对某些资源或市场具有相当的控制能力，一般不要采用此种战略。

8. 品牌生态位特化原理与品牌专业化战略

若一个品牌具有很窄的生态位，即具有某些特定市场资源的特殊适应能力，当资源能力确保供应并可再生时，特化品牌具有特别优势，则称这种规律为品牌特化原理。这一原理告诉我们在一定条件下品牌特化可以形成局部垄断的竞争优势。由于品牌特化形成的垄断较高，其他品牌短时间难以进入市场，因而采取品牌专业化战略对于具有经营专长而实力中小的品牌来说意义重大。而某些大型的专业品牌也可通过特化方式取得规模成本优势或专业优势，品牌特化的方法很多，比如专注于单一市场或专注于利用专一特殊资源等，也就是要进行品牌专业化。现实中有许多生态位特化品牌，比如体育运动品牌耐克、阿迪达斯以及劳力士手表等，这些品牌专注于特定领域或专业技能从而取得了巨大成功。

9. 品牌生态位缩放原理与品牌发展战略

如果构成市场的品牌具有很宽的生态位，那么一旦遭到外来竞争品牌的侵入则这些品牌会被迫限制和压缩它们对市场空间的利用；而当品牌竞争减弱或有的品牌转移出市场时，其余品牌就可以利用那些以前不能被它利用的空间，从而放大了其生态位。这就是品牌生态位的缩放原理。品牌生态位的缩放将导致品牌竞争力及其活力的变化。有的品牌生态位压缩后可能成为一个特化专业品牌更具活力，而有的则会变得生存困难。有的品牌生态位放大后可能大大增加了其发展空间，会因过度放大而导致力量分散而失去了竞争力。品牌发展面临着复杂的环境条件，而企业能力也千差万别，因此在品牌发展过程中一定要控制好品牌生态位的宽度，要有明确的品牌发展战略。品牌生态位缩放过程中要使市场资源与企业能力相匹配，并保持品牌优势的可持续增长。做到生态位压缩可做强主业，生态位放大可使品牌业务关联协调，扩大市场。

10. 品牌生态位动态变化原理与品牌创新战略

随着时间的推移，品牌市场将发生变化，而品牌自身的变化也会导致品牌本身的特性发生变化，从而引起生态位的动态变化。品牌生态位动态变化短期内表现在品牌规模变化中，而长期内则表现在品牌演化中。如短期内由于竞争而发生的品牌生态位的缩放变化与移动，以及长期内的品牌生态位根本变化都是品牌生态位动态原理所致。品牌生态位动态变化原理说明，任何品牌均应随着市场及自身条件的变化而对其生态位进行创新，创新的内容及时机应以是否提高品牌竞争力为基本衡量标准。通过生态位重叠与分离、生态位缩放、特化及泛化等的重新设计与改变，实现品牌成长的根本目的。基于品牌生态位变化的品牌创新战略要求品牌企业及时关注市场与外部环境变化，构建动态企业创新体系，并积极推进品牌产品技术创新与市场创新，从而保持与不断增强企业的品牌活力，同时建立有效的企业预警系统，发现机会，规避品牌创新风险。

11. 品牌生态位关键因子控制原理与品牌资产增值策略

品牌生态位是品牌多种资源利用状态的集合，具有多维性。由于不同品牌涉及市场资源的方方面面，要全面详细掌握品牌生态位的所有维度非常困难，但我们可以掌握品牌生态位的关键维度及关键控制因子。一般来说，品牌生态位是由少数资源维度与关键因子控制的，只不过不同的品牌类型、不同时间、不同地点会存在着不同的品牌生态位维度与关键控制原则。比如家电品牌在中国市场上的生态位关键因子为市场知名度，因此要提升家电品牌价值就必须保持良好的顾客沟通、品牌忠诚度以及品牌知名度。

掌握品牌生态位关键因子可使品牌发现并占据有利的市场空间，找到品牌价值快速增值的影响因素及有效途径，在品牌资产增值过程中事半功倍。一般来说，品牌资产由品牌忠诚度、品牌知名度、品牌感知质量、品牌联想及其他知识产权等品牌资源构成。对某个特定品牌来说，品牌资产价值由上述五个方面的要素组合而成，但不同要素对品牌资产价值起的作用是不同的。有的品牌感知质量及其他专利资源要素决定了品牌生态位的状态，而有的品牌则取决于品牌知名度、品牌联想度及品牌忠诚度等要素。因此，要提升品牌资产价值就要对不同品牌价值关键因子进行调整与优化。

12. 品牌生态位多维重叠弱化原理与中小企业成长战略

一般来说品牌生态位具有多个维度，因此，沿着两个以及两个以上的生态位维度变化，各个品牌的生态位重叠通常会减弱，这种规律为品牌多维重叠弱化原理。如果两个品牌在一个生态位维度上重叠较多，但在另外一个维度上就可能很少重叠。反之，也一样。因此，品牌生态位多维重叠弱化原理使得品牌生态位重叠趋向弱化。这一原理告诉我们对许多中小品牌来说，只要做好与主要竞争品牌在市场生态位上的差别布局，完全有可能创造出中小品牌的局部竞争优势环境，以便得到迅速发展。比如有的中小品牌有可能与大品牌相同的产品生态位宽度，但可能在地域维上存在很大差异，甚至完全分离。有的中小品牌则可能与大品牌市场资源生态位相似，但可能在品牌供给资源生态位上存在很大差异。这些都导致了品牌间竞争的弱化，中小品牌存在着特有的生存空间。

13. 品牌生态位保护原理与品牌价值维持战略

品牌生态位处于激烈的竞争之中，品牌不得不为保护品牌而投入成本维护其生态位状态，尤其在生态位的重要维度上。若不采取任何措施保护品牌生态位，则其生态位将因竞争品牌的挤占而失去竞争力。品牌生态位保护原理告诉我们，所有品牌都要至少对其主要生态位维度进行保护，否则其品牌价值就会流失。品牌生态位保护需要有一定的战略安排，并支付一定的预防成本，其目的是通过提高品牌忠诚度、知名度以及品质感知度，并加强知识产权保护等措施以巩固其生态位，从而维护其品牌价值。现代市场经济中，品牌作为企业最重要的无形资产，对企业的生存、获利、发展均具有极其重要的作用，任何企业都对品牌价值保护给予了高度重视，但由于缺乏品牌生态位理论指导，采取的措施缺乏针对性与系统性。只有通过科学的保护与发展品牌生态位局势，控制品牌生态位恶性压缩，才能最终维持并提升企业的品牌价值。

第4章

名牌生态系统结构形态及环境分析

名牌即为著名品牌，它是高品质、高知名度、高美誉度、高文化含量、高占有率、大规模及高获利能力的标志与象征，是企业的一种无形资产。当一个企业创造出名牌之后，其生存环境就会大大改善，如果运作得当，将出现规模报酬递增局面。因此，创造名牌是众多企业长期追求的目标。名牌作为市场经济的产物，具有系统性和生命性特征，具有比较完整的生命周期阶段。不同品牌需要不同的生存条件，因而有的名牌生存状态较好，有的则处于衰退甚至消亡状态。当对名牌进行生态学考察时，我们就会发现名牌就像自然界中的生态系统一样是一个非常完整的生态系统，即名牌生态系统，自然界中的生态规律同样适用于这些社会经济生态系统。在这个商业生态系统中，名牌企业是其关键优势物种，它决定了系统的规模及核心竞争力。

我们经常看到的自然生态规律有：食物链平衡律、多物种共生依存律、弱肉强食、优胜劣汰、适者生存律、长期进化律、物种变异律、自然优化律、自然平衡律等，而这些法则同样适合于名牌生态系统，比如，不同的品牌形成各自的生态系统、生态系统之间也是竞争、合作、共处的关系，而共同形成社会的商业生态系统。商业生态系统包括名牌生态系统与非名牌生态系统等，经过一段时间，有的生态系统壮大了，而有的则衰败了。考察名牌生态系统将有助于我们对企业创名牌、发展保护名牌的机理及其运行方式的深刻理解。

名牌作为著名品牌符号，其内容极为丰富，在名牌之下，有一个由多方成员组成的庞大的生态系统，各成员依据所获利益与名牌结成疏密不同的共生关系。

§4.1　名牌生态系统的构成

☞4.1.1　名牌生态系统的概念与构成

个体名牌生态系统由名牌产品、品牌拥有企业、股东（或投资人）、员工、经理人、供应商、最终顾客、金融机构、大众传媒、社会公众、中间商、政府、竞争者、其他相关企业以及社会、经济、文化、自然环境等组成（见图4－1、图4－2）。名牌生态系统作为典型的品牌生态系统，是社会经济中关键及优势物种组织。众多个体名牌生态系统与其他品牌生态系统一起组成了区域市场品牌生态系统。实际上，个体名牌生态系统是由关键及优势物种——名牌企业、供应商群落、分销商群落、零售商群落、消费者（或用户）群落、中介成员群落、政府及其他成员群落以及社会自然环境等组成。而区域市场品牌生态系统则是由众多品牌群落及市场环境所组成的，具体构成见图4－3。

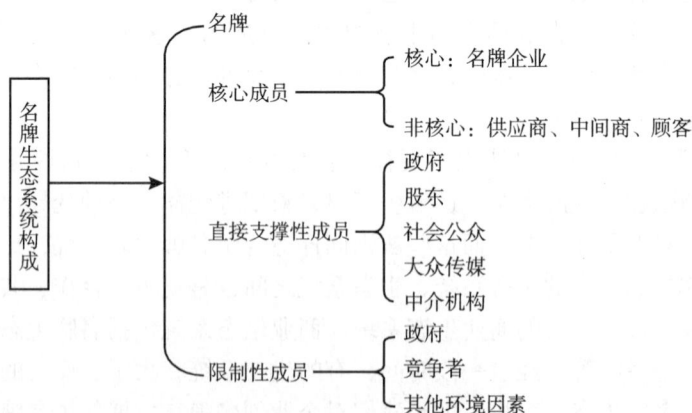

图4－1　个体名牌生态系统构成

在名牌生态系统中，企业依赖名牌发展壮大，股东（或投资人）依赖名牌取得权益分配，员工得到就业机会与工资，经理人得到经营收入，供应商得到稳定的供货对象，金融机构得到低风险的高回报，中间商依赖经营名牌产品获利，最终顾客因购买与消费名牌产品而得到满足，政府因名牌产品而得到稳定税源与工作政绩，社区成员因名牌企业的存在而受益、大众媒体因名牌产品的存在而拥有题材与广告收入，竞争者与其他相关企业因名牌的存在而产生榜样，同时由于共生关系与食物链关系而具有巨大压力。

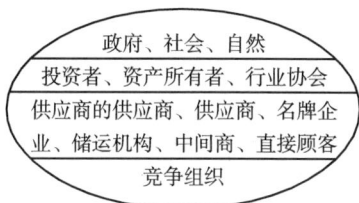

图4-2 个体名牌生态系统

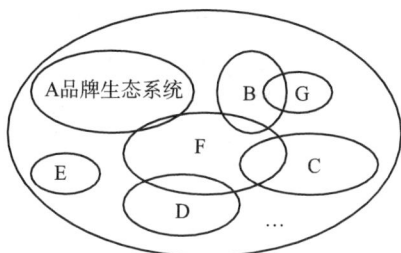

图4-3 区域名牌生态系统

不同的名牌生态系统其成员地位是不同的，除了名牌生态系统的优势关键种之外，在系统中尚存在不同的优势种、关键种以及从属物种成员。一般来说，常有几个成员群承担着价值转换及控制物流、能流与信息流等职能，其数量、大小以及在名牌生态系统中的地位，强烈地影响着整个名牌生态系统的功能及其他成员的运作绩效，乃至生存状态。而在某些名牌生态系统中，一些特有的成员物种在维护名牌生态系统稳定方面起着主要作用。如果它们消失或削弱，整个名牌生态系统就可能发生根本性的变化，这种成员可称其为关键种成员。关键成员的丢失可以导致一些成员的丢失，或者一些成员被另外一些成员所替代。名牌生态系统的改变既可能是由于关键种对其他成员物种的直接作用，也可能是间接作用。关键种成员数目可能较少，而功能可能是专一的，也可能具有多种功能。名牌生态系统中关键的成员物种对系统群落影响很大，若关键成员离开系统则能产生强烈影响。将名牌生态系统中的关键物种成员管理作为整个系统管理的中心，围绕关键种形成保护策略非常重要。图4-4表示了名牌生态系统物种重要性分布状况。关键种模式表明，有少数成员的群落重要性大，该名牌生态系统具有关键成员物种。而均匀模式的名牌生态系统中，成员重要性相差为零，表明系统中无关键成员物种。判断名牌生态系统中是否存在关键物种成员意义重大，它直接关系到名牌生态系统成员，尤其是核心名牌企业调控系统的策略及效率。

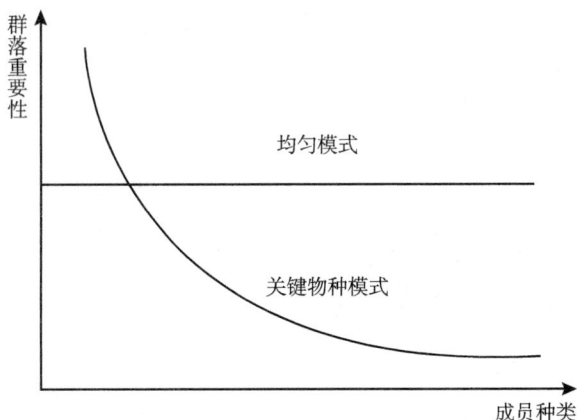

图4-4　名牌生态系统物种重要性分布

不同名牌拥有不同的名牌生态子系统与环境，在这个系统中，各生态子系统之间相互协商合作、竞争，同时，不同名牌生态系统又相互交叉，因而组成了区域品牌乃至全社会的大商业生态系统。

4.1.2　名牌生态系统分类

名牌生态系统是以名牌为龙头的品牌生态系统，是社会商业生态系统的核心组成部分。由于名牌及商品种类繁多，因而，名牌生态系统也必然呈现出不同特点及表现形式。

根据名牌生态系统的不同特点，可以将名牌生态系统作如下分类：

（1）根据名牌生态系统的规模分为：大型名牌生态系统，国际国内名牌影响面大、核心企业规模大、系统成员实力大，数量多，涉及一个国家乃至全世界市场区域，综合效益好，稳定性较高；中型名牌生态系统，国内名牌，涉及国内或大部分地区市场区域，核心企业规模较大，系统成员较多，系统成长快，稳定性一般；小型名牌生态系统，地区名牌，涉及国内某些地区市场区域，系统成员少，规模小，核心企业规模不大，成长快，稳定性差。

（2）根据名牌生态系统的分布地区分为：国际型名牌生态系统，名牌产品与名牌企业属于国际名牌，跨国营销；国内型名牌生态系统，名牌产品与名牌企业属于国内名牌，限于国内营销；地区型名牌生态系统，名牌产品与名牌企业属于地区名牌，限于地区营销。

（3）根据名牌生态系统的复杂程度分为：复杂型名牌生态系统，名牌生态系统成员类型多，不同生态系统成员交叉，关系复杂，产品多元化，市场面广；一般型名牌生态系统，名牌生态系统成员较多，产品面较广，不同生态系统成员有一定交叉；简单型名牌生态系统，名牌生态系统成员较少，产品单一，市场面小，不同生态系统成员互不交叉，关系简单。

（4）根据名牌生态系统的名牌行业分为：轻工业名牌生态系统。名牌产品归属轻工产品的名牌生态系统。纺织业名牌生态系统。名牌产品归属纺织产品的名牌生态系统。

（5）根据名牌生态系统的名牌产品特点分为：消费品名牌生态系统，名牌产品属于最终消费品的生态系统；工业用品名牌生态系统，名牌产品属于工业用品的生态系统；服务产品名牌生态系统，名牌产品属于服务产品的生态系统；其他用途产品名牌生态系统，名牌产品属于其他用途的生态系统。

（6）根据名牌生态系统的相互关系分为：合作型名牌生态系统，名牌生态系统之间为了共同利益而相互协作，这些生态系统被称之为合作型生态系统；联盟型名牌生态系统，名牌生态系统之间为了共同利益而结为联盟的生态系统，被称为联盟型生态系统；竞争型名牌生态系统，相互竞争的名牌生态系统；对抗型名牌生态系统，相互对抗与冲突的名牌生态系统。

（7）根据名牌生态系统的稳定程度分为：稳定型名牌生态系统，运行状态稳定的名牌生态系统；非稳定型名牌生态系统，运行状态不稳定但尚未失去稳定的名牌生态系统；失稳型名牌生态系统，失去稳定的名牌生态系统。

（8）根据名牌生态系统的生命周期特点分为：成长型名牌生态系统，处于成长阶段的名牌生态系统；领导型名牌生态系统，处于领导地位的名牌生态系统；成熟型名牌生态系统，处于成熟型的名牌生态系统；衰退型名牌生态系统，处于衰退状态的名牌生态系统。

（9）根据名牌生态系统的结构状况分为：结构完善型名牌生态系统，

名牌生态系统的结构完善，系统功能发挥较好的名牌生态系统；结构缺陷型名牌生态系统，名牌生态系统的结构存在缺陷或存在问题，功能发挥不好的名牌生态系统。

（10）根据名牌生态系统的被关注程度分为：社会关注型名牌生态系统，该类名牌生态系统影响面大，重要程度高，被社会所广泛关注；社会漠然型名牌生态系统，该类名牌生态系统影响面不大，重要程度不高，社会对其漠然；社会反感型名牌生态系统，该类名牌生态系统较差，被社会高度关注，但均持排斥态度。

（11）根据名牌生态系统的成员构成质量分为：成员构成质量高型名牌生态系统，名牌生态系统成员能力强，名牌价值观一致，系统凝聚力强，该系统具有远大发展前途；成员构成质量一般型名牌生态系统，名牌生态系统成员能力一般，且凝聚力一般，系统发展较慢；成员构成质量差型名牌生态系统，名牌生态系统成员在同类系统中能力实力较弱，缺乏凝聚力且处于不稳定状态。

（12）根据名牌生态系统的名牌实力分为：实力强型名牌生态系统，各名牌生态系统结构完善，成员质量高，核心能力强，较其他同类名牌生态系统具有很大的优势；实力弱型名牌生态系统，名牌生态系统结构不完善，核心能力弱，较其他系统没有任何差别优势，无竞争力。

▰ 4.1.3　名牌生态系统的结构与特征分析

名牌生态系统的结构如图 4 - 5 所示，它具有如下一些特征（见表 4 - 1）：

表 4 - 1　　　　　　　　　名牌生态系统结构特征

名　　牌	少数几个品牌
多样性程度	以名牌为龙头，多种品牌共存
规模	大规模
品牌系统成员素质	成员素质强大化
社会关注程度	高度关注
产业竞争强度	强或弱
系统稳定性	强或弱
系统生命力	较强
扩张能力	较强
影响范围	大

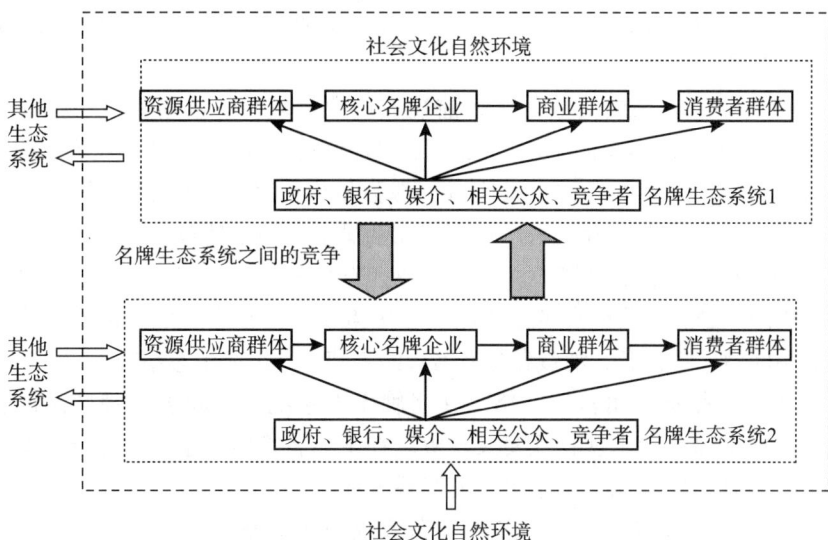

图 4 - 5　名牌生态系统的结构与特征

（1）动态变化。名牌生态系统构成伴随着环境与市场的发展而动态变化，首先，名牌企业本身的变化，企业政策与市场战略的变动，资源配置的改变，都会使名牌企业及其产品发生变化，从而影响到生态系统的整体运作状态。其次，生态环境发生变化，而导致系统成员获益、成员数量及其相互关系、产品竞争力、竞争格局发生变化，致使生态系统发展状态呈现动态性。再次，由于系统成员内部原因而导致运作秩序破坏、恢复、再生等变化，从而导致名牌生态系统的运动状态发生改变。

（2）多元法人利益不同。名牌生态系统是由多个独立经济法人、政府、社会组织及公众等多方面组成，各方利益独立，内容不尽相同。各方依据在某名牌生态系统中的参与程度及贡献取得各自利益平衡状态。并根据获得的利益满意度决定下一步在该名牌生态系统中的行动方略。若能得到合理利益，则在名牌生态系统内成为积极者；若得不到合理利益，则成为分裂者与退出者。

（3）系统优化特性。名牌生态系统是一个典型的，围绕名牌企业与名牌产品而形成的自组织系统。其系统的核心是在满足顾客需求的前提下，发展壮大名牌，使之成为市场领导品牌，并使各参与成员获取最大利益。因此，系统优化是功能目标对系统发展的必然要求。只有做到系统目标、名牌企业与产品、系统成员构成、系统环境等有机匹配，形成最优系统结构，并以最小成本，最大效率运行，名牌生态系统才能长期而稳定的生存与发展。

（4）系统后端成员数量多、前端成员数量较少。依名牌生态系统的商业流程来看，名牌企业位于生态系统的核心，其后端主要是资源与原料供应者，出于稳定的考虑，供应者一般数量少而稳定。而后端的中间商、零售商、公众、消费者或用户则面广而数量多，稳定性较前端成员差。

（5）以名牌企业为核心。名牌企业拥有名牌的商标权，名牌产品的开发、生产、制造、营销由名牌企业独立决策实行。在名牌的旗帜下，供应商、中间商、零售商、消费者围绕名牌的名牌产品组成生态系统。

（6）多品牌公用营销网络。在名牌生态系统中，同类品牌产品的营销网络成员经常会出现相互交叉现象。在某一名牌生态系统中充当中间商成员，同时又在其他生态系统中充当系统成员。

（7）动态稳定性。由于名牌生态系统处在不断发展变化过程中，因此，其稳定状态随着时间的推移被不断打破，但很快又在较高水平状态上趋于平衡，系统功能得到增强，规模逐步变大。这种不断从平衡到不平衡，然后再到新的平衡状态的特性即名牌生态系统的动态稳定性。

（8）竞争的全面性。名牌生态系统之间的竞争表现为整个系统的全方位竞争，包括名牌之间的品牌形象竞争、名牌产品的市场竞争、名牌企业之间的企业竞争、供应商、中间商、零售商之间的竞争、公众、顾客的争夺竞争，政府、金融、媒体等组织支持的争夺竞争等。这一特性表明，名牌生态系统要在竞争中确立优势地位，必须进行全面竞争。

（9）分布空间的广阔性。名牌生态系统的成员分布空间较大，名牌生态系统的供应商、中间商、用户、消费者分布广泛，而有的名牌企业跨区经营，多地生产。因此，名牌生态系统的生存环境存在着较大差异，生存空间大但控制难度也大。

（10）环境制约性。名牌生态系统的生存与发展受环境的影响很大，不同类型名牌影响程度不同。比如，市场范围较小的工业用品，其生态规模就不可能很大，而日用消费品名牌生态系统则可以规模较大，结构也较为复杂。另外，政府、金融、媒体等成员则受宏观政治经济社会文化等因素的影响就变大。从系统整体到系统成员无一不受环境条件的制约。

（11）利益为纽带的松散组合与利润自动均衡性。名牌生态系统成员为了谋求利益而参与到某一名牌生态系统中来，依角色与贡献各取应得的利益。但这个系统是松散的组合，短期契约时间一到便可能各奔东西。在系统运行过程中，为了系统的发展壮大，各成员自动调节利益关系，以至于达到利益的均衡。

☛4.1.4 名牌生态系统的结构形态

个体名牌生态系统由名牌产品、品牌拥有企业、股东（或投资人）、员工、经理人、供应商、最终顾客、金融机构、大众传媒、社会公众、中间商、政府、竞争者、其他相关企业以及社会、经济、文化、自然环境等组成。它具有特定的结构形态。

（1）水平空间结构形态。指个体名牌生态系统的生存空间分布形式。可分为名牌企业的"栖息地"空间分布形态、供应商群落空间分布形态、分销零售商群落空间分布形态、消费者（或用户）群落空间分布形态、中介成员群落空间分布形态、政府及其他成员群落空间分布形态等。比如，山东某酒类名牌生态系统的消费者（或用户）群落在山东地域的空间分布形态如图4-6所示。

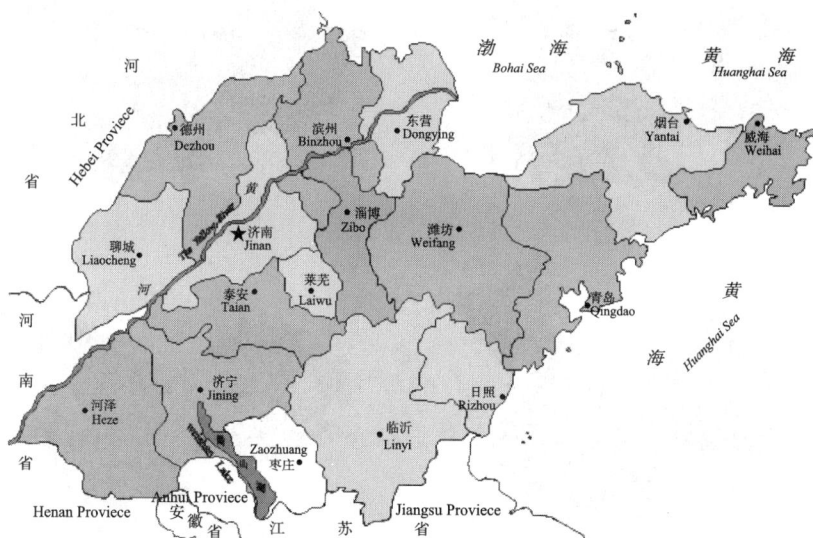

图4-6 某酒类名牌生态系统消费者（或用户）群落山东地域空间分布

另外，我们发现许多名牌生态系统的核心企业具有集中式与分布式两种类型。集中式模式表明名牌企业在区域上集中管理、供应、生产与分销，属于"植物类"名牌生态系统结构。分布式名牌生态系统则可能是名牌企业供应商群体分散的、或分销商是分散的、或消费者是分散的、或名牌企业本身属于空间分散的，其总部、生产基地、销售地分散在广大区域内，因而其环境支撑成员也是分散的，这类名牌企业大多属于"动物类"名牌生态系统结构。对于大多数名牌生态系统而言，充分利用名牌企业本身生态系统的分布性，匹配各功能子系统与环境适应状态非常重要。比如，我们发现，我国许多成长型的名牌生态系统的核心企业多呈现分布式各局，且总部位于中小城市的消费类制造业名牌，反而比位于大城市的企业更具活力与高的生态位势。

而图4-7则表示了四个同类名牌生态系统在全国市场的消费者（或用户）群落空间分布形态，可以看出，该类产品的名牌生态系统市场分布具有明显的生态位分离状态。其中，品牌1与其他品牌均存在消费者（或用户）群落空间重叠现象。

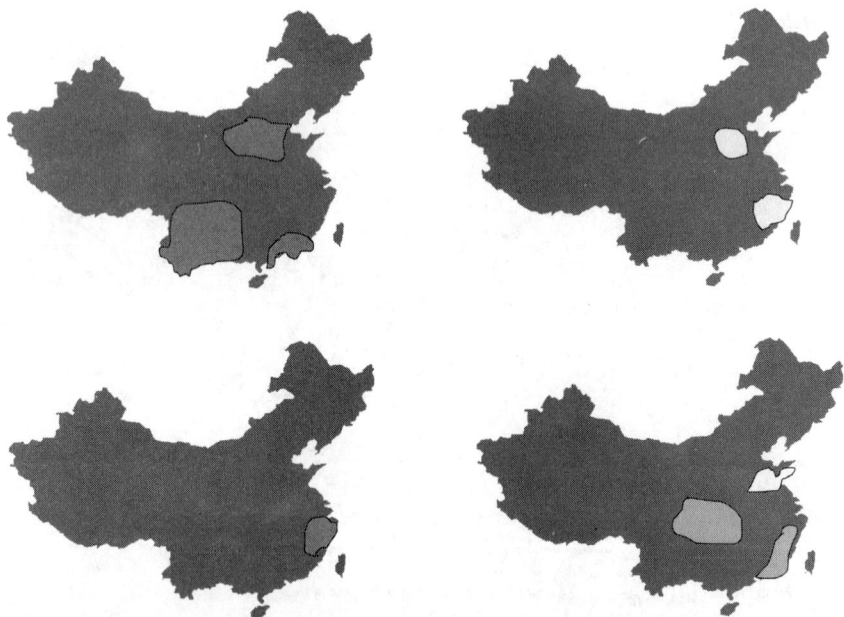

图4-7　某酒类四个同类名牌生态系统在全国市场的
消费者（或用户）群落空间分布形态

（2）垂直结构形态。主要指名牌生态系统成员层次高低的拟空间结构形态。比如，按市场细分变量的结构形态，收入水平或年龄层次结构形态、成员素质高低层次的结构形态等。不同名牌生态系统包括收入、年龄以及学历层次等市场细分变量的垂直结构形态，图4-8表示了一些垂直结构形态区分变量。

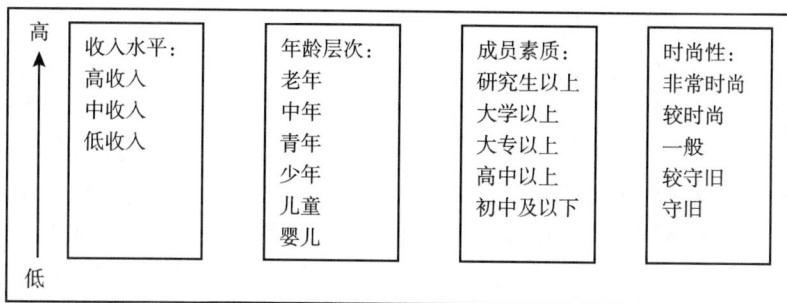

图4-8 垂直结构形态区分变量

§4.2 名牌生态环境分析

名牌生态环境是指影响名牌生存和发展的各种外部条件。作为社会复杂系统的开放子系统，任何名牌都不是生存在真空中，它需要和自身所处的外部环境之间发生复杂的物质、信息和能量的交换。从名牌的发展趋势来看，名牌的发展也将会形成以自身为核心的包括其所处内外部环境在内的名牌生态系统。外部环境既提供名牌和名牌生态系统创造与发展所必需的各种要素，也在很大程度上影响着名牌和名牌生态系统成长的方向和速度。名牌生态环境因素之间也在相互联系、动态变化，不同的国家或地区以及不同名牌之间，名牌生态环境存在着广泛的差异。

☞ 4.2.1 名牌生态环境要素概要

名牌的外部环境包括外部宏观环境以及外部微观环境。宏观环境包括政治、经济、文化、法律、科技、人口、社会、教育等要素，它们构成了名牌发展的基本平台。与适宜的气候、水文和土壤等条件有利于自然界生态系统成长类似，优越的外部宏观环境也能够促使名牌从外部快速有效的聚合资源，从而形成名牌生态系统。现实中我们可以看到名牌的成长力存在区域性的差异，这与其所处的宏观环境之间存在直接的关系。有的地方政府非常重视名牌事业的发展，给予了许多特别优惠政策，制定了保护与促进名牌发展的有关法规，有的区域经济发展水平高、科技较为发达、人口素质高、社会观念先进等，这些都能够成为促进名牌发展的积极因素。其中，良好的政策氛围和政府资源的适当倾斜能够对名牌的成长起到积极的"催化"作用，使名牌和名牌生态系统成为整个区域经济社会发展的龙头，优越的地区经济基础和科技水平可以拓展名牌发展的需求空间和市场潜力，鼓励创新和合作的社会文化有利于名牌的生成和向名牌生态系统推进，教育水平和人口素质的提升为名牌的持续发展打下基础，完善的法律制度能够加强对名牌的保护，这些因素都能够对名牌成长产生巨大的正向推动作用。同时，以名牌为核心的名牌生态系统的发展也能够通过技术溢出、经济关联和观念更新等途径反馈于名牌的外部宏观环境，对宏观环境产生进一步的"活化"作用。

适宜名牌和名牌生态系统成长的外部宏观环境的塑造，既需要考虑环境自身的建设，如出台鼓励性政策、吸收人才、提高区域科技水平等，还应注意宏观环境作用途径的完善，使优越的外部环境优势真正体现到名牌发展中，避免出现有政策无落实、有人才不使用等现象，使系统的竞争优势具有根植性和社会复杂性的特点从而难以模仿和复制。但是我们同时也应看到，外部环境因素也可能对名牌生存发展产生抑制作用，政策缺位、经济基础薄弱、人才流失等现象会阻碍名牌的成长，并导致名牌和名牌生态系统实力的萎缩，直至趋于消亡。由于很多宏观因素企业无法控制，因此，如何在外部宏观环境上趋利避害，需要包括政府和企业等主体的共同努力。

外部微观环境要素则主要指名牌企业的顾客、中间商、供应商、公众以及竞争者等直接与其发生利益交往的利益相关群体，它们对名牌的影响较宏观环境更为直接。其中顾客的角色尤为重要，名牌实际是提供给顾客的某种问题解决方案，是对满足顾客利益要求的承诺。只有建立在顾客高满意度和高忠诚度基础上的品牌才能够成长为名牌和名牌生态系统，进而实现可持续发展。否则，将会动摇名牌存在的根基。竞争者数量和竞争强度影响着名牌产品和名牌企业的成长质量，名牌必须经过市场的生存检验，能够在众多竞争者和高强度竞争中脱颖而出的名牌更容易建立起更强大的名牌生态系统。供应商、中间商的能力和与核心品牌的关系则直接影响着名牌生态系统的整体稳定性和竞争力，供应商、中间商能力突出和与核心品牌的关系融洽更能使名牌生态系统得以发展和扩张。

名牌和其微观环境环境主体之间存在复杂的竞合博弈关系。一方面各主体之间进行合作，共同实现顾客价值的生产、传递和接收；另一方面也在位势选择和利益分配中存在竞争关系。后者甚至有可能导致微观环境劣化，阻碍该名牌生态系统生存与扩张。因此，微观环境的有效运行必须建立在名牌核心地位基础上，利用各种连接纽带，加强利益主体关系的理顺与协调，避免名牌资源的耗散。

在名牌向名牌生态系统演化的过程中，生态环境中各个要素的影响程度是不同的。微观环境直接影响和制约企业的市场营销活动，而宏观环境主要以微观营销环境为媒介间接影响和制约企业的市场营销活动。名牌生态系统的最主要的因素是供应商、企业和中间商及顾客。随着大量企业外包策略的实施，供应商在价值创造过程中的地位和日益重要，同时现代企业经营范围和强度的扩大，经常能出现名牌的销售地和生产地分离的情况。因此，对名牌生态环境进行系统评估必须综合考虑供应商、企业所在地和销售地等的各种要素，避免做出片面的判断。

☛ 4.2.2 名牌生态环境要素评估

1. 外部宏观环境

（1）政治环境。对政治环境的评估除了国家政治体制、政治的稳定性和国际关系以外，应重点考虑政府宏观调控政策、政府行为的偏向性、政府对企业经营的干预程度、企业税收贡献等，这是由政府作为社会经济的管理者、协调者和参与者的多种身份决定的。政府宏观调控政策目的在于为微观经济运行提供良性的宏观环境，使市场经济得到正常运行和均衡发展。宏观政策的作用对象往往是某一行业和区域，它的作用方向和作用强度在很大程度上决定着企业的进入和退出壁垒，对企业的发展有直接的促进或制约作用。国家出台鼓励性的行业政策，既能够扩大企业的整体市场空间，也能够促生新的竞争对手。

政府作为利益主体，除了政策的供给者以外，还会以品牌需求方的角色参与经济活动。政府行为的偏向性是指在政府购买过程中对某一品牌的偏好。例如，政府为鼓励区域内某名牌的发展和创建，有可能以政府采购的形式扩大对品牌产品的需求，赋予名牌一个相对宽松的发展环境。

随着市场经济的充分发展，企业日常经营受到的来自政府的干预逐步减少，但是企业在进行联合、收购、兼并等活动时，还有政府的协调的色彩，政府活动一方面能够减少企业行为的交易成本；另一方面，也有可能使企业行为偏离效益最优的轨道。

市场经济中的政府也面对着区域间竞争的压力，名牌作为区域经济的龙头在区域间竞争中扮演重要角色。名牌企业知名度高，税收贡献大，有可能获得来自区域政府的政策鼓励，获得良好的政策氛围。

（2）经济环境。经济环境不仅包括经济体制、经济增长、经济周期与发展阶段以及经济政策体系等方面的内容，同时也包括经济发展水平、市场价格、利率、汇率、税收等经济参数和政府调节取向及区域核心产业等内容。名牌和名牌生态系统的发展与地区经济发展水平密切相关，在经济发展水平高的地区，经常能够看到名牌"扎堆"的现象。区域经济发展水平和发展潜力高，人均购买力强，名牌消费理念流行，这些都能够促进名牌的成长。利率、汇率和税收等政策的确定对企业的经济运行也有重要影响。对于生产地和销售地分离的品牌，销售地的经济发展水平和潜力对名牌的影响更为重要，销售地经济发达会提供给名牌更大的发展空间。名牌产品是否属于区域核心产业也决定着名牌生态系统的广度和竞争力的高低。若名牌产品属于区域核心产业，则围绕名牌产品和企业的供应商和中间商的发展就会相对充分。

（3）科技环境。新技术的出现能够渗透到企业日常经营的方方面面，改变着行业和企业间的实力对比。科技发展水平还决定着地区经济发展的后劲。一个地区科研机构密集、每年专利增加数量多，一方面，能够孵化出更多的技术密集程度高的新企业，创造出一批技术含量高的名牌；另一方面，通过技术外溢也会加快既有企业的技术升级，提高技术贡献率。高新技术品牌往往就出现在科研机构密集、专利数量众多的地区。技术相对落后地区通过引进技术和专利也能够增加名牌的技术含量，增加顾客价值。对名牌而言，科技进步既改变名牌营销的环境，也改变着名牌营销的方式。新的科技含量高的营销方式的出现，能拉近名牌和顾客之间的距离，减少彼此间的信息不对称，扩大名牌的影响力。

（4）社会环境。社会因素包括社会发展的稳定性、社会文化的包容性、经济社会开放程度、区域亚文化和价值观等。社会发展的稳定性是名牌产生和发展的基本前提。文化包容性和社会开放度则影响名牌和名牌生态系统发展的规模和稳定性。社会文化是协调经济主体之间利益关系的重要途径，文化包容性强能够减少经济主体之间的交易成本。在崇尚合作的文化氛围下，名牌能够取得快速的发展。经济社会开放程度高，社会主体之间交流频繁，能使名牌和名牌生态系统吸收更多的异质性资源，增加名牌和名牌生态系统的活力。区域亚文化和消费价值观对顾客的行为有调节作用，由于名牌能够给顾客带来巨大的社会心理收益，因此名牌的主要销售地应重点考虑区域价值观鼓励名牌消费的地区。

（5）法律环境。政策法规的完善程度和执行情况对名牌和名牌生态系统的成长有重要作用。名牌成长既需要政策法规的约束，也需要政策法规的保护。相关法律法规既约束了名牌和名牌企业对顾客和竞争者利益的不正当侵占，也保护名牌资产的漏损。政策法规的缺位会给名牌成长带来不必要的风险。尤其在名牌初创期，品牌实力相对弱小，应对风险能力差，更需要来自法律等的保护。

（6）人口环境。人是企业营销活动的直接和最终对象，市场是由顾客来构成的。所以在其他条件固定或相同的情况下，人口的规模决定着市场容量和潜力；人口结构影响着消费结构和产品构成；人口组成的家庭、家庭类型及其变化，对消费品市场有明显的影响。此外，名牌生产地的人口数量直接决定着企业用工的宽松程度。销售地的人口数量则决定着名牌的市场规模和市场潜力。

（7）教育环境。高素质的人才是名牌成长的原动力，地区职业教育的普及程度对名牌产品和企业的日常经营有重要意义。职业教育水平的高低决定了怀有一技之长人才的数量，在合格劳动力匮乏的地区很难产生竞争力强的名牌。企业拥有的高技术人才比例直接决定了企业的研发能力，培训投入是企业对长远发展的投资，只有企业内外多渠道的提高劳动力的素质才能创造出名牌产品。

（8）自然环境。自然环境是名牌成长的载体之一，自然资源丰富的地区对于如资源采掘和加工业、旅游业等行业名牌有着特殊的意义。同时所有的名牌和名牌生态系统都要与所处的自然环境发生物质交换。原材料短缺和能源成本增加的趋势会给名牌成长带来压力，节能降耗成为名牌产品和企业经营中的应有之义。交通和区位因素也是名牌和名牌生态系统成长的条件之一，交通便捷能够减少交易时间和成本。随着科技进步和社会生产力的提高，自然状况对经济和市场的影响整体上是趋于下降的趋势，但自然环境制约经济和市场的内容、形式还是在不断变化。

2. 外部微观环境

（1）顾客。名牌存在的根本就是能够为顾客创造价值，顾客的评判是决定品牌成功与否的唯一标准。感知质量是顾客做出评判的重要依据。顾客主观认知的品牌质量高，才有可能出现忠诚行为。名牌积累资产的途径是依次通过品牌的知名度、顾客的满意感、信任感和忠诚感实现的，其中任何一个环节的断裂都会导致顾客的流失，名牌必须按照以上过程强化顾客的忠诚感和归属感。名牌与顾客之间的关系可以被视为名牌向名牌生态系统的演进的起点，名牌和其他主体之间的关系是名牌与顾客之间的关系的衍生品。只有建立顾客高信任度和高忠诚度基础上的品牌才能够成为名牌，进而成为具有整体竞争力的名牌生态系统。

（2）中间商。中间商是企业价值实现和价值传递的重要环节，中间商的存在能够有效分担企业的市场营销职能，提高名牌产品的流通效率。此外，中间商还能够起到信息传递的作用。中间商的实力和与顾客之间的关系影响顾客对品牌的整体判断。中间商实力偏弱会成为束缚名牌生态系统产出的"瓶颈"。对中间商的评估可以按照中间商实力、中间商数量和中间商与本企业之间的关系和中间商与顾客之间的关系来衡量。

（3）营销咨询。随着品牌竞争加剧，引入"外脑"进行营销咨询是名牌企业必备策略。"外脑"多由相关领域内的专家组成，营销咨询能够有效地弥补企业现有知识储备的不足。外部专家的介入能够有效地发现名牌发展中存在的问题，有针对性地提出对策和建议。营销咨询的效果和效率可以由接触的营销咨询机构数量、进行咨询频率和"外脑"贡献率来衡量。

（4）供应商。供应商在整个用户"价值传送系统"中起着重要的纽带作用。对供应商的评估也可按中间商实力、中间商数量和中间商与本企业之间的关系进行。供应商的能力，特别是反应能力和供应水平，是决定系统产出的重要因素。随着基于成本和时间的竞争策略的引入，供应商对整个名牌系统的产出有关键性的影响。若供应商反应迅速，能够及时有效地满足名牌核心企业对原材料投入的需求，则整个系统产出都可能达到最大化。供应商实力强能够在和核心名牌企业的博弈中占据优势地位，但供应商数量过多会弱化这种地位。供应商与核心企业之间的关系紧密，则会更好地适应动态竞争的需要。值得注意的是供应商自身也会形成围绕自身的商业生态环境，供应商的商业生态环境也有相应的构成要素，决定供应商产出效率的往往是整个系统的结果。

（5）公众。公众指对企业实现营销目标的能力有实际或潜在利害关系和影响力的团体或个人，具体包括融资公众、媒介公众、社团公众、社区公众等。公众也是名牌生态环境中的重要因素。拥有高美誉度的名牌意味着品牌必须能够得到公众正面的口碑评价。公众对品牌的评价是综合考虑企业的能力和社会责任的履行情况进行的，社会责任感强的企业能使公众对企业形象产生正面感知，使公众对其品牌做出积极的回应。考虑到企业与社区之间存在某些资源的共占，企业与公众的关系还需要重点考虑与当地社区之间的关系，如重视保持与当地公众的良好关系，积极支持社区的重大活动等。此外若企业在吸纳就业时优先考虑本地人，也会增加当地公众对企业的好感。

（6）竞争者。名牌和名牌生态系统成长过程中都面临着竞争者的作用。名牌时刻都在进行维护和扩大自身生态位的运动。竞争既能够抑制某品牌的成长，也能够强化品牌的内在竞争力使之成为名牌，名牌也一定是能够经过竞争检验的品牌。名牌竞争内涵相对复杂，既有发展潜力的竞争，也有现实竞争力的竞争；既有争夺顾客的竞争，还有争夺中间商和供应商的竞争，还包括以名牌为核心的商业生态系统之间的竞争。因此，名牌生态环境中的竞争可用竞争者数量、竞争者水平、竞争企业的发展潜力和竞争品牌的生态系统能力来综合衡量。

4.2.3　名牌生态环境指标体系设计

对名牌生态环境的优劣，我们可以对其进行评价，其评价指标体系见图 4-9 和图 4-10。

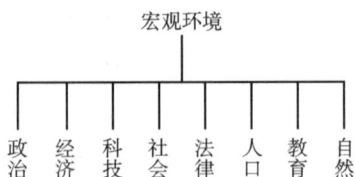

图 4 - 9 宏观环境要素

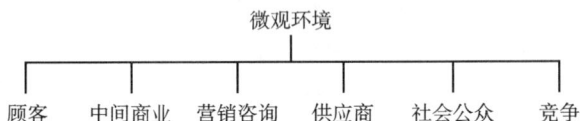

图 4 - 10 微观环境要素

环境评价以每一环境要素状况是否满足该品牌生态系统健康成长壮大的要求为标准。对每一环境要求的满足程度进行 0~10 分进行评价，在评估宏观环境要求的满足程度时，必须同时考虑各种环境要素的存在性和作用性，如在评估政策环境时需要同时考虑有无相关支持政策和政策执行利用情况，在评估微观环境要求的满足程度时必须同时考虑各种利益主体的能力和与核心名牌的关系，如在评估供应商时同时考虑供应商的能力和关系等。

综合以上外部宏观环境和外部微观环境的各种要素，赋予不同环境要素相应的权重。具体权重指标可参照如下设置：

1. 外部宏观环境（变量A，权重I）

政治（变量 a，权重 i_a）：国家政治体制（变量 a_1，权重 i_{a_1}）、政治的稳定性和国际关系（变量 a_2，权重 i_{a_2}）、政府行为的偏向性（变量 a_3，权重 i_{a_3}）、政府宏观调控政策（变量 a_4，权重 i_{a_4}）、政府对企业经营的干预程度（变量 a_5，权重 i_{a_5}）

经济（变量 b，权重 i_b）：经济体制（变量 b_1，权重 i_{b_1}）、经济增长（变量 b_2，权重 i_{b_2}）、经济周期与发展阶段（变量 b_3，权重 i_{b_3}）、经济政策体系（变量 b_4，权重 i_{b_4}）、经济发展水平（变量 b_5，权重 i_{b_5}）、经济发展潜力（变量 b_6，权重 i_{b_6}）、区域核心产业（变量 b_7，权重 i_{b_7}）、人均可支配收入（变量 b_7，权重 i_{b_7}）

科技（变量 c，权重 i_c）：专利增加数量（变量 c_1，权重 i_{c_1}）、科研机构分布（变量 c_2，权重 i_{c_2}）、引进专利数量（变量 c_3，权重 i_{c_3}）、技术密集程度（变量 c_4，权重 i_{c_4}）、技术贡献率（变量 c_5，权重 i_{c_5}）

社会（变量 d，权重 i_d）：社会发展的稳定性（变量 d_1，权重 i_{d_1}）、社会文化的包容性（变量 d_2，权重 i_{d_2}）、经济社会开放程度（变量 d_3，权重 i_{d_3}）

法律（变量 e，权重 i_e）：政策法规的齐备程度（变量 e_1，权重 i_{e_1}）政策法规的执行力（变量 e_2，权重 i_{e_2}）

人口（变量 f，权重 i_f）：人口数量（变量 f_1，权重 i_{f_1}）、人口结构（变量 f_2，权重 i_{f_2}）、人员流动程度（变量 f_3，权重 i_{f_3}）、人员基础素质（变量 f_4，权重 i_{f_4}）

教育（变量 g，权重 i_g）：职业教育普及程度（变量 g_1，权重 i_{g_1}）、高学历和高技术人才比例（变量 g_2，权重 i_{g_2}）、企业培训投入（变量 g_3，权重 i_{g_3}）

自然（变量 h，权重 i_h）：自然资源储备（变量 h_1，权重 i_{h_1}）、交通（变量 h_2，权重 i_{h_2}）、区位（变量 h_3，权重 i_{h_3}）

2. 外部微观环境（变量 B，权重 J）

顾客（变量 o，权重 j_o）：品牌知名度（变量 o_1，权重 j_{o_1}）、品牌满意度（变量 o_2，权重 j_{o_2}）、品牌信任度（变量 o_3，权重 j_{o_3}）

中间商（变量 p，权重 j_p）：中间商数量（变量 p_1，权重 j_{p_1}）、中间商实力（变量 p_2，权重 j_{p_2}）、中间商与本企业之间的关系（变量 p_3，权重 j_{p_3}）、中间商与顾客之间的关系（变量 p_4，权重 j_{p_4}）

营销咨询（变量 q，权重 j_q）：企业市场部门设置（变量 q_1，权重 j_{q_1}）、营销咨询机构数量（变量 q_2，权重 j_{q_2}）、进行咨询频率（变量 q_3，权重 j_{q_3}）、"外脑"贡献率（变量 q_4，权重 j_{q_4}）

供应商（变量 r，权重 j_r）：供应商数量（变量 r_1，权重 j_{r_1}）、供应商实力（变量 r_2，权重 j_{r_2}）、供应商与本企业之间的关系（变量 r_3，权重 j_{r_3}）

公众（变量 s，权重 j_s）：企业的社会责任（变量 s_1，权重 j_{s_1}）、与社区的关系（变量 s_2，权重 j_{s_2}）、吸收本地人就业（变量 s_3，权重 j_{s_3}）

竞争者（变量 t，权重 j_t）：竞争者数量（变量 t_1，权重 j_{t_1}）、竞争者水平（变量 t_2，权重 j_{t_2}）、竞争企业的发展潜力（变量 t_3，权重 j_{t_3}）、竞争品牌的生态系统能力（变量 t_4，权重 j_{t_4}）

然后得到名牌生态环境质量（BESQ）及优劣程度的综合评估结果。评估公式如下：

$$BESQ = A \times I + B \times J$$

$$= \sum_m m \times i_m + \sum_n n \times i_n \quad (m = a, b, \cdots, h; n = o, p, \cdots, t)$$

第 **5** 章

名牌生态系统运行动力机制

§5.1 名牌生态系统的演化过程及成长途径

5.1.1 名牌生态系统的演化过程

　　名牌生态系统始于一个企业品牌的创造。从一个品牌诞生开始，其生态系统就随之建立并开始成长。由于品牌产品（或服务）各不相同，其品牌生态系统建立与成长的速度也很不相同。对有的品牌，由于产品技术含量高，市场需求大，竞争产品少，因而其生态系统的成长速度很快，生态系统内成员利益丰厚，吸纳社会资源能力逐步增加，而有的品牌，由于产品（或服务）技术含量低或市场需求小，竞争强度高等原因，其生态系统扩展速度慢，长期发展不起来，形成若干"盆景式"品牌或中途夭折。

　　名牌生态系统的演化过程实际上就是名牌的生命周期过程，一个品牌诞生后，其品牌生态系统开始成长，经过非名牌期后，进入准名牌期，经过发展上升为名牌，然后逐步扩大延伸成为市场领袖，随着市场成熟，生态系统逐步扩大进入成熟期，而后衰退退出市场。因此，名牌生态系统的演化过程见图 5－1。

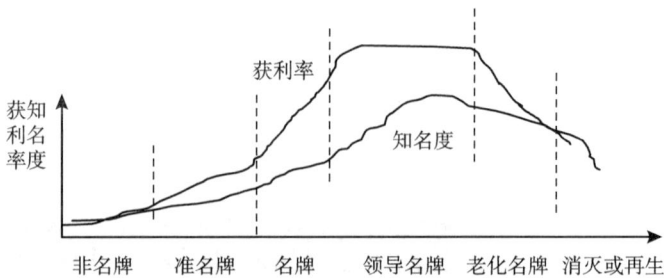

图 5 - 1　名牌生态系统的演化过程

在名牌生态系统演化过程中，系统成员的数量、质量及稳定性在各阶段大不相同，一般来讲，成员数量是由少到多，然后稳定，直到品牌老化后，再由多到少。而成员质量与稳定性则是伴随名牌生态系统的成长而逐步提高，直至品牌老化。从这一特性可以看出，对于一个老的名牌生态系统，其系统成员一般不会轻易退出。名牌生态系统演化的快慢、成长的大小主要取决于该名牌的名牌效应以及名牌产品竞争力状况。

1. 名牌生态系统创建阶段

企业通过市场分析发现许多市场机会，结合企业能力与条件开发出满足市场需要的产品或服务。经营者决策后开始行动，注册品牌、设计开发采购、生产储存、运输分发、服务、展开正常生产经营。源于生产经营的需要，建立了多方面的关系，如与供应商、中间商、服务机构、顾客、金融机构、政府等的关系。随着企业市场的扩大，该企业的品牌生态系统开始建立，并逐步形成准名牌生态系统。准名牌生态系统具有如下特点：品牌有一定知名度，并逐步扩大，生态系统成员素质逐步提高，一些其他名牌生态系统的成员开始考虑进入，政府在政策与关注上加大力度，经济效益上升并引起名牌生态系统竞争者的注意与警惕。品牌覆盖范围扩大至大部分市场面，但有明显边界。在名牌生态系统的创建阶段，企业各方面均高速发展，资源常常显得不足，工作常出现混乱局面，企业管理体系尚有待完善，企业文化模式初见端倪，与各成员关系的稳定性增强，资源获取难度逐步降低，市场支持度上升，经济效益增长极快。在这一阶段企业应注意控制扩展速度，避免直接与同类名牌对抗。

2. 名牌生态系统形成阶段

随着名牌产品市场销售量的大幅度提高，企业品牌已具有较高知名度与美誉度。供应商拥有了稳定的销货对象，银行有了稳定的信贷客户，中间商经销（或代理）品牌产品销售容易，且获利率高，顾客因购买品牌产品而感到满意甚至自豪。新闻媒介开始大量传播品牌及企业各方面的新闻，政府开始加大力度保护与促进该品牌的发展，所有成员被品牌形象及利益所吸引而形成一个庞大的品牌生态体系。这一阶段的明显特征是品牌成为名牌，有的成为驰名商标，企业产品质量好，知名度高，占有率大，覆盖率大，美誉度高且效益非凡。供应商尽力保持与名牌企业的供应关系，哪怕拿不到现金回款也在所不惜，中间商努力成为名牌的地区总经销（总代理），顾客则给名牌较大的品牌忠诚度。许多同类中小企业则愿意成为名牌企业的联盟企业，或让名牌兼并以进入名牌生态系统。政府则将该品牌企业立为该地区商业的榜样而加以推介，名牌生态系统环境已得到大大改善。

在名牌生态系统阶段，由于品牌形象树立困难毁之容易，因而需要注意保护名牌形象。系统成员之间利益平衡一定要有规则，应确保各环节获取应有利益；名牌造势始终保持如一，并保持对竞争对手的压力不减。采取各种扩张方式尽快扩大企业规模，并适当扩大品牌的产品种类，不断进行技术创新，确保产品质量、技术含量高于同类产品水平。

3. 领导型名牌生态系统阶段

名牌生态系统之间经过激烈的较量与格斗，终于产生同行业的领导品牌生态系统。进入该阶段的名牌所拥有的吸引力、竞争力、获利力已经处于第一垄断位置，它的一举一动直接影响到整个市场的结构变化及市场形态。名牌生态系统的品牌已成为同类产品的最著名的品牌，名牌生态系统成员素质也是所有品牌生态系统中最高的，这时呈现出一片繁荣景象。但这一阶段也容易出现如下一些问题：

（1）因失去强有力的竞争对手而放弃经营努力与创新；（2）名牌企业忽视生态系统成员，尤其是市场参与成员的利益；（3）放松对第二、第三名牌的警惕与监控；（4）效益好而忽视内部管理，出现管理漏洞；

（5）过分自信的多元化经营。

4. 名牌生态系统老化阶段

任何名牌与所有事物一样都有一个寿命周期，因而名牌老化不可避免。名牌生态系统的老化原因很多，比如，产品的老化，名牌生态系统成员的进取心丧失，强竞争对手的出现等。这时品牌产品的市场产生萎缩，管理失控成本上升，顾客对产品形象厌倦、效益下降、中间商亏损。新的名牌占有率、效益上升，顾客对之喜欢并产生忠诚度。许多名牌进入老化期后，衰退速度相当之快。如果不是因特殊可控条件引起的暂时衰退，则要想遏制是相当困难的。名牌生态系统成员开始脱离系统而加入其他新的名牌生态。

5. 名牌生态系统的再造与消亡

进入老化的名牌生态系统有两条路可走：一条是通过彻底的再造工程，重新恢复生机；另一条就是彻底退出市场或被其他名牌兼并。名牌生态系统的再造难度较大，一方面彻底创新产品或服务；另一方面要组成各方面成员参与的生态系统。品牌形象的丧失使许多参与者信心不足。另外，再造需要大量资源，尤其是资金与人才资源，但衰败名牌获取资源较难，因此，名牌生态系统的再造应在出现危机老化时及时进行。另有一些名牌生态系统因产品完全老化或拖时太久，或者因核心企业破产等不可能再生。还有一些名牌生态系统因战略需要或竞争失败而被其他名牌生态系统兼并。

5.1.2 名牌生态系统成长途径

名牌生态系统较一般的品牌生态系统具有扩张性。由于名牌效应与名牌企业创新能力的存在，其他生态系统的成员逐步被该名牌所吸引而放弃原有系统进入该名牌生态系统，从而使其产品群落、供应商群落、分销零售商群落、消费者（或用户）群落、中介群落以及环境支撑成员群落等迅速成长扩大。各种资源也因此向名牌生态系统集中，形成资源优势。名牌生态系统利用具有的整体竞争力，在市场上以极快速度进行扩张，通过兼并收购、资本运营扩大企业规模；通过强势促销扩大市场履盖率与市场占有率，同时提高品牌认识度以获得核心顾客；通过优良业绩，吸引广大供应商、金融机构、媒体、政府机构以及其他相关群体，以求得各方大力支持。随着名牌生态系统规模的扩大，成员素质的提高，名牌生态系统的运行越来越良性化，扩张能力越来越强。

名牌生态系统的扩张性受品牌企业核心能力的影响很大。如果品牌企业的扩张没有战略控制，则名牌生态系统的扩张是没有方向和稳定性的，虽然可以做到一时膨胀，但却因缺乏能力而导致名牌生态系统的失稳与衰败。

名牌生态系统的扩张应充分考虑自身的核心能力。因此，在扩张时，应首先测定其核心能力大小及能力适合度。如果生态系统某些环节的能力不足，比如，资金供应能力或中间商营销能力不足，则应考虑在扩张后此种能力是否能够迅速获取，如果不能，则不宜进行扩张。

名牌生态系统扩张有两种途径，一是对原有同类产品进行市场扩张；二是采用多元化扩张。在这两种途径中，如果核心能力很强，则可以同时进行，但如果核心能力不强，则应尽量避免多元化。即使进行多元化扩张，也应保持与名牌企业核心能力的基本符合。

而从名牌生态系统的成长过程形式来看，主要有链式过程和网式过程两种途径。

1. 名牌生态系统成长链式途径

名牌生态系统成长与名牌企业的核心技术应用高度相关，核心技术在单一用途中的应用机制往往呈现链式特征。名牌生态系统的初始点是新产品，按照核心技术—新的品牌产品—名牌企业—名牌产业化的一般过程演进，每一个阶段都有相应的要素需求。例如，在产品—企业阶段，名牌生态系统成员包括核心企业、经销商和企业员工等。发展阶段的变迁也意味着系统复杂性的增加。链式过程自身具有复合性特点，包括名牌企业自身的复合性，名牌相关利益成员各要素的复合、产业链上不同企业的复合、企业与政府、市场的融合以及产业链主体与产业链机制的融合等。名牌生态系统的成长以核心企业为龙头进行纵向整合，由简单的供应商—核心企业—顾客短链逐步发展成多层供应商、多层营销商以及其他相关利益成员的长链结构（见图 5 – 2），然后多链相接形成复杂的名牌生态系统。

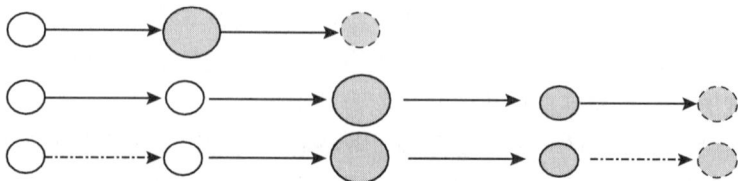

图 5 – 2　链式途径

2. 名牌生态系统成长网式途径

核心名牌企业具有多种产品，不同用途产品之间的相互影响使得名牌生态系统具有网状特征。名牌生态系统作为一种复杂网络，其内部主线可以看作是包含品牌产品和品牌企业、名牌生态供应链。随着各产业链中的品牌产品和品牌企业的知识溢出和要素共享，各链条之间具备了协同进化的前提条件，也使名牌生态系统具有了非线性网状特征。网络形成的黏合剂是存在于系统内部的要素流动，各要素流动的复合性和增值性决定了名牌生态系统的存在状态。网式途径的核心是不同模式的商业网络围绕核心品牌企业进行组合的过程机理，它比链式途径构建名牌生态系统速度快、规模大、效率高，是目前多数名牌生态系统构建与扩大时采用的主要机制。

现实中名牌生态系统的成长过程多以链网交错式出现，系统内的主要企业依据链式的价值实现过程在品牌生态系统中找到相应的位置，系统以此链上的参与者为主要结点，以物流、信息流、资金流等多流并存的方式构建起复杂的品牌生态系统网络。

因此，可以将名牌生态系统的成长模式概括如下：

1. 创业型名牌企业逐步成长为名牌生态系统

这是名牌生态系统形成的常见模式（见图 5 – 3）。这种"无中生有"的模式以创业型名牌企业创立为主线，在此类企业创建过程中，企业在发展不同阶段会吸纳不同类型的利益相关主体，形成品牌生态系统。随着核心企业的不断发展，整个生态系统的竞争力将不断加强，但是这种形成模式过于依赖核心企业的技术能力及经营表现，因而具有很大的不稳定性。

图 5 - 3 创业型名牌生态系统成长模式

2. 传统品牌生态系统引入高科技改造产品而使其转换为新的名牌生态系统

这是一种由边缘向中心过渡的成长模式（见图 5 - 4）。通过向传统的品牌生态系统逐步注入高科技的因子，经过高科技改造后的产品会大量繁殖，形成新的名牌生态系统，这种名牌生态系统要获得持续的发展，必须加强对核心技术的控制，注意高科技和一般产品之间的界面对接，增加产品技术含量，避免将高科技重新"边缘化"。目前我国许多传统企业正在采用这种模式进行技术改造，事实证明非常有效。比如，山东力诺经过高科技嫁接改造已成功塑造了以新能源为典型高科技产品的新型名牌生态系统。

图 5 - 4 改造型名牌生态系统成长模式

3. 一般品牌生态系统并购名牌生态系统转换为新的名牌生态系统

这种方式是借助名牌生态系统的"母体"培育名牌生态系统（见图 5 - 5）。由于一般企业在初创时规模都比较小，价值没有得到充分体现，需要名牌生态系统中的资源为其所用。这时，一般品牌企业通过兼并和收购危机名牌生态系统，而成长性极高的名牌生态系统，将品牌资金等要素注入新系统后，一般品牌生态系统逐步取代原有的母体从而形成带有原生态系统某些特征的名牌生态系统。这种成长方式除了应注意并购对象选择外，还应注意建立新老系统隔绝机制，以便阻止原有名牌生态系统因素对新系统的侵蚀。

图 5 - 5　购并型名牌生态系统成长模式

4. 名牌生态系统分化形成新的名牌生态系统

由于发展的需要，名牌企业经常会发生分立，形成不同品牌生态系统的"核"，并以此为起点衍生出两个或两个以上新的名牌生态系统（见图5 - 6）。名牌生态系统的分化一般可分为两种情况，一是原有名牌生态系统中存在异质性产品，分化的动因主要来自于核心企业或关键成员的战略安排，分化运作可以释放新的名牌产品成长空间，有利于整体系统成长；二是原有名牌生态系统中因产权之短板或分歧而出现的系统分化，这种分化而形成的不同系统具有独立成长的潜能，但又可能共享某些资源，同时这些出身雷同的名牌生态系统之间会展开竞赛，彼此之间为扩大生态位进行激烈的竞争，严重时会损伤到整个同类品牌生态系统的生存与发展。不论何种分化模式都可能产生"好"与"差"的运作结果，决策者应审慎对待名牌生态系统分化成长模式。

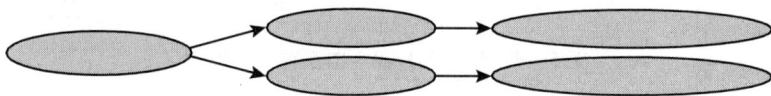

图 5 - 6　分化型名牌生态系统成长模式

5.1.3　名牌生态系统运行机制

名牌生态系统的形成具有极强的自组织特征。在市场经济环境下，企业作为独立经济法人实体，其品牌生态系统组织过程为：塑造一个品牌，围绕顾客需求组织品牌产品的生产；因生产经营需要而拥有企业、供应商、投资者、金融机构关系、政府关系、媒体关系、员工及管理人员；因产品销售而拥有顾客、中间商。品牌产品越有市场竞争力，该品牌生态系统的建立就越容易。在名牌生态系统建立的过程中，品牌企业是生态系统组织的核心，而系统成员的利益获取与系统基础建设则是生态系统最为关键的序参量。名牌生态系统的自组织机制可以概括为：通过核心企业品牌产品的生产经营，以长期稳定的利益为纽带，围绕最终顾客要求，以契约为确认关系，形成包括最终顾客在内的多方利益共同体的整体运行。在名牌生态系统的组织机制中，市场运行规则与利益调节机制最为关键。

名牌生态系统运行时，各方分工协作，各负其责，各取所需，形成商业生物链与共生协作体系。比如，在名牌产品的供应链上，供应商为品牌企业提供原材物料及设备，股东、金融机构等提供企业生产经营所需资金、员工、经营者提供人力资源，企业进行生产经营，生产出高品质产品供给经销商（代理商）、经销商将产品供给零售商，零售商将商品销售给最终顾客加以消费。品牌企业与各方成员既竞争又合作，而合作期限有长有短，在名牌生态系统的运行过程中，许多系统成员由于市场问题、经营问题等原因而利益得不到保证或者是策略性转移，会在某个时刻退出生态系统。还有一些新成员又在某一时刻加入该名牌生态系统，利益高进入，利益损失就退出。

由于现代市场的管理一般是进行市场区隔化，因此，分市场区域应有秩序运作，企业应与经销商、代理商协作配合。另外就是各成员之间要实现利益的平衡，确保各方获得相应利益。名牌生态系统在吐故纳新过程中得到升级与发展，也有的产生萎缩乃至衰败。在名牌生态系统的运行过程中，三流（物流、信息流、资金流）不停运行，从环境中吸纳资源，在系统中传递，加工转换以及增殖，紧紧围绕顾客需求而不断创新、发展壮大。不同名牌其生态系统运行的方向、速度、稳定性各不相同，因而形成了不同生态系统既竞争而又共生的社会大商业生态系统的核心系统。

我国企业在实施名牌战略的过程中，由于缺乏对品牌生态理论的基本了解，因而出现了长时间发展不大、不正常衰退以及短期消亡的现象，有的名牌在市场环境中仅仅支持 2 ~ 3 年时间。具体概括起来存在如下几个问题：

（1）企业名牌战略的制定缺乏理论指导；（2）企业只关注本身品牌产品的收益性与扩张，缺乏对整个品牌生态系统成员利益的平衡安排；（3）名牌生态系统缺乏品牌凝聚力，市场稳定性较差；（4）对名牌生态系统的发展阶段判断不准确，名牌生态系统形成节奏控制较差，市场策略缺乏针对性；（5）名牌生态系统的多元化扩张导致其核心能力丧失；（6）成名后妄自尊大，坐吃山空，失去创新能力与竞争斗志，忽视竞争品牌的有效监控；（7）核心企业及其他成员人力资源官僚化配置，失去相应活力与效率。

§5.2　名牌生态系统成长动力机制

☞5.2.1　名牌生态系统核心能力及培育

1. 名牌生态系统核心能力

名牌生态系统竞争力是指名牌生态系统的核心能力，由名牌生态系统共同围绕名牌而形成的综合差别优势。由于市场环境中品牌生态系统的多样性，不同名牌生态系统之间必然存在着各种不同形式的竞争。同类产品竞争最为激烈，表现为全方位竞争；不同类产品的竞争表现为原料、顾客的直接或间接竞争。对于某一名牌生态系统而言，其核心竞争力主要表现为品牌企业的核心能力，只要有了品牌企业的核心能力，则在名牌生态系统的形成、运行以及演化中就会表现出强势，差的成员被放弃，优势成员逐步被吸纳进来，形成良性循环。某一名牌生态系统的体质状况基本上取决于品牌拥有企业的核心竞争力。

品牌企业是名牌生态系统核心能力的调控者与核心，名牌生态系统的核心能力是由关键成员核心能力复合而成的。关键成员主要指名牌产品供应链的直接参与者，包括供应商、金融机构、品牌企业、中间商、零售商、顾客及政府等，因此，名牌生态系统核心能力（E）可以描述为：

$$E = f(E_0, E_1, E_2, \cdots, E_i, \cdots, E_n)$$

其中，E_i 为第 i 种成员组合的复合能力，它由数量不等、能力不一的同类成员能力叠加而成。E_0 为名牌企业的综合核心能力。

作为一个个体成员，其核心能力由价值趋向保持能力、市场界面能力、基础设施能力、技术能力以及管理组织能力等几方面的能力综合而成，由于除了品牌拥有企业及少数单一品牌运作的成员外，其他成员均跨越几个品牌生态系统，因而这些成员的核心能力将被几个系统共同使用。

设分解到该名牌生态系统的能力集为 E_i，则名牌生态系统的能力为（n 类成员）：$E = E_0 \times E_1 \times E_2 \times \cdots \times E_i \times \cdots \times E_n$

E_0 为品牌拥有企业的核心能力；而 E_i 则可以看作是 m 个同类成员单个核心能力 e_i 的叠加，即：$E_i = e_1 \times e_2 \times \cdots \times e_i \times \cdots \times e_m$

由名牌生态系统的能力 E 可以看出，在系统中，若某一环节的核心能力为 0，则该名牌生态系统即无法运作，系统综合能力集为 0。由于系统成员具有松散性与时限性，因而整个名牌生态系统的核心能力是不断变化的，是时间的函数。名牌生态系统核心能力的组成要素可由图 5 – 7 表示。

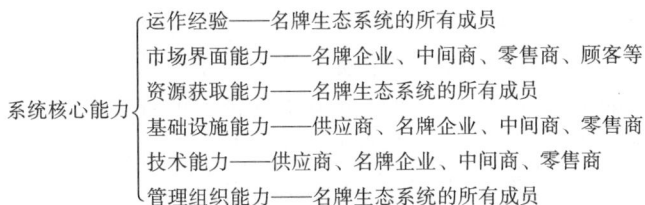

系统核心能力
- 运作经验——名牌生态系统的所有成员
- 市场界面能力——名牌企业、中间商、零售商、顾客等
- 资源获取能力——名牌生态系统的所有成员
- 基础设施能力——供应商、名牌企业、中间商、零售商
- 技术能力——供应商、名牌企业、中间商、零售商
- 管理组织能力——名牌生态系统的所有成员

图 5 – 7　名牌生态系统核心能力的组成要素

2. 名牌生态系统核心能力的培育与维持

名牌拥有企业是名牌生态系统的核心成员，而名牌企业的核心能力相对其他企业要强得多，它随着名牌的创立不断得到增强。但要形成稳定的名牌生态系统的核心能力，则要进行大量的资源投入。名牌生态系统核心能力 E 的培育过程大体上可以分为如下几个阶段：

在名牌初创阶段，E 主要表现为名牌企业的核心能力 E_0，这时采购与销售全靠短时的买卖关系，没有固定的业务关系。

随着市场竞争的加剧及经营业务的发展，许多组织成员开始试图与名牌企业建立协作关系，进而形成紧密联盟。这些成员的部分能力集就成为名牌生态系统能力的一部分。

名牌生态系统处于市场领导阶段时，各成员紧密配合，形成较为集中的优势核心能力。

在以上阶段中，名牌企业始终起到能力聚合与能力调控作用，即名牌企业聚合对名牌发展有利的能力，剔除对名牌发展不利的负效能力，其中供应网络与营销网络能力培养最为关键。

在名牌生态系统核心能力的培育中，能力的稳定性是衡量培育是否有效的重要指标。核心成员能力的组织过程是一个动态过程，系统组成后成员会因种种因素而离开或重新进入系统，致使系统能力组合呈现动荡。能力整合过程则是增强系统稳定性的重要措施，一方面，企业要通过加快技术创新、提高质量水平、扩大品牌知名度等措施增强生态系统的物质基础；另一方面，企业通过系统文化整合，增强生态系统的凝聚力与抗干扰能力。比如，名牌企业通过定期的厂商联谊活动、定期高层走访及进行形象公共宣传等策略，增强名牌生态系统的稳定性。

一般来说，名牌生态系统核心能力是伴随着名牌本身的形成而培养起来的。名牌企业应定期对其环境适应能力进行审核，如有不足，要尽快采取相应对策。

名牌生态系统核心能力的维持是一项艰苦细致的工作，一方面是名牌企业自身的能力维持；另一方面是生态系统能力的维持。名牌企业本身的核心能力维持主要是保持品牌的良好形象、化解危机，切实搞好企业的内部管理，加强技术创新，做好营销管理及服务工作，确保充足的资源供应等；而名牌生态系统核心能力的维持，则首先需要保证系统成员的利益及其利益平衡，保持良好的市场秩序，充足的上市产品及良好的公共关系。

☞5.2.2　品牌生态系统成长动力机制

一个品牌要想得到健康稳定的发展必须要与外部相关环境要素组成良性循环的生态系统，即要形成以名牌为龙头形成的特殊的品牌生态系统，建立起共赢互利的商业生态模式以及稳定的商业网络关系。品牌生态系统成员通过一定结构组织在一起，发挥着价值创新的功能，随着品牌生态系统发展，规模越来越大，其复杂性越来越高，品牌进入良性发展轨道。

品牌生态系统成长动力包括自身本能扩张和外部竞争驱动动力。以企业为核心的品牌生态系统一般成长逻辑是以名牌企业诞生为起点，形成名牌生态系统的雏形，为了更好地实现价值创造和价值转移，一方面，名牌生态系统会本能地吸收利益相关主体进入系统，方式包括自主成长和并购等，保持核心企业在名牌生态系统的主导地位；另一方面，有可能主动融入到更大的品牌生态系统中，借势成长。这些通过社会复杂性机制形成整体优势的同时，提升了品牌生态系统的整体生态位势，高位势的品牌生态系统会向系统内外吸收或释放能量，强化自身的地位，进而实现不间断的阶跃。同时，名牌企业面临巨大风险与竞争压力。在外部压力驱动下，名牌企业会加强技术创新，提升自身在生态系统中的地位，逐步完善品牌生态系统内部的管理体制和管理机制，正确协调各方面的利益关系，促进系统的持续增长。

名牌生态系统具有复杂的成长动力机制，这个动力机制决定了系统成长的速度和轨迹，具体来讲就是驱动名牌生态系统成长和演进的力量源结构及其作用规律。按照其来源可将其分为自动力机制和他动力机制。

自动力机制内生于名牌生态系统中，在核心名牌企业的关键技术向最终顾客价值进行转化的复杂过程中，一方面，核心企业需要不断的创新，以技术的前沿性避免创新租金的快速耗散；另一方面，由于分工经济的普遍存在，企业也会按照价值生成和传递的要求，建构或重构价值体系，将具有不同核心专长的利益相关者纳入到系统空间中。这些都能够表现为名牌生态系统规模扩大和竞争力增强。自动力机制的源头在于适应顾客需求的名牌企业核心能力、系统结构、资源及价值整合、系统内动力能源匹配以及系统结构状况。名牌生态系统成长的关键是形成能够担当品牌生态系统核心的名牌产品和品牌企业，其后名牌生态系统成长的方向多是沿着供应链由核心企业向上下游展开，不同企业将会为系统内的有利位势展开激烈竞争。竞争的结果是系统会对内部的企业做出取舍，保留能够对生态系统有价值的成员。随着生态系统涉入主体的逐步增多，不同主体间的知识尤其是隐性知识交流将日趋频繁，交流的成本也大大降低。这种外部经济和规模经济的存在，既增加了技术创新的可行性，又强化了系统的整体优势，使名牌生态系统扩大边界吸纳更多的资源，从而为系统的持续成长奠定基础。而要保证名牌生态系统成长的自动力机制的正常有效运转，需要完善的制度保障体系，规范的系统内部权力分配和利益分配，以及不断提高系统的自组合和自协调能力，并避免品牌生态系统陷入无序状态。

他动力机制是指外部力量对名牌生态系统成长的作用，如生态系统之间的良性竞争、替代技术和产品的威胁、政府政策、外部随机影响因素的输入等，自发成长起来的名牌生态系统面对复杂的环境，有可能导致内部熵的增加，引发系统失灵。同时技术快速变革的特点也要求整个品牌生态系统及时做出反应。他动力机制能够通过新资源的输入或提高既有资源利用程度的方式克服系统内部的低效率现象，加速名牌生态系统的成长。事实也表明，政府政策对集合资源形成名牌生态系统，提升系统竞争力有重要影响。

　　名牌生态系统成长是由两种动力机制共同作用的结果（见图 5 - 8），两种机制的驱动强度会导致品牌在个性、环境以及时间上的差异性。这种混合动力机制的作用使名牌生态系统具有了发展动力，然而名牌生态系统成长经常面临着如技术源不足、参与者信任缺失和过度竞争等一系列阻力，而系统动力机制的动力强度必须克服阻力才能使名牌生态系统得以持续发展。

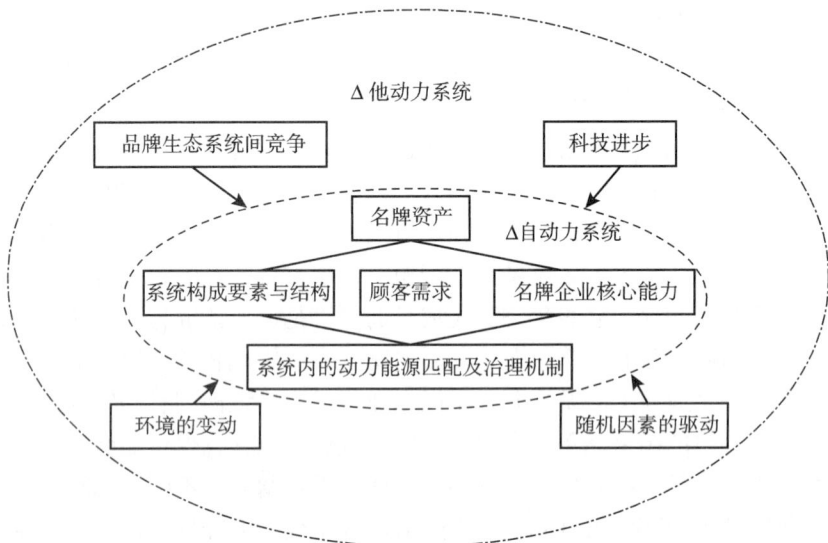

图 5 - 8　名牌生态系统动力机制

📖 5.2.3　名牌生态系统动力能量来源及其结构匹配优化

1. 名牌生态系统的能量来源及其变化方程

　　名牌生态系统动力除了具有良好的机制外，动力能量来源、动力能量配置结构状态及变化规律将起至关重要的作用。能量是表征物质状态物理量的函数，在名牌生态系统与环境系统以及名牌生态系统各子系统在相互作用过程中，始终伴随着动力能量的运动与转化。各种名牌生态系统行为以能量关系为纽带、在特定的时间与空间内相结合而形成名牌生态系统能量系统。在此，名牌生态系统"能量系统"的概念是借助于系统生态学中的生命系统能量概念。生态学角度的能量系统是指由若干生命组分和环境组分通过能量关系形成的、具有网络结构的、能流通道和因果繁衍式能量交换功能的综合体（祖元刚，1990）。由于名牌生态系统具有整体性特征，其构成组分与环境组分是通过物质与价值关系而发生联系和相互作用的，名牌生态系统组分既吸收资源与价值能量，也会释放出资源与价值能量，因此，可将名牌生态系统中物质与价值视为能量，利用"生命能量系统"理论加以分析。在名牌生态系统中，总的系统价值量（或系统资源能力量）可以认为是系统的总能量，而名牌生态系统子系统及系统成员则可认为是名牌生态系统的生命组分。名牌生态系统的活力取决于系统的能量总量，而系统有序度取决于系统内的能量结构。系统能量越多，系统越有活力；能量分配结构越合理，系统有序度越高，能量利用效率越高，名牌生态系统的外在能力就越强。

构成名牌生态系统的 N 种成员或组成部分（以下简称组分）——如核心名牌企业、供应链成员、系统支撑形成员、系统中介成员等构成一个多维空间，每一个成员组分在这个空间中有一个单位合成价值能量矢量，而每一个价值能量矢量的大小与方向是不同的，这就决定了名牌生态系统内将会有很多的价值能量产生不和谐内耗。又由于名牌生态系统组分的相对独立性，许多系统组分各自与环境具有价值能量交换，使得名牌生态系统总能力呈现出较大的不稳定性。因此，名牌生态系统在运行过程中，其供应商、经销商、用户可能同时参与多个品牌生态系统，它们与多个其他系统成员发生价值流、物流等交换。有的成员在特定时期会选择去留。要提高名牌生态系统的核心能力，增加系统价值能量，其系统组分价值能量应有着严格的匹配关系，从而形成特定的功能结构，以便当系统成员的能量发生多向转移时，名牌生态系统能够保持动态稳定。名牌生态系统的功能结构可对应于一个价值能量结构，其既定的匹配关系定义为高维价值能量空间中单位合成价值能量矢量。对于每一名牌生态系统功能结构，限于其价值能量摄取力及容纳能力，必存在一个最大价值能量值，以 M 表示之，如果名牌生态系统组分要改变自身最大价值能量 M，需改变自身的价值能量结构，换言之，其单位合成价值能量矢量必须改变。从而一个个不同生长阶段的初始值 $G(r)$ 都与前一生长阶段的最大值 $M(q-1)$ 相关（q 为生长阶段序号）。为了便于理解，称 M 为饱和值，G 为截止值。不言而喻，在名牌生态系统每一个生长阶段中，价值能量结构决定了价值能量在各个组分中的供求关系和分配关系。根据耗散结构的基本理论，开放系统的自组织在不断吸入系统外负熵的条件下只会不断地向更高层次的有序阶段发展，由于其非线性特性，过程是不可逆的。所以名牌生态系统内的价值能量活动可能在某阶段的定义域 $[G(q)，M(q)]$ 中产生负增长，而不可能退回它的原先结构，显示出名牌生态系统生长过程的对称性残缺。

由于各个阶段中价值能量的生长机制相同，因此取其任一过程为研究对象并定义其饱和价值能量为 M，截止价值能量为 G，则一个名牌生态系统中第 i 组分的价值能量 e 的定义域为 $[G_i，M_i]$。

由于名牌生态系统成长依赖于通过投入产出过程向外界摄取价值能量并在体内积累，当消耗价值能量大于吸收的价值能量时，则表现为名牌生态系统的退化或衰落，而各个系统组分亦是如此。

借鉴生态学中的生命能量方程可对名牌生态系统的价值能量进行分析。对于包含有 n 个系统组分的名牌生态系统中，第 i 个组分的价值能量状态可以表示为价值能量净摄取量的微分，即：

$$\frac{\mathrm{d}e_i}{\mathrm{d}t} = \iint_{\sum i} \vec{J}\mathrm{d}\mu - \lambda_i \tag{5.1}$$

其中，J 为流入名牌生态系统组分 i 能流面密度，是输入名牌生态系统能流与输出名牌生态系统能流的代数和；$\sum i$ 为名牌生态系统第 i 组分的表面积；$\mathrm{d}\mu$ 为 $\sum i$ 上的面积微元；λ_i 为名牌生态系统价值能量消耗率，如图 5 - 9 所示。

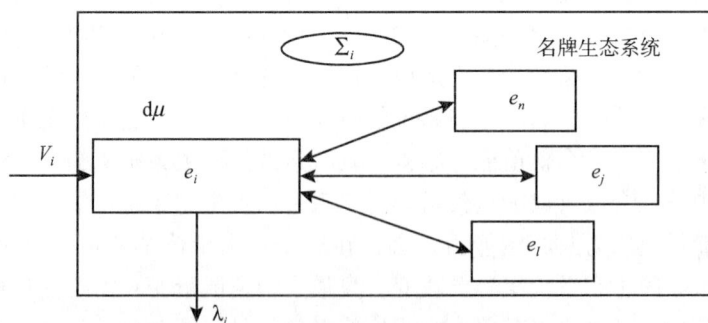

图 5 - 9　名牌生态系统价值能量交换关系

名牌生态系统价值能流的输入和输出可分为两种类型，一种是第 i 组分与名牌生态系统的外界环境相交换的价值能流，以下标 i 表示；另一种是第 i 组分与名牌生态系统内其他（$n-1$）个组分之间相交换的价值能流，以下标 $ij(i \neq j)$ 表示。Ψ_j^I 表示单位时间内从组分 j 流入 i 中的能量，负号表示流入方向与表面外法线方向相反；Ψ_j^0 表示单位时间内从 i 中向组分 j 扩散的价值能量，当 $j=i$，两者均表示与名牌生态系统外环境交换的价值能量。可知：

$\xi_{ii} = \dfrac{\Psi_{i0}^I}{e_j}$ 为名牌生态系统组分 i 中每单位价值能量向外部环境的最大价值能流摄取能力；

$\xi_{ij} = \dfrac{\Psi_{j0}^I}{e_j}$ 为名牌生态系统组分 i 从组分 j 中每单位价值能量获取价值能流的最大能力；

$\rho_{ii} = \dfrac{\Psi_{i0}^0}{e_i}$ 为名牌生态系统组分 i 中每单位价值能量向外部环境的最大价值能流扩散能力；

$\rho_{ij} = \dfrac{\Psi_{j0}^0}{e_j}$ 为名牌生态系统组分 i 向组分 j 中每单位价值能量扩散能流的最大能力。

故 ξ_{ij} 称为价值能量摄取参数，而 ρ_{ij} 称为价值能量扩散参数。

令：　$\Delta_i = M_i - G_i$，$\xi_{ii} = \dfrac{\xi_{ii} M_i + \rho_{ii} G_i}{\Delta_i}$，$K_{ii} = \dfrac{\xi_{ii} M_i + \rho_{ii} G_i}{\xi_{ii} + \rho_{ii}}$，

$$\xi_{ii} = \frac{\xi_{ij} M_i + \rho_{ij} G_i}{\Delta_i}, \quad K_{ij} = \frac{\xi_{ij} M_i + \rho_{ij} G_i}{\xi_{ij} + \rho_{ij}} \tag{5.2}$$

则 n 元方程组：

$$\frac{\mathrm{d} e_i}{\mathrm{d} t} = B_i e_i = \xi'_{ij} e_i \left(1 - \frac{e_i}{M'_{ii}} \right) + \sum_{j \neq 1}^{n} \xi'_{ij} e_j \left(1 - \frac{e_i}{M'_{ii}} \right) \tag{5.3}$$

即为名牌生态系统价值能量基本方程，简记为：

$$e_i = -F_i e_i^2 + D_i e_i + \sum_{j \neq 1}^{n} (H_{ij} - I_{ij}) e_j \tag{5.4}$$

这个方程表明，名牌生态系统的总价值能量变动与系统内各成员自身价值能量吸纳容量及传递能力有关，但总体服从一个多元的动力微分方程。分析可知，ξ'_{ii} 和 ρ'_{ij} 仍表征着价值能量的能流交换力，而 M'_{ii} 仍表征着在一定条件下名牌生态系统组分的最大生长量，M'_{ij} 起着控制价值能量流向的切换作用，这些广义的参数刻画出了名牌生态系统某一系统组分的

价值能量交换能力及价值能量容量等重要特性，在模型的运用中往往由于它们在量值上的组合方式不同而形成不同的名牌生态系统组分活动构想，故称它们为价值能量方程的特征参数。式（5.3）第一项是名牌生态系统组分 i 与环境交换的价值能流，第二项是名牌生态系统组分 i 与名牌生态系统内其他组分所交换能流的代数和。如果再考虑到能量的消耗率 φi，则能量方程可解释为 i 组分的价值能量增长率等于它从外界交换能流和与其他组分交换能流的代数和再减去它的价值能量消耗率。M'_{ij} 起着控制价值能流流向切换的重要作用。由式（5.3）可见，当 $(M'_{ij}-e_i)>0$，亦即 $e_i<M'_{ij}$，组分 i 从组分 j 输入价值能流；反之，当 $(M'_{ij}-e_i)<0$，亦即 $e_i>M'_{ij}$，组分 i 则向组分 j 输出价值能流，交换量的大小正比于 e_i 与 M'_{ij} 的差值。如果组分 i 向组分 j 输出价值能量，则与 M'_{ij} 低于 e_i，而 M'_{ij} 高于 e_j，e_i 通过自己的能力获取能量保持高于 M'_{ij} 的价值能量位。而 e_j 则通过扩散，消耗等方式使自己的价值能量位低于 M'_{ij}，从而价值能量只能由组分 i 输送到组分 j，这样就确定了名牌生态系统内价值能量的供求关系。当名牌生态系统组分 i 因自身功能发生障碍而改变了自己的 M'_{ij} 时，如 M'_{ij} 有所增加时，相应的输出价值能流量就有所减少，甚至不输出，而致使原来作为价值能量接受者的名牌生态系统组分 j 接受不到足够的价值能量，而产生机制病变。由此可以看到，如果要有效地利用和合理地分配名牌生态系统价值能量，就必须有一个合理的名牌生态系统价值能量结构使各个名牌生态系统组分处于合理的价值能量状态。

可以看出名牌生态系统总的价值动力能量是由名牌生态系统组分价值能量通过"矢量和"反映出来的。名牌生态系统价值能量基本方程反映了系统组分的价值能量流动数量及方向变化。名牌生态系统中物质与价值作为名牌生态系统的动力能量，在名牌生态系统中具有一定的流量与流向，具有耗散性与作功能力。名牌生态系统总能量来源于各成员资源价值的矢量和。但由于名牌生态系统组分自身的结构与性质，对物质与价值"能量"的获取量具有饱和值 M，截止值 G，因此，名牌生态系统的发展状态除了受系统构成因素影响外，组分能量获取、保有以及交换能力将起到至关重要的作用。

利用名牌生态系统能量基本方程可以判断名牌生态系统组分能量及系统总能量来源及其极限值与变化动态。另外，名牌生态系统能量基本方程主要是分析名牌生态系统组分的能量流动，整个名牌生态系统的动力能量大小还取决于名牌生态系统的能量匹配结构。

2. 名牌生态系统动力能量匹配结构分析

名牌生态系统是一个典型的商业生态系统，它由众多的动力能量组分组成。在追求最佳系统效益过程中，名牌生态系统的结构规模和最大资源利用是必须首先要考虑的。因此，只要具有足够的条件，名牌生态系统及其任何一个层次的组分均有向结构完整、功能健全的方向发展。一个名牌生态系统要实现最佳目标，建立名牌生态系统组分之间最佳的动力能量匹配联系，形成特定的名牌生态系统动力能量匹配结构才能实现。如名牌生态系统中的核心名牌企业、供应商群体、分销商群体、中介机构群体、政府、消费者以及其他相关成员均具有自身追求价值最大化及自身完美的内驱力，但如果组分能量不匹配，则整个名牌生态系统的能量呈现出"木桶"效应，即使有的组分能量很大，系统总能量也不一定大。这在我国目前的名牌生态系统中可以看到，许多名牌生态系统成员素质差异较大，个体生存环境不一，因而经常出现成员能力瓶颈，严重影响了名牌生态系统整体功能的发挥。

一个合理的能量匹配系统是名牌生态系统正常运行的重要条件。名牌生态系统的能量活动的主要的框架是能量匹配结构。可见任一个独特的生命体对应着自己独特的能量匹配结构，每一种能量匹配结构对应着一定的动力功能。当由于某种原因而致使名牌生态系统能量结构改变，系统功能就将发生相应的改变，从而导致名牌生态系统或组分要么不能适应而逐渐衰弱甚至发生消亡，要么变为新的物种或新的类型。因此，分析名牌生态系统能量结构是揭示名牌生态系统动力及运行机制的重要内容。

名牌生态系统分为若干层次，比如，名牌企业、供应链、用户及环境支撑成员等，每个层次由若干成员组分组成，相应地其价值能量结构也分若干层次，每个层次也由与名牌生态系统实体对应的价值能量组分组成，组分之间存在各种形式的联系，从而形成一个网络结构。每个组分又可能包含若干子组分，多级不同的层次构成了一种树形结构。每个名牌生态系统代表一个组分的集合，若以 S_0 表示名牌生态系统，S_i 表示组分 i，则名牌生态系统的表达式为：

$$S_0 = \{ S_i \mid i \in n \mid \} \tag{5.5}$$

当每个组分还包含若干子组分时，式（5.5）可以进一步写成：

$$S_0 = \{ \{ S_{1j} \mid j \in m_1 \mid \}, \cdots, \{ S_{nk} \mid k \in m_n \mid \} \} \tag{5.6}$$

其中，m_1，$\cdots$，m_n 分别表示 n 个组分所包含的子组分数。

名牌生态系统内所有组分均为实现系统某种既定的目标通过价值能量交换而建立联系。这种以实现某一目标而进行的系统价值能量活动，我们称之为名牌生态系统功能。根据这个定义，我们对名牌生态系统的功能作简单的分析：一个名牌生态系统的功能是由组成它的组分共同进行的商业活动，通过在时间与空间上合作来实现，故我们称这是名牌生态系统的外功能，它是名牌生态系统内中多组分合作效应的外在形式，其正常功能应该是这种形式的临界行为，这意味着名牌生态系统内各个组分都必须充分发挥其功效，才能实现名牌生态系统的外在功效。名牌生态系统外功效反映了该系统对社会商业经济系统的贡献度，外功效发挥得越好，它越有存在持续发展的价值；而名牌生态系统内组分之间的相互联系，构成了名牌生态系统本身，即名牌生态系统。正是由于名牌生态系统内组分与组分之间的能量活动维系着名牌生态系统自身的存在，从而完成既定目标，因此，我们称名牌生态系统组分的功能为名牌生态系统的内功能。显然，一个名牌生态系统的外功能是由名牌生态系统内完整的内功能来实现的。如果名牌生态系统内某些内功能失调，则必导致其外功能的减弱或产生畸变，甚至使原系统所定义的功能不复存在。由系统科学可知，名牌生态系统由若干组分组成，而组分又由若干子组分所组成，此时该组分可以看作一个系统。可见内功能与外功能只是相对而言，上述的一个组分在名牌生态系统中所表现的内功能对于它所包含的子组分来说就是外功能，而名牌生态系统的外功能对于更高层次的商业生态系统大功能而言就是内功能。

我们知道，名牌生态系统所有层次的组分或系统，其自身能量活动都服从名牌生态系统能量方程，表现为层次之间的自相似结构。这种自相似概念将有助于我们理解名牌生态系统不同外在形式的共同本质。而在名牌生态系统中结构自相似的层次是有限的，因此可以在充分研究的基础上对其进行把握。名牌生态系统的自相似结构为我们对其实施管理提供了方便，使得核心名牌企业利用其调控手段对企业边界之外的成员组分进行管理成为可能。

（1）名牌生态系统价值能量静态匹配。在恒定条件下，名牌生态系统处于稳定状态的价值能量配置即静态匹配，系统中各个组分的价值能量状态与相互关系固定不变。一个名牌生态系统中有众多组分，组分之间通过价值能量交换建立匹配关系，但匹配关系的方式随价值能量的交换方式而定。每一种交换方式都是有条件的，当组分 i 与组分 j 交换价值能量时，需满足：

S_i 输出，S_j 输入时有 $e_i > M'_{ij}$ 和 $e_j < M'_{ij}$；

S_i 输入，S_j 输出时有 $e_i < K'_{ij}$ 和 $e_j > K'_{ij}$。

有如下几种典型关系：对于非依存型，即名牌生态系统内每个组分都能独立地向名牌生态系统外直接交换价值能量，维持自己的生存。其数学条件是 $(-F_i e_i^2 + D_i e_i) \neq 0$，$(i = 1, 2, \cdots, n)$。一般情况下，相互间联系较松散，即 $(H_{ij} - I_{ij})ej$ 较小，但当市场环境条件发生变化（如市场空间限制、资源短缺等），往往使组分间的相互作用加剧。比如，当核心名牌企业产品结构发生变化时，其供应链成员、中介成员及支撑成员的内部业务关系结构将会发生相应变化。而对于依存型，即名牌生态系统内的部分组分能与外部环境交换价值能量，$(-F_i e_i^2 + D_i e_i) \neq 0$，不仅维持自己的成长，而向其他组分提供价值能量，如名牌企业；另一部分组分则不能向系统外部摄取能量，$(-F_i e_i^2 + D_i e_i) = 0$，$(i \neq j)$，比如，一些专门供应或销售名牌产品的成员只能由名牌生态系统内其他组分提供能量维持自己的生存与成长。

当名牌生态系统的价值能量活动达到稳定状态等 $\dfrac{de_i}{dt} = 0 (i \in n)$，此刻每个组分的能量状态是一个恒定值，从名牌生态系统外摄取的价值能量及与其他组分交换的价值能量和自身的价值能量消耗达到了平衡。这是名牌生态系统内部成员的利益获取达到了相对均衡。

对于非依存型系统，由于名牌生态系统价值能量方程有很多解，但只要确定其中一个 e_j^*，其余组分的价值能量状态便可以在所选定的组关系中相应地决定下来。这种相互关系可以说明对同一类型的品牌，无论其规模大小，各部分在整体比例关系上保持不变。决定各组分相互关系的就是它们的特征参数，在这个名牌生态系统中，相互关系多以契约形式加以规定。

由于 $\xi'_{ij} e_j$ 是名牌生态系统组分 i 在单位时间内从组分 j 中获取的价值能量。由此可知，当组分 i 从其余组分中获取价值能量的代数和小于自身的消耗时，可能出现两个 e_j^*。如果这两个解都是合理的，而某一名牌生态系统或组分就可能处于不同的两种价值能量状态，或继续留在名牌生态系统内，或选择离开该系统。

对于依存型，除了表示那些自给自足的组分的平衡位置外，还须求取那些过"寄生生活"的组分的平衡位置。与非依存型一样，整个名牌生

态系统的平衡位置 $E_0 = \{e_i^* \in n\}$ 的一组算式中，必须给出其中的一个组分的能量状态 e_i^*，其余则被相应地固定下来。若给定两个或更多的组分价值能量状态便形成价值能量系统的过定位。根据 Liebig's 营养桶原理，此时名牌生态系统的价值能量状态 e_0 取决于系统中最小能量位的组分值作为定位根据。以上分析可知，在每个特定的条件下，每个名牌生态系统组分都有两个解。如果一个系统由 n_1 个组分组成，则存在 2^{n_1} 种组合方式，每一种组合方式都可能对应着名牌生态系统的一种运行状态类型；如果一个组分中又包含有 n_2 个子组分，则又存在着 2^{n_2} 种组合方式，对应着名牌生态系统的不同类型。由此产生的物种数目是很大的，这也是名牌生态系统成员多样性的内在机理。

名牌生态系统内组分之间的价值能量交换是组分间联系的主要方式。价值能量在组分之间的传输还存在一个效率问题，传输效率在不同的价值能量层次中相差很大。如果确定了价值能量的传输效率，e_i 与 e_j 的对应关系便被确定，但 e_i 和 e_j 的值可以不是固定的，系统组分间的传输效率较组分与环境间的传输效率要低得多。

（2）名牌生态系统价值能量动态匹配。名牌生态系统要持续发展，必须随着环境条件的改变而不断调整自己的价值能量匹配结构。如果一个名牌生态系统内的能量结构及组分价值能量交换能力不能适应新的环境，则它的结构及功能将要受到破坏，名牌生态系统失去持续发展活力。

在一个由 n 个组分组成的名牌生态系统中，系统的价值能量状态 E_0 可以由 n 个组分的价值能量状态 $e_i(i \in n)$ 来定义，即 $E_0 = \{e_i, \cdots, e_n\}$。设系统达到稳定平衡状态时各个组分的平衡位置为：

$$E_0^* = \{e_i^* \mid i \in n\mid\} \tag{5.7}$$

若 e_i^* 是组分 i 的价值能量子衡点，则有：

$$(e_i \rightarrow e_i^*) \frac{de_i}{dt} \bigg\|_{e_i > e_i^*} < 0$$

其生命能量活动的解释为：当 $e_i < e_i^*$ 时，组分（即 S_i）处在吸收价值能量的状态，故有 $\frac{de_i}{dt} > 0$，当 e_i 逐渐趋近平衡位置 M_i 的价值能量变化率 $\frac{de_i}{dt}$ 逐渐趋于 0；同理，当 $e_i > e_i^*$，S_i 处于释放价值能量的状态，$\frac{de_i}{dt}$ 逐渐减小，释放价值能量逐渐停止。因此：

$$E = \sum_i^n 2(e_i - e_i^*)^2 \bigg\|_{e_i \rightarrow e_i^*} > 0 \tag{5.8}$$

$$\frac{\mathrm{d}E}{\mathrm{d}t} = 2\sum_{i}^{n} 2(e_i - e_i^*)\left.\frac{\mathrm{d}e_i}{\mathrm{d}t}\right\|_{e_i \to e_i^*} < 0 \tag{5.9}$$

这时名牌生态系统价值能量匹配处于平衡点，这是价值能量系统进行运作的基本价值能量状态。

然而对于名牌生态系统每一组分的价值能量状态 e_i，它的平衡位置 e_i^* 则是由多方面的因素决定的，一是自身的内在因素；二是在系统中与其他组分的相互关系；三是环境中生态因子的影响。任何一个变化都可能使名牌生态系统组分的特征参数发生变化，或者说名牌生态系统组分为适应变化而产生与之相对应的特征参数，这些参数又决定了名牌生态系统组分新的平衡点 $\hat{e}_i$。在正常状态下有 $\hat{e}$ 和 e_i^*，但在一个突然进入一个与它原先生活相适应的环境相左的新生态环境时，$\hat{e}_i$ 就有可能不等于 e_i^*；还有一种情况是价值能量系统内组分发生自身内部机制上的变化，也有可能使 $\hat{e}_i \neq e_i^*$，于是有两种情况：当 $(e_i - e_i^*) > 0$，有 $\frac{\mathrm{d}e_i}{\mathrm{d}t} > 0$，名牌生态系统价值能量自激增长；当 $(e_i - e_i^*) < 0$，有 $\frac{\mathrm{d}e_i}{\mathrm{d}t} < 0$，名牌生态系统价值能量衰减恶性循环。

当个别名牌生态系统组分的失调量剧增，而使系统的 $\frac{\mathrm{d}E}{\mathrm{d}t} > 0$，其正常功能受到破坏，名牌生态系统系统就将失去可持续发展能力。在名牌生态系统中某个别环节的能量的过度增长或过度衰减都会影响到整个系统功能的可持续成长。例如，在名牌生态系统中，某特定的专业组分或个体资源量骤增，原来的物流及价值链平衡被打破，一方面，该成员会自动帮助相关成员增加价值能量；另一方面，核心名牌企业会采取措施增加名牌生态系统或其组分的价值能量供应，失调短暂时间后，名牌生态系统价值能量自激增长，名牌生态系统核心竞争力由于该特定组分的价值能量结构变化而大大增强。

在名牌生态系统成长过程中，往往当一个成长阶段结束，一些组分在结束其使命后就衰退了、消亡了，例如，名牌生态系统中的一些经销商等。当环境条件改变，名牌生态系统或其组分价值能量结构也发生了改变以适应环境，一些消费品名牌生态系统在早期发展时，营销网络的主要模式是区域代理方式，这时区域市场中以品牌代理商为主，当发展到一定阶段后，自有营销通路模式被采纳，原先的部分经销商便失去了继续经营该商品的价值。类似这些组分在名牌生态系统向高级阶段进化过程中退化，即一些过渡性种群在名牌生态系统演替到顶级群落时消失等，而另一些组织、组分却应运而生。这时名牌生态系统或其组分能量系统的结构发生了改变，相应地，名牌生态系统或其组分价值能量方程结构也发生了改变。研究名牌生态系统或其组分价值能量结构发生改变的动力学机制，就是研究名牌生态系统或其组分系统能量的可持续成长问题。另一方面，当名牌生态系统或其组分需要稳定成长时，由于某些环境因素可能对名牌生态系统或其组分价值能量活动产生干扰，进而影响到系统的价值能量结构状态，而且往往对名牌生态系统可持续发展产生破坏作用。正常情况下，名牌生态系统或其组分中 n 个组分之间都有一定的比例关系，各组分的价值活动在数量上也有一定的范围，所有在价值能量相空间中满足某一名牌生态系统或其组分价值能量活动点的集合，在价值能量空间中构成的子空间 S 称为名牌生态系统或其组分生存空间。任何超出生存空间 S 的活动不但没有任何意义，还会使名牌生态系统或其组分结构由于内部机制的比例失调而产生病变甚至崩溃，发生不可逆的破坏过程。比如，一个在区域市场中，所需经销商的数量及资源能量是有限的，若多了，反而使该区域市场处于无秩序的内部竞争中。另外，名牌生态系统或其组分能量结构稳定并不意味着系统价值能量没有变化，有时名牌生态系统或其组分之间的相互关系产生了量的变化而又未产生结构上的变化时，功能也可能是不健康的。

名牌生态系统价值能量的动态匹配可有如下一些途径与模式：①名牌生态系统价值能量状态的调整匹配。由于内部因素与外部环境的改变使名牌生态系统价值能量系统内某一个或几个组分的价值能量状态发生了改变，相应地，整个名牌生态系统的平衡位置发生改变，一方面名牌生态系统内各相关组分的价值能量应协调地变动；另一方面通过价值能量流动的增减，逐渐使变动后的名牌生态系统价值能量系统在新的位置上稳定下来。在此过程中，名牌生态系统内的每个组分价值能量都会发生一定的变化。②名牌生态系统价值能量状态恢复匹配。当异常的内外部干扰消失后，名牌生态系统重新回到原先环境状态，如果名牌生态系统内各组分的价值能量活动机制没被改变，则它们将逐渐地回到原来的价值能量匹配状态。③名牌生态系统适应性匹配。当名牌生态系统环境发生长期改变，例如，一个完全相似的竞争名牌生态系统物种进入市场，使得该名牌生态系统的价值能量系统组成比例关系发生了相应的变化，即系统价值能量结构也会发生适应性匹配。④名牌生态系统变异性匹配。如果环境变化导致系统价值能量结构关系发生改变，例如，发生名牌生态系统的购并现象，则可称之为名牌生态系统变异，其直接结果就是产生新的名牌生态系统物种。这些动态匹配反映名牌生态系统的基本对策，它们起着保护名牌生态系统生存、延续和发展的作用。但名牌生态系统对于外部环境变化和内部变异的调整能力是有限的，当超出名牌生态系统的自调行为能力时，名牌生态系统就可能发生不可逆转的崩溃。可以看出，名牌生态系统发展过程中，内部因素与外部因素都会发生相应的变化，当变化超过一定的临界值时，原有状态不能恢复，这时将会出现系统结构性变化，功能也随之发生永久性变化。

3. 名牌生态系统能量系统涨落响应机制

名牌生态系统的行为都是由若干内部组分相互协调、协同作用而产生的，每个组分发生任何变化都会或多或少地影响到同一系统的其他组分，并最终影响到整个名牌生态系统的生存状态。由于名牌生态系统价值能量在名牌生态系统内分布不均匀，从而经常产生价值能量流动，各组分的活动条件也不尽一致，当内外部条件产生变化时，各个系统组分的价值能量响应不尽相同，对系统产生的影响也又很大差别。系统核心成员的影响要远远大于其他一般成员的影响。

一个名牌生态系统 S_0 可以看成一个价值能量元素 S_i 的集合。每一个价值能量元素代表一个组分，S_i 代表组分 i。若用 E_0 表示 S_0 的价值能量，则有：

$$E_0 = \{ E_i \| i \in n \} \tag{5.10}$$

名牌生态系统价值能量方程的耗散结构形式记为：

$$\frac{\mathrm{d}e_i}{\mathrm{d}t} = C_1 + C_2 - C_3 \tag{5.11}$$

其中，$C_1 = F_i e_i^2 + D_i e_i$，$C_2 = \sum_{j \neq i}^{n} (H_{ij} - I_{ij} e_i) e_j$，$C_3 = \lambda_i$

当名牌生态系统价值能量系统处于稳定状态时，如果受到某种涨落力的影响，名牌生态系统内将做出不同的响应。

（1）组分 S_i 变化对整个名牌生态系统的影响。不失一般性，当能流 J_0 进入名牌生态系统 S_0，其价值能量方程为：

$$\frac{\partial E_0}{\partial e_i} = = \frac{1}{C + \dfrac{C_{i2}}{C_{i1} - C_{i3}}} \tag{5.12}$$

其中，$\dfrac{C_{i2}}{C_{i1} - C_{i3}}$ 表示组分两部分价值能流的比率，分子 C_{i2} 是组分之间相调节的价值能力流，分母是名牌生态系统分配给组分 i 的能流与组分 i 单位时间内消耗价值能量的代数和。当 $C_{i2} = 0$，$C_{i1} - C_{i3} \neq 0$ 时，即组分 i 与其他组分没有价值能量交换时，$\dfrac{\partial E_0}{\partial e_i} = 1$，即 S_i 对名牌生态系统的贡献就是它本身的价值能量活动。当 $C_{i1} - C_{i3} = 0$，$C_{i1} \neq 0$ 时，即名牌生态系统分配给组分 i 的价值能量与其消耗 λ_i 相等，而其他组分仍有交换价值能量。则 $\dfrac{\partial E_0}{\partial e_i} \to 0$，表示组分 i 对名牌生态系统的贡献为 0，没有贡献。当 $(C_{i1} - C_{i3}) = -C_{i2}$，$\dfrac{\partial E_0}{\partial e_i} \to \infty$，此刻当组分 i 有很小的价值能量变化 $de_i > 0$ 时，将对名牌生态系统的价值能量 E_0 产生极大影响。这时名牌生态系统应密切关注 i 成员的价值能量变化，若该成员不能自调，则需外力加以干扰，以避免系统发生大的负面影响。

（2）名牌生态系统其他组分对组分 S_i 的影响。作为名牌生态系统的一个组分，与共生于同一名牌生态系统内的其他组分在价值能量活动过程中存在相互影响，这种影响主要表现在各组分对价值能量分配和调节的竞争过程中，从而形成自组织的相互联系。一个组分的价值能量变化势必引起同系统其余组分的相应变化。名牌生态系统为了达到最佳工作状态，往往通过这种方式进行自我调整，以适应外部环境变化。因此，研究名牌生态系统各组分价值能量活动之间的相互联系非常重要。

对 e 有：

$$\frac{\partial e_i}{\partial e_j} = \frac{C_{ij}}{C_{ji} - C_{j0}} \tag{5.13}$$

当名牌生态系统组分 j 价值能量达到饱和态或准饱和态 G_j，价值能量的变化率为 0。而当 $e_j \to G_j$ 时，$\dfrac{de_i}{dt} \to 0^+$；当 S_j 受到涨落的影响时，扰动 de_j 将产生 $\dfrac{\partial e_i}{\partial e_j} de_j$ 的剧变；而当 $e_i > G'_i$ 时，$C_{i1} < 0$，则 $\dfrac{de_i}{de_j}$ 为 $-\infty$，使 S_j 立

即又产生一个相反的剧变 $\frac{\partial e_i}{\partial e_j}\mathrm{d}e_j$，这种迅速的自调功能维持着名牌生态系统组分之间价值能量交换的平稳进行，名牌生态系统没有明显的剧变行为或震荡现象。而当 $e_j \rightarrow G'_j$ 时，$\frac{\mathrm{d}e_j}{\mathrm{d}t} \rightarrow 0^+$ 即 $(C_{ji} + C_{j0}) \rightarrow 0^+$，当有扰动 $\mathrm{d}e_j$ 时，在 S_j 中产生 $\frac{\partial e_i}{\partial e_j}\mathrm{d}e_j$ 剧变，而当剧变将 e_i 推过了 G'_i，改变了 S_i 与 S_j 之间的价值能量关系，$C_{ij} < 0$，开始上述的自调过程，倘若此时 $\mathrm{d}e_j$ 突然改变，由 $\mathrm{d}e_j > 0$ 变为 $\mathrm{d}e_j < 0$ 形成正反馈作用，使 $\frac{\partial e_i}{\partial e_j}\mathrm{d}e_j$ 继续原方向上的价值能量剧增，即 $\mathrm{d}e_i$ 须在 $(e_i - G'_i)$ 变号时同时改变自己的符号从而形成名牌生态系统正反馈价值能量活动。

另一种情况是当 $e_i < G'_j$ 变为 $e_i > G'_j$ 时，$\frac{\mathrm{d}e_i}{\mathrm{d}t}$（即 $(C_{j1} + C_{j0})$）从 0^- 变为 0^+ 时，则 e_i 产生锐减。不同系统成员在某些关键点关键环节上的影响很大，比如，供应链上的物流、资金流的流动状态变化，有时物流、资金链的短时中断将导致该成员组分生存状态发生重大改变，严重时存在生存危险。

名牌生态系统的复杂性不仅表现在组织结构上，也表现在其外在功能行为及其内部相互影响上，常有牵一发而动全身之态。研究名牌生态系统价值能量系统响应涨落时，不仅要关注名牌生态系统个别组分的变化，还要注意到由此所引起的名牌生态系统其他组分及整个名牌生态系统的变化，从而把握名牌生态系统的演变趋势。

可以看出，利用名牌生态系统价值能量变化方程可以研究该系统价值能量的来源及其变化影响，而对名牌生态系统价值能量匹配结构的分析可以判断该名牌生态系统的价值配置状态及系统优化方向。要提升名牌生态系统的核心竞争能力，除了优化系统构成成员个体素质、优化系统的动力机制外，做好资源价值能量的合理调配也具有重大意义。

第 6 章

名牌生态系统的竞争与合作

§6.1 名牌生态系统成员构成
特点及其利益平衡

☛6.1.1 名牌生态系统成员构成特点

名牌在市场经济条件下生存发展，必须存在一个适应环境的生态系统。在这个生态系统中，名牌根据需要从环境中吸纳资源，扩展市场，发展壮大。为使名牌实现快速稳定、可持续性发展，必须要对名牌生态系统进行优化控制。名牌拥有企业作为名牌生态系统的核心成员对名牌生态系统的运行实施调控。因而有必要对名牌生态系统的成员构成进行系统分析。

名牌生态系统由名牌拥有企业、企业股东、供应商、最终顾客、中间商、竞争者、金融机构、大众传媒、政府、社会公众、相关企业以及名牌生态环境等组成。在这个生态系统中，处于产品供应链上的成员为直接支持成员，包括：供应商、金融机构、企业、员工、经营者、中间商、顾客；为名牌产品生产经营提供人力及政策扶持的成员为间接支持成员，包

括：政府、股东、社会公众、传媒等；与名牌产品展开竞争，限制名牌生
态发展的成员称为限制性成员，主要指企业竞争者；而将名牌企业直接附
属的成员称为名牌生态系统的核心成员，包括：著名品牌、名牌产品、名
牌拥有企业、企业股东、员工、经理人。

　　我们可以将名牌生态系统的成员归类如图 6-1 所示。

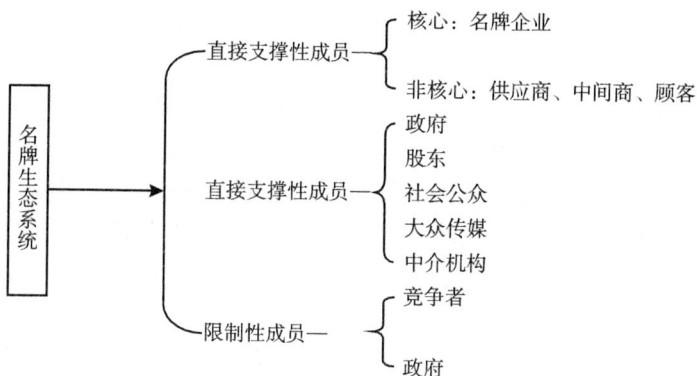

图 6-1　名牌生态系统的成员归类

　　对某一个名牌生态系统来讲，其成员内部尚存在较为复杂的内部
结构。

☞ 6.1.2　名牌生态系统成员的利益要求及其相互关联性

1. 名牌生态系统成员是以共同利益为纽带，以名牌为介体而联系在一起的

　　由于名牌生态系统中的成员个体各有各自的目标与利益需求，因而要
使名牌生态系统良性运作，就必须首先了解各系统成员的特点及利益
需求。

　　不同构成成员的利益需求可描述如下：

　　（1）名牌。生存与发展是名牌与名牌产品的基本需求。名牌是高品
质、高知名度、高美誉度、高市场覆盖率、高获益性的无形资产。因此，

提升名牌在各方面的状况是名牌发展的客观要求，而名牌产品则是企业实现其价值的载体，也是名牌赖以传播的载体，其要求是：高品质、高技术含量、低成本、高价格、大规模、高占有率、高速度成长、高效益。

（2）品牌拥有企业。品牌企业作为名牌生态系统的核心成员，其基本的需求为长期稳定的获利，其次要求不断成长壮大，成为同行之首。另外，企业还要避免风险、形象良好。

（3）企业股东需求。高投资回报率、投资风险小、长期稳定性、投资决策权力。

（4）员工需求。稳定的就业岗位、较高的工资收入与各种津贴及保险，工作成就感与归属感。

（5）经理人。经营企业的成就感、年薪收入较高、董事会赋予权力。

（6）供应商需求。较高的销售利润、稳定的客户资源。

（7）中间商。稳定的商品来源、较高的销售利润、稳定的市场秩序、稳定的客户或顾客资源。

（8）金融机构。稳定的客户关系、较高的贷款收益、较低风险。

（9）顾客。得到优质的商品、合理的价格、优质服务、良好形象。

（10）系统中介及支撑成员。大众媒体：稳定的客户关系与新闻来源、较高的广告收入；政府：政绩体现、稳定而较高的税款收入、就业目标、社会稳定；社会公众：就业与公益建设；相关企业：学习榜样、协同效益；供应商的供应商：较高的销售利润、稳定的客户关系。

2. 利益相互关联分析

名牌生态系统成员的利益从长远看总体上基本一致，但在短期就可能存在较大的冲突，比如，企业与中间商之间的利益冲突，中间商短期的要求品牌企业提供物美、价廉的商品，给予高额返利，投入大量广告费，及时交货等，而企业则希望以较高的价格提供商品，希望中间商投入促销费用，并且将本企业品牌放在主要经营位置上等；供应商希望以较高的价格的企业供应产品，并且最好对质量要求不太苛刻。而企业和政府的利益则是相辅相成，企业效益好，政府得到的税收就多，是正相关关系。但具体到不同成员其利益要求是多方面的，图6-2表示了企业与各成员的利益关联，图6-3表示了企业、中间商及顾客之间的利益关联关系。

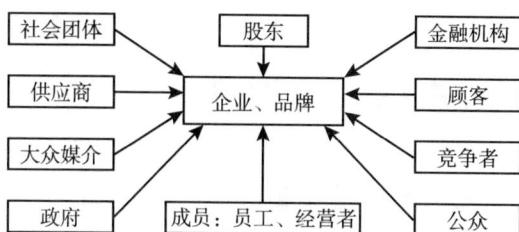

图 6-2　企业与各成员的利益关联

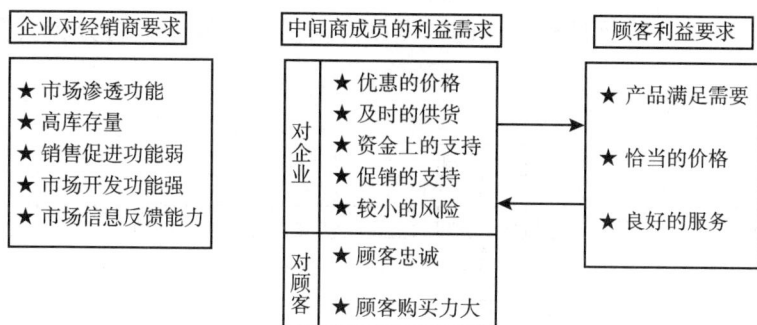

图 6-3　企业、中间商及顾客之间的利益关系

另外，在名牌生态系统中，众多中间商之间也存在着利益关联关系，如图 6-4 所示。

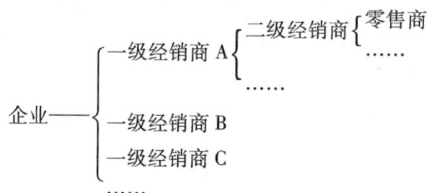

图 6-4　中间商之间的利益关系

在图 6-4 中，一级经销商 A、B、C 三者有区域之分，但由于三个经销商的定价不同，就会导致不同区域之间的商品窜流政策，而影响到市场秩序，影响到三者的直接利益。而在一级、二级及零售商之间，由于存在买卖关系，必然会存在相互之间的复杂的利益关系。

6.1.3　名牌生态系统成员利益平衡

1. 支撑成员之间的利益平衡

不同成员的收益应达到平衡状态，名牌生态系统才能良好的运行，不断成长与壮大。对处于名牌产品供应链上的直接支撑成员来说，持续性的经济利益是首要目标，因此，可以根据供应链模型进行分析（见图6-5）。

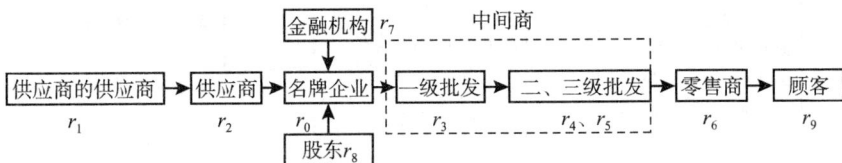

图6-5　供应链模型

每个环节利润率为 r_i（$i = 0$，1，2，…，n）。r_i 有一个小于零，则称局部断链；r_i 有 n 个小于零，则称大部断链；r_i 全部小于零为全局断链。

（1）若 $r_i < 0$，则该生态系统整体无利益，很快衰败。

（2）每一个成员的 $r_i < 0$，则生态系统处于衰退或新建状态。

（3）若 r_0，r_1，r_2 有利润，而 r_3，r_4 或 r_5 小于零，则该生态系统处于市场不稳定状态，无可持续性。

（4）若 r_1，r_2 小于0，则形成名牌生态系统的源头不稳定。

（5）若顾客剩余收益率 $r_9 < 0$，则表示名牌产品价高质次，没有市场引力，生态系统处于休克状态，可能复苏、可能消亡。

（6）若股东与金融机构得不到 r_7，r_8 收益，则生态系统的运作将处于资金缺乏、供血不足状态。

若 $\underline{r} > r_m$，其中 r_m 为社会经济中其他品牌生态系统的平均收益，则该系统具有稳定性与竞争优势。其中：$\underline{r} = \sum r_i / n$。

可用 $R = \sqrt{S(\underline{r} - r_i)^2}$ 表示名牌生态系统的稳定状态。R 越大，说明成员之间的经济利益平均性较差，但并不是 $R = 0$ 就是绝对平均，与总量还有一定关系。

间接成员的利益平衡问题分析相对较为复杂，因为许多利益是非经济利益，因此其平衡涉及多方面权衡。如企业的活动影响到公众利益，像商品产生污染就会引起社会公众的不满，这时企业就要采取措施减少污染；从而降低利润率，相关成员也会因成本增加而降低收益。生态系统主要成员之间的相互平衡可由图 6-6 表示。

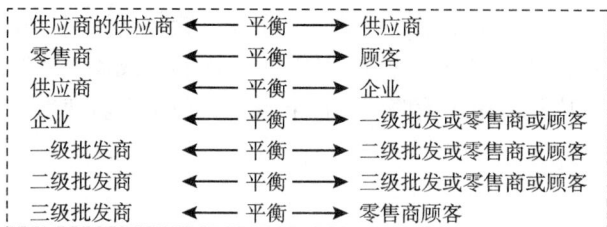

```
┌──────────────────────────────────────────────────┐
│ 供应商的供应商  ◄── 平衡 ──►  供应商                │
│ 零售商          ◄── 平衡 ──►  顾客                  │
│ 供应商          ◄── 平衡 ──►  企业                  │
│ 企业            ◄── 平衡 ──►  一级批发或零售商或顾客  │
│ 一级批发商      ◄── 平衡 ──►  二级批发或零售商或顾客  │
│ 二级批发商      ◄── 平衡 ──►  三级批发或零售商或顾客  │
│ 三级批发商      ◄── 平衡 ──►  零售商顾客             │
└──────────────────────────────────────────────────┘
```

图 6-6　生态系统主要成员之间的相互平衡

也有一些属于正常的非平衡状况，比如，短期内企业为长期利益而在短期内的大量投资导致企业整个盈利水平的下降、由于某些成员本身管理差或战略需要而导致的负效益、名牌生态系统处于始建期时的成员利益为负或为零等。但长期内，整个名牌生态系统的各方利益应自动趋于平衡。

2. 直接支撑系统与限制性成员的利益平衡

在名牌生态系统中，直接成员与限制性成员的利益一般是一种负相关关系（少数既是 A 名牌生态，又属 B 名牌生态的成员除外），在市场上一般是竞争关系。利益的平衡主要看双方实力与策略，但有时是一种正相关关系，这时利益平衡是通过谈判达成协议或共识，比如，形成某一个统一价格等，或联合促销等。

6.1.4　名牌生态系统成员利益平衡经常发生的问题

对于不同的名牌生态系统，其成员的利益平衡状况各异，总体来看名牌，企业与直接经销商的利益平衡还较为正常，但名牌企业与生态系统中的供应商的主要供应商，直接经销商的二、三级分销商的利益平衡就相对较差，这导致了许多名牌生态系统的稳定性较差。另外，许多名牌不注重产品创新与质量提高，质次价高，结果顾客基本利益得不到保障。另外，对主要供应商要求苛刻，剥夺其应有利润及再发展能力，一旦另有机会，供应商便弃之而去，造成供应方面不应有的麻烦。

另外，名牌产品二、三级、零售网络成员利益平衡较差，由于没有固定的总经销关系，其利润不可能得到较好保障，因而大多采用游击采购的方式，致使生态系统不稳定。有的名牌企业不能很好处理与政府及金融机构之间的关系，导致支撑与支持性成员变为限制性成员。还有的名牌生态系统在条件不成熟时由于策略问题而导致与其他主力名牌生态系统发生对抗性竞争等。

6.1.5 品牌企业对系统或者利润平衡的协调机制与相应策略

在整个名牌生态系统中，品牌企业处于核心位置，对系统利益的平衡起到至关重要的作用。由于品牌产品带动的许多性质由品牌企业决定，因此，存在一种利益协助机制调节名牌生态系统的利益分配状况。由于是名牌，企业与其他成员影响力较大，因而企业通过采购招标定价与产品定价决定企业的利润率及中间商利润率，一批商、二批商、三批商的进销价可以决定中间商的利润率。供应商、中间商、顾客等市场行为决定了政府与各系统成员利益关系。因此，在名牌生态系统中品牌企业的定价及利益分配环节是各成员利益平衡的关键机制。

作为名牌生态系统的核心，企业应充分利用利益平衡机制调节生态系统的稳定性及活力。当各方利益太大而顾客利益受损时，企业应启动降低价格机制，并促使其他成员降低利润率。当中间商因种种原因而损伤利益时，企业应加大魄力或增加市场投入，以保护系统利益的平衡。产品市场价格稳定是名牌生态系统处于稳定发展的重要标志。

另外，企业与企业其他成员通过契约达成较为紧密的联盟，并增加统一运行内容，各方利益协调会更加容易，名牌生态系统的运作工作也会更加良性化。

§6.2 名牌生态系统的竞争与合作分析

6.2.1 概述

名牌生态系统的竞争是指所有名牌生态系统之间、同类名牌生态系统之间，单一名牌生态系统内部成员之间的竞赛、争夺与对抗。名牌生态系统的竞争与单体企业（或组织）的竞争不同，单体企业之间的竞争明了，形式简单，关系主要以争夺与对抗竞争为主。而以名牌为龙头形成的名牌生态系统成员数量多，结构复杂，其成员是既相互协作又相互竞争，而同时某一系统成员又跨越几个相互竞争的名牌生态系统，在不同的名牌生态系统中获得利益，此不同生态系统的竞争是既对立又合作的竞争关系，表现生态系统的全方位竞争与协同。名牌生态系统的竞争是市场经济运行的重要机制。

6.2.2 名牌生态系统竞争的层次

名牌生态系统的竞争存在于三个层次，一是名牌生态系统与其他同类品牌生态系统之间的竞争；二是名牌生态系统内部成员之间的竞争；三是名牌生态系统与其他非同类品牌产品生态系统之间的竞争。品牌生态系统之间的竞争具体形式有如下几种：

1. 名牌生态系统中名牌企业与其他生态系统品牌企业的竞争

（1）名牌企业与其他品牌企业争夺顾客或网络。名牌企业通过各种途径开发新产品、新市场，渗透老市场，以扩大销售量，提高市场占有率，这是名牌生态系统竞争的主要形式。

（2）名牌企业与其他品牌企业争夺资源，包括人才、资金、原材料、科技、信息资源等。

（3）名牌企业与其他品牌争夺市场地位。表现在争夺主要市场面及市场份额位次，许多名牌不惜放弃合理价格而低价销售。

（4）名牌企业与其他品牌争夺产品地位（尤其是技术地位）。表现在科技领域中的实力较量，目前名牌企业的技术创新与技术改造投入越来越大。

（5）名牌企业与其他品牌争夺社会地位。各个企业纷纷进行公关活动，通过建立良好的企业形象，赢得政府、金融及社会各方支持。

2. 名牌生态系统中名牌企业中间商与其他生态系统中间商的竞争

（1）名牌企业中间商与其他品牌企业中间商争夺顾客与网络。这种争夺主要在区域二级网络及零售网络及最终顾客方面。

（2）名牌企业中间商与其他品牌企业中间商争夺市场地位，体现在区域内市场份额。

（3）名牌企业中间商与其他品牌企业中间商争夺社会地位、政府、金融支持。

3. 名牌生态系统内部成员之间的竞争

内部成员之间亦存在相互竞争关系，主要体现在：（1）品牌企业与其他成员相互之间的利益分配竞争，通过谈判，各方得到合理利益；（2）名牌生态系统成员之间的相互竞争，比如品牌企业、中间商、供应商、投资者、管理者、金融机构以及新闻媒体等之间的竞争。

4. 名牌生态系统与其他非同类生态系统之间的竞争

名牌生态系统在其发展过程中除了与同类品牌产品进行竞争外，还不可避免地要与其他非同类品牌产品进行竞争，主要表现在争夺顾客的购买力、中间商、社会资源以及政府支持力方面。比如，酒类名牌与饮料名牌就在争夺顾客购买力、中间商以及社会资源等方面存在激烈竞争。

名牌生态系统通过竞争得到发展或衰退。因此，要对名牌生态系统的竞争结构与竞争强度进行分析，以便采取有效措施保护与发展生态系统。

☛ 6.2.3　名牌生态系统竞争的强度

名牌生态系统竞争的强度是指名牌生态系竞争的激烈程度，强度越大竞争越激烈，它伴随着市场经济的发展而逐步增强。企业之间的竞争实质上反映了品牌生态之间的竞争。当名牌实力增强后商业生态系统的主宰者逐渐成为几个少数的名牌生态系统，它们的竞争决定了商业生态系统中关键的市场结构与动态参数，比如名牌的价格，原辅材料市场供应状况，甚至是市场秩序以及客观环境。社会经济中的大多数主力成员已经各自归属于某名牌生态系统之中。

名牌生态系统竞争的强度可由如下几方面加以描述：

一是市场中品牌数量及其实力的大小。数量越多，实力越强，竞争强度越大。

二是市场需求饱和程度。饱和程度越大，竞争程度越大。

三是几个实力相当大品牌采取相互对抗和竞争策略，造成竞争强度大。

另外，名牌生态系统的竞争强度可从商品的商业流程加以描述，有的流程阶段竞争强度较大，比如市场网络竞争强度等。而有的流程竞争可能很小，比如有些供应环节等。而从不同竞争层次来看，其竞争强度也存在着较大的差别。不同类名牌生态系统之间的竞争强度主要在资源市场上大，同类名牌生态系统之间的竞争强度则主要在于市场环节上大。同一名牌生态系统成员的竞争强度较大环节主要在于名牌企业与相关成员的利益分配上。

同类名牌生态系统竞争的强度系数可用名牌产品的竞争强度系数表示：

$$S = f(x_1, x_2, \cdots, x_i, \cdots, x_n)$$

其中，x_i 为第 i 个强度影响因子。

若用市场饱和度 ρ 与安全生产制造能力系数 m 乘积表示，则：

$$S = \rho \times m$$

其中，$0 \leqslant \rho \leqslant 1$；$m$ 取值：若生产能力大于等于市场容量时，m 取 1；生产能力为 0 时，m 取 0。

其他类型的竞争强度可视不同情况予以描述。

6.2.4 名牌生态系统之间的协同与合作

社会商业生态系统中，名牌生态系统是最具竞争力的生态子系统。它拥有名牌产品、数量众多的消费者、顾客以及强大的系统成员，因而是社会生态系统中的重要组成部分，在社会商业生态系统中起决定性的作用。除了排斥竞争者外，它还起到示范与领袖作用。许多其他生态系统的存在依附于名牌生态系统而存在。因此，各生态系统之间又是相互依存与相互合作的。在目前国际化的激烈竞争环境中，许多同类大名牌生态系统之间也会结成战略联盟，实施强强联合、协同发展。因而，名牌生态系统又是一个协作的生态系统。

国际化、信息化的加剧迫使名牌生态系统之间加强协同、合作以求共同发展。由于名牌生态系统成员较多，关系复杂，较难用数学模型加以描述，在此我们只能对其加以论述。从名牌生态系统的结构及其特征来看，名牌生态系统之间的协同主要看两个生态系统的优势互补性，尤其是名牌企业之间的优势互补性。

1. 不同类型名牌生态系统的协同与合作内容及方式

不同类型名牌生态系统在资源获取、成员争夺方面没有根本性矛盾，有时双方还能相互协助，比如，共用同一营销网络或形成特定资源的采购战略联盟，进行联合促销等，起到优势互补或联合协同的作用。一般来讲，这种协同与合作的生态系统其产品应具有关联性与互补使用性。

2. 相同类型名牌生态系统的协同与合作内容及方式

有时为了垄断市场，共享利益，同类名牌生态系统在市场竞争中临时达成一种默契或联盟，共同成为市场区域的保卫者，一致应对其他竞争者、政府、社会、公众与顾客。因为同类名牌生态系统之间有时存在较大差异，比如，在产品市场定位、质量、档次、规格等方面存在不同，这时可能出现不同名牌产品共用营销网络的局面。还可能出现同类名牌生态系统的联合促销、共用技术等方式的合作。这种协同与合作以战略联盟形式出现的较多。

6.2.5　名牌生态系统的竞争与合作策略

在激烈的市场竞争中，名牌生态系统必须把握好竞争与合作策略的正确使用。由于名牌生态系统的核心成员是名牌企业，它的策略选择基本上决定了名牌生态系统其他主要成员的策略走向，因而，名牌企业必须审时度势，预测环境变化并适时决定与其他品牌竞争或合作的策略及其应用程度。

1. 名牌生态系统之间竞争与合作策略基础与原则

当市场区域名牌生态系统数量较少，实力较弱时，名牌生态系统之间一般互不干扰，和平共处，在市场促销、企业关系方面尚存在一定的合作。随着市场的不断成熟，名牌生态系统之间的竞争就成为一种必然的现象。在较为成熟的市场区域内，名牌生态系统的核心——名牌企业——从自身发展壮大的角度出发，必然要对资源供应、生产经营以及名牌产品的市场营销进行策略规划，以便取得最大效益。因此，名牌生态系统竞争与合作的基础是存在市场，而竞争与合作策略的原则是各方利益最大化。

2. 不同名牌生态系统竞争与合作策略

名牌生态系统竞争与合作策略在不同时期及不同系统层次上存在很大差异。有时呈现对市场资源的自然竞争，有时呈现争夺竞争，有时则呈现对抗竞争，而有时则呈现出全面或部分的合作发展。如何取舍取决于竞争各方的实力、策略价值取向及环境状况。

3. 领导型名牌生态系统的竞争与合作策略

一般来讲，领导型名牌生态系统的策略选择是以竞争型策略为主，合作仅在局部如市场薄弱地区、非同类的资源获取、同类系统的政府、从属关系等方面，其基本策略趋向是市场领导地位的获取。但如果市场上同类名牌生态系统实力差距不大，则有可能采取少数几个存在差别优势的名牌生态系统联合垄断市场的合作策略。

4. 一般名牌生态系统的竞争与合作策略

一般名牌生态系统多采用竞争与合作组合策略，其基本策略趋向是跟随与分享。一方面它与所有的同类名牌生态系统竞争，同时根据互补优势联合其他一般或小型名牌系统共同对付领导型名牌生态系统，以求得分散领导名牌系统对自己的注意力，争取到自己的发展空间。另外，市场存在的许多中小型品牌生态系统也是一般名牌生态系统对付领导名牌生态系统的目标。

5. 小型名牌生态系统的竞争与合作策略

小型名牌生态系统多采用差异化无竞争或协同附着的合作策略，其基本策略趋向是依据自身差别优势，不与其他名牌生态系统发生正面冲突。若发生冲突，则采取合作策略与有关同类或相关生态系统形成战略联盟。

6.2.6　名牌生态系统竞争与合作策略的制定与实施

1. 名牌生态系统竞争与合作策略的制定

名牌企业作为名牌生态系统的核心成员，在名牌生态系统竞争与合作策略的制定与实施中起关键作用，它的企业战略、采购、生产、网络策略及其他利益平衡政策直接影响到名牌生态系统的竞争能力、资源状况。因此，名牌生态系统竞争与合作策略的制定应以名牌企业为主，以相关成员参与为辅进行。其制定程序如下：

（1）市场环境分析；

（2）不同名牌生态系统状态调研与评价；

（3）竞争对手及风险的判断与识别；

（4）竞争策略方案的形成：名牌企业制定企业竞争策略，形成营销政策、采购政策、对外关系等政策后传递给生态系统内部其他成员，其他根据名牌企业政策，结合名牌生态系统内部各成员的策略集合形成生态系统的竞争与合作策略；

（5）竞争策略方案的协调：名牌生态系统主要成员的竞争与合作策略要在主体上协调一致，基本确定名牌企业的策略方向。如有不一致，则必须经过多方协商、谈判，解决问题，或名牌企业做出让步，或其他成员服从名牌企业策略，最后形成统一的名牌生态系统竞合策略。

2. 名牌生态系统竞争与合作策略的实施

当名牌生态系统决定实施某项竞争与合作策略时，系统内各主要成员应统一对外，协调一致。名牌企业应在策略实施过程中起调控与监督作用，并以名牌效应、利益关系等手段对不良行为实施控制。环境发生变化时，名牌生态系统的竞争与合作策略要适时做出修正以适应环境。

§6.3　博弈论在名牌生态系统竞争分析中的应用

6.3.1　名牌生态系统中的利益相关者

Freeman 给利益相关者下的定义为："企业能够通过行动、决策、政策、做法或目标而影响的任何个人或群体。反之，这些个人或群体也能够影响企业的行动、决策、政策、做法或目标。"

名牌生态系统中的利益相关者主要包括：名牌与产品、名牌拥有企业、企业股东、供应商、中间商、最终消费者、竞争者、债权人、大众传媒、政府、社会公众以及社会、经济、文化、自然环境等组成。其中，供应商、名牌拥有企业、顾客（为了研究方便将中间商和最终消费者统看作企业的顾客）、债权人、政府、股东与企业之间存在着直接的排他性资料投入（物质资料投入或人力资料投入），因此视为第一层利益相关者，也可以成为名牌生态系统的核心层；剩余的归为第二层利益相关者，他们不直接参与企业的治理，但是受到企业行为的影响。利益相关者的分层如

图 6 - 7 所示。

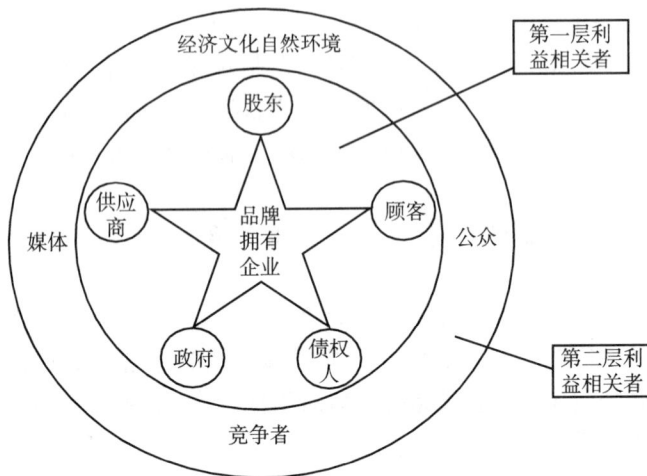

图 6 - 7　利益相关者的层次划分

➤6.3.2　基于博弈论的名牌生态系统分析

博弈论即一些个人、组队或其他组织，面对一定的环境条件，在一定的规则下，同时或先后，一次或多次，从各自允许选择的行为或策略中进行选择并加以实施，并从中各自取得相应结果的过程（张维迎，1996）。

在名牌生态系统中，品牌拥有者（以下称为中心企业）与多个利益相关者之间存在着博弈关系。本书先只考虑与第一层利益相关者的博弈。中心企业在选择策略时不仅要考虑各独立博弈中对手的策略，还要考虑各个独立博弈对手之间的关系，看这个关系是否对整体效用有影响。中心企业与五个第一层利益相关者的博弈先分为以下三个博弈模型。

1. 政府、债权人和中心企业之间的动态博弈

政府利益的主要需求是社会稳定和较高的税款收入；企业的债权人（主要是金融机构）的主要需求是较高的贷款收益和较低的风险（特别是

不良贷款）；而中心名牌企业希望得到政府政策的支持和财政支持，并且能够从金融机构获得项目贷款。而金融机构是否对企业提供融资除了考虑自身的需求外还受政府是否对其进行资助的影响。这三者之间的关系可以用图 6 - 8 来表示。

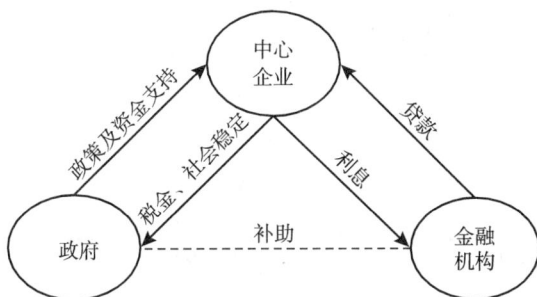

图 6 - 8　企业、政府和金融机构之间的关系

中心名牌企业面对的不仅是与政府或金融机构单方的博弈，而是三个主体之间的博弈。例如，即使银行本身没兴趣再给不好的项目融资，但是基于社会收益的考虑，政府觉得对不好的项目的再融资的社会收益大于成本，它就会通过给予银行一定的补贴促使银行给受困企业提供贷款。而如果银行从政府所取得补贴的好处大于再贷款的损失，那么银行就愿意为企业再次提供贷款。这是一个多主体重复动态博弈的过程。

（1）博弈模型构建。

假设（1）　项目成功的概率为 a，失败概率为 $1 - a$；且对于银行来说项目的好坏事先是未知的。

假设（2）　如果是好项目，名牌企业获得的收益为 P_g，金融机构获得的回报为 B_g；如果是不好的项目如果名牌企业付出高努力，则收益和好项目的一样；如果付出低努力，则企业获得的收益为 P_p，金融机构获得的回报为 B_p。且 $P_g > P_p$，$B_p > B_g$（由于付出的努力少）。

假设（3）　金融机构每次注资为 1。如果面临的是不好的项目，金融机构在第二期开始还面临着投资于新的项目或仍然投资于老项目的两种选择。

假设（4）　政府给金融机构的补贴为 S，总成本（包括经济成本和非经济成本）为 $C(S)$。

假设（5） 如果进行资产清算则金融机构能获得的清算值为 $L(L<1)$，而企业的收益为 0。

金融机构与名牌企业的博弈可以用图 6-9 来表示。

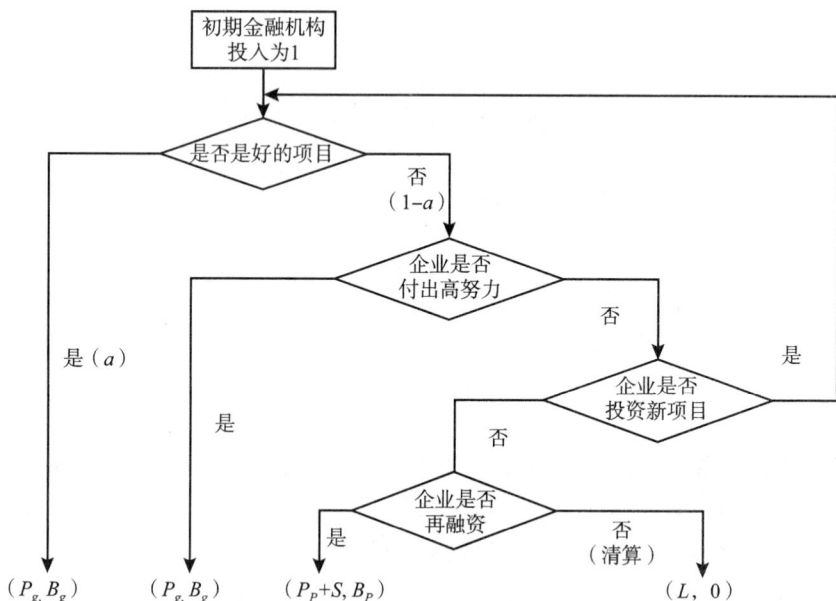

图 6-9 企业与金融机构之间的博弈

（2）模型分析。

①如果 $P_g+S-1>L$，则金融机构不会选择清算，且由于 $B_p>B_g$，企业会选择付出低努力。此时金融机构给名牌企业的借款的预期净收益是：

$$a(P_g-1)+(1-a)(P_p+S-2) \qquad (6.1)$$

给新项目借款时，政府的预期收益是：

$$a(P_g+B_g-1)+(1-a)(P_p+B_p+S-2-c(S)) \qquad (6.2)$$

而给老项目再注资的净收益是：

$$P_p+S-1 \qquad (6.3)$$

给老项目再注资时，政府的净收益是：

$$P_p+B_p+S-1-c(S) \qquad (6.4)$$

如果（6.1）式 >（6.3）式即 $a>1/(P_g-P_p-S+1)$ 时，在第二期金融机构将选作对新项目融资，老项目企业会采取高努力的策略；反之，

若 $a < 1/(P_g - P_p - S + 1)$，金融机构会优先对老企业再融资，且企业会付出较低的努力。

如果（6.2）式 >（6.4）式即 $a > 1/[P_g - P_p + B_g - B_p - S + 1 + c(S)]$ 时，在第二期政府将不补贴银行，企业会付出高努力；反之，当 $a < 1/[P_g - P_p + B_g - B_p - S + 1 + c(S)]$ 时，政府则会倾向于补贴银行对老项目企业再融资，且企业会付出低努力。

②如果 $P_g + S - 1 < L$，金融机构会选择清算，而企业如果确信金融机构事后会清算，企业会选择高努力。则此时金融机构给新项目借款的预期净收益是：

$$P_g - 1 \qquad (6.5)$$

而给老项目再注资金的净收益是：

$$P_p + S - 1 \qquad (6.6)$$

在第二期给新项目借款时，政府的预期净收益是：

$$P_g + B_g - 1 \qquad (6.7)$$

而给老项目再注资时，政府的预期净收益是：

$$P_p + B_p + S - 1 - c(S) \qquad (6.8)$$

如果（6.7）式 >（6.8）式即 $P_g - P_p > S$ 时，在第二期金融机构会优先给新项目借款；反之，则会对老企业再融资。

如果（6.7）式 >（6.8）式即 $P_g + B_g - P_p - B_p + c(S) > S$ 时，在第二期政府会倾向于不给银行补贴；反之，则给予补贴。

2. 名牌企业供应链上的博弈

名牌企业与其供应商和下游的顾客（包括分销商或消费者）之间存在着以价格为核心的博弈关系。名牌企业在对所涉及的产品进行成本分析的基础上，通过"双赢"的价格博弈来实现成本的节约。

假设（1） 名牌企业的可接受价格为 T_1，供应商出于不完全信息状态，不了解 T_1 的确切值，只知道 T_1 的分布空间 $[T_{L_1}, T_{h_1}]$；顾客的可接受价格为 T_2，名牌企业也只是知道其分布空间 $[T_{L_2}, T_{h_2}]$。为简化分析，假设 $T_{L_1} = 0$，$T_{L_{21}} = 0$。

假设（2） 供应商的生产成本为 C_1，名牌企业的生产成本为 C_2。

假设（3） 供应商出价为 P_1，名牌企业给顾客的出价为 P_2。

则供应商的出价被名牌企业接受的概率 $P_{r1} = \dfrac{T_{h1} - P_1}{T_{h1}}$，被拒绝的概率

$P_{f1} = \dfrac{P_1}{T_{h1}}$（此时 $P_1 > T_{h1}$）。

同理，名牌企业的出价被顾客接受的概率 $P_{r2} = \dfrac{T_{h2} - P_2}{T_{h2}}$，被拒绝的概

率 $P_{f2} = \dfrac{P_2}{T_{h2}}$（此时 $P_2 > T_{h2}$）。

供应商的期望收益为：

$$U_1 = (P_1 - C_1) \cdot P_{r1} + 0 \cdot P_{f1} = (P_1 - C_1) \cdot \frac{T_{h1} - P_1}{T_{h1}} + 0 \cdot \frac{P_1}{T_{h1}}$$

$$= (P_1 - C_1) \cdot \frac{T_{h1} - P_1}{T_{h1}}$$

同理，可得名牌企业的期望收益：

$$U_2 = (P_2 - P_1 - C_2) \cdot P_{r2} \cdot P_{f2} + 0 \cdot P_{f2}$$

$$= (P_2 - C_2) \cdot \frac{T_{h2} - P_2}{T_{h2}} \cdot \frac{T_{h1} - P_1}{T_{h1}} + 0 \cdot \frac{P_2}{T_{h2}}$$

$$= (P_2 - C_2) \cdot \frac{T_{h2} - P_2}{T_{h2}} \cdot \frac{T_{h1} - P_1}{T_{h1}}$$

无论是对供应商而言，还是对名牌企业而言，出价的原则都是使自己的收益最大化。

即有 $U_1^{\cdot} = \max U_1$，$U_2^{\cdot} = \max U_{21}$。

令 $\dfrac{\partial U_1}{\partial P_1} = 0$，即：

$$\frac{\partial U_1}{\partial P_1} = \frac{T_{h1} - P_1}{T_{h1}} - (P_1 - C_1) \cdot \frac{1}{T_{h1}} = 0$$

得：

$$P_1 = \frac{T_{h1} + C_1}{2} \tag{6.9}$$

令 $\dfrac{\partial U_2}{\partial P_2} = 0$，即：

$$\frac{\partial U_2}{\partial P_2} = \frac{T_{h1} - P_1}{T_{h1}} \cdot \frac{T_{h2} - P_2}{T_{h2}} - \frac{T_{h1} - P_1}{T_{h1}} \cdot (P_2 - P_1 - C_2) \cdot \frac{1}{T_{h2}} = 0$$

得：

$$P_2 = \frac{T_{h2} + P_1 + C_2}{2} \tag{6.10}$$

将（6.9）式代入（6.10）式得：

$$P_2 = \frac{T_{h2} + P_1 + C_2}{2} = \frac{T_{h2} + C_2}{2} + \frac{T_{h1} + C_1}{4} \tag{6.11}$$

约束条件为：

$$\begin{cases} P_1 \geqslant C_1 \\ P_2 \geqslant C_2 \end{cases} \tag{6.12}$$

分别将（6.9）式和（6.11）式代入（6.12）式得：

$$\begin{cases} T_{h1} \geqslant C_1 \\ 2T_{h2} + T_{h1} \geqslant 2C_2 - C_1 \end{cases} \tag{6.13}$$

即当同时满足（6.13）式时，供应商的最优价格策略为 $P_1 = \frac{T_{h1} + C_1}{2}$；此时其收益达到最大即：

$$U_1^{\cdot} = \frac{(T_{h1} - C_1) \cdot (T_{h1} - P_1)}{2T_{h1}}$$

名牌企业的最优价格策略为：

$$P_2 = \frac{T_{h2} + C_2}{2} + \frac{T_{h1} + C_1}{4}$$

此时其收益达到最大即：

$$U_2^{\cdot} = \frac{(T_{h1} - C_1) \cdot (2 \cdot T_{h2} - T_{h1} - 3C_2 - C_1) \cdot (2T_{h2} + T_{h1} - 2C_2 + C_1)}{32T_{h1} \cdot T_{h2}}$$

3. 名牌企业经营者与股东的博弈

企业的所有权和经营权的分离导致名牌企业经营者与股东之间产生了委托—代理关系。经营者的选择有"努力工作"或"道德风险"；股东为了使经营者"努力工作"会对经营者采取相应的监督措施。但是由于股东与经营者之间的信息不对称，使得股东和经营者之间不断地进行博弈。

（1）模型假设。构造模型前相对相关变量予以设定：

①经营者的行为选择有"努力工作"和"道德风险"两种。经营者选择"道德风险"时被发现的概率为 p_1，$p_1 \in [0, 1]$。经营者的合法收

益为 I，选择“道德风险”并且没被发现时的收益为 R；若被发现，经营者将得不到 R，还会受到的惩罚为 D（包括经济惩罚和精神上的挫折感）。

②股东对经营者进行监督，能够发现经营者“道德风险”行为的可能性为 p_2，$p_2 \in [0, 1]$。股东采取监督行为的总成本为 T（包括经济成本和非经济成本）。

③如果经营者选择“道德风险”而没有被股东发现，股东的损失应为经营者的收益即为 R。

④$T < R$，即股东监督的成本要比其收益（包括经济上的收益和非经济上的收益）小。

在以上假设下，建立如下股东—经营者的博弈的增益矩阵（见图6－10）。

		经营者	
股东	增　益	努力工作	道德风险
	监督力度强	$(-T, 0)$	$(-T, -D)$
	监督力度弱	$(0, 0)$	$(-R, R)$

图6－10　股东—经营者的增益矩阵

该矩阵表示，当股东的监督力度强，保证了股东收益不受侵害，股东的成本为 T，即收益为 $-T$，此时若经营者努力工作，经营者的增益为0；若此时经营者选择道德风险，则其损失为 D，即收益为 $-D$。

当股东的监督力度弱，股东付出的监督成本为0。此时若经营者选择努力工作，则双方的收益增加值都为0；若经营者出现道德风险，股东将损失 R，即收益为 $-R$，经营者将增益 R。

（2）模型分析。

①对股东的分析。在以上模型的基础上，股东的期望收益 U_s 可以表示为：

$$\begin{aligned} U_s(p_1, p_2) &= p_2 \cdot \{p_1 \cdot (-T) + (1-p_1) \cdot (-T)\} \\ &\quad + (1-p_2) \cdot \{p_1 \cdot (-R) + 0 \cdot (1-p_1)\} \\ &= -p_2 T - (1-p_2) \cdot p_1 R \end{aligned} \tag{6.14}$$

（6.14）式对 p_2 求偏导数，得股东的反应函数为：$f_s = -T + p_1 R$

当 $p_1 > \dfrac{T}{R}$ 时，经营者发生“道德风险”的可能性较大，股东应加大监督力度；

当 $p_1 < \dfrac{T}{R}$ 时，经营者发生"道德风险"的可能性比较小，股东可以弱化监督力度；

当 $p_1 = \dfrac{T}{R}$ 时，股东可以持无所谓态度。

②对经营者的分析。经营者的期望收益为：

$$\begin{aligned} U_e(p_1, p_2) &= p_1 \cdot \{p_2 \cdot (-D) + (1 - p_2) \cdot R\} + (1 - p_1) \cdot \\ &\quad \{p_2 \cdot 0 + 0 \cdot (1 - p_1)\} \\ &= p_1 \cdot [R - p_2(D + R)] \end{aligned} \tag{6.15}$$

(6.15) 式对 p_1 求偏导数，得经营者的反应函数为：$f_e = R - p_2(D + R)$

当 $p_2 < \dfrac{R}{D + R}$ 时，股东的监督力度不强，经营者会选择"道德风险"；

当 $p_2 > \dfrac{R}{D + R}$ 时，股东的监督力度较强，经营者会选择"努力工作"；

当 $p_2 = \dfrac{R}{D + R}$ 时，经营者没有很强的选择倾向。

由以上的分析可以看出，在股东和经营者的博弈过程中，存在一个纳什均衡解 $\left\{ \dfrac{T}{R}, \dfrac{R}{D + R} \right\}$。即当经营者选择"道德风险"的可能性为 $\dfrac{T}{R}$ 时，股东发现其道德风险行为的可能性为 $\dfrac{R}{D + R}$，或者也可理解为股东的监督力度为 $\dfrac{R}{D + R}$；反过来，如果股东的监督力度为 $\dfrac{R}{D + R}$ 时，经营者选择"道德风险"的可能性为 $\dfrac{T}{R}$。

4. 结论

从博弈的角度看，名牌生态系统中任何一个市场主体都不可避免地与多个其他不同性质的参与方在不同的领域里进行不同的博弈。不能简单地与某个博弈对方开展独立的博弈。这种多主体博弈显得更加复杂多变，名牌企业如果能在多主体博弈中敏捷地洞察到这种变化关系，甚至能操纵对手之间的关系，名牌企业将处于一定的优势。

在名牌生态系统中，中心名牌企业参与的博弈活动主要分为三类，一是与金融机构、政府之间关于融资问题的博弈；二是与其上下游企业或顾客之间关于价格问题的博弈；三是企业的经营者与股东（投资人）之间存在的委托—代理模型的博弈。除此之外，名牌企业也影响着和被影响着周围的公众媒体以及经济、自然、文化环境等，本书忽略了这些因素，因此后续研究可以将这些因素全部融入到博弈模型中，以此更全面地反应整个名牌生态系统的真实状态。

第 **7** 章

名牌生态系统知识传播
与信息流程优化

§7.1 名牌生态系统中的知识传播

☞ 7.1.1 名牌生态系统中的知识及其功能

名牌生态系统（The Name Brand Ecosystem，NBE）是指以名牌为龙头的品牌生态系统，在系统中，名牌拥有企业、股东（或投资人）、员工、经理人、供应商、最终顾客、金融机构、大众传媒、社会公众、中间商、政府、竞争者、其他相关企业等成员相互学习、交流、创新，形成了在一个更大尺度上的信息型组织。对名牌生态系统知识管理的研究有利于克服目前名牌企业管理的短视、弱视以及调整不利等现象。

任何名牌生态系统在运行过程中都会存在知识创造、传播以及发挥作用的过程。系统成员依据在名牌生态系统中的角色与作用，对名牌生态系统提供创新知识、传播知识以及分享知识。由于名牌生态系统中的名牌处于核心位置，因此，名牌生态系统知识主体主要集中在名牌企业、名牌代理商、零售商、消费者/用户、供应商等成员处，其中名牌企业是最为关键的知识创新及拥有者。名牌生态系统运行时，各种知识交互传播、分享与创新，一方面，维持了名牌生态系统的正常运行；另一方面，则增加了名牌生态系统的核心能力与活力。

1. 名牌生态系统知识描述

一般来说，新时代的商业决策不能再仅仅局限于企业角度，而应该在更大的商业尺度上思考问题。名牌的生存与发展依赖名牌生态系统成员的综合运营知识的创造、分享与融合。在名牌生态系统中，名牌企业拥有名牌及名牌产品的核心知识，主要体现在名牌定位、市场、技术、组织及资源配置等方面的知识，并对名牌生存系统的知识进行管理与控制。其他成员依据在名牌生态系统中的位置与作用拥有名牌运作或支撑运作方面的知识。

名牌生态系统知识可以定义为名牌生态系统成员所拥有的有关名牌、名牌产品、名牌运作以及支持名牌运作的各个方面的知识总和。可作如下分类：

（1）名牌企业知识：名牌企业在名牌运作以及支持名牌运作的知识集合。包括名牌知识、名牌产品技术及其生产制造知识、名牌企业运作管理知识、名牌市场运作知识。名牌企业知识可由知识产权、生产经营管理知识、名牌市场营销知识、产品及其生产制造技术知识、品牌市场运作知识等。这些知识以不同形式存在于企业知识体系之中。

（2）顾客成员知识：顾客所拥有的有关品牌、市场及产品等方面的技术与管理知识。

（3）供应商成员知识：供应商所拥有的有关品牌运作及产品技术与管理等方面的知识。

（4）名牌生态系统其他成员知识：其他支撑性及相关成员所拥有的有关品牌运作及产品、技术、市场、管理等方面的知识。

表7-1　　　　　　　　　　名牌生态系统知识

	具体内容	名牌生态系统运作相关知识	传播形式
名牌企业知识	企业基本信息、名牌文化、名牌产品知识、企业基本流程管理知识、名牌企业市场运作知识、其他各种知识产权等	名牌文化、名牌产品知识、市场运作知识、企业运营管理知识等	解决问题与冲突过程中的信息沟通、业务会议、研讨会、服务过程等

续表

	具体内容	名牌生态系统运作相关知识	传播形式
顾客/消费者知识	企业基本信息、顾客文化、品牌市场运作知识、产品认知知识、其他知识及技能等	产品市场运作知识、产品认知知识、相关环境知识等	调研、顾客意见与建议反馈
供应商知识	企业基本信息、供应商文化、产品知识、企业管理知识、市场运作知识、其他各种知识产权等	产品知识、管理知识、环境知识等	业务沟通、解决问题研讨会、服务过程等
其他成员知识	企业基本信息、相关文化知识、其他成员运营知识、其他成员管理知识、各种知识产权等	相关管理知识、相关环境知识等	业务沟通、各种会议、公共关系活动等

2. 名牌生态系统知识的关联性及功能发挥

（1）名牌生态系统知识关联性分析。在名牌生态系统成长过程中，由于不同成员在名牌生态系统中的角色与功能不同，所需具有的知识结构及存量也有所不同，其知识关联与相互作用如图7-1所示。

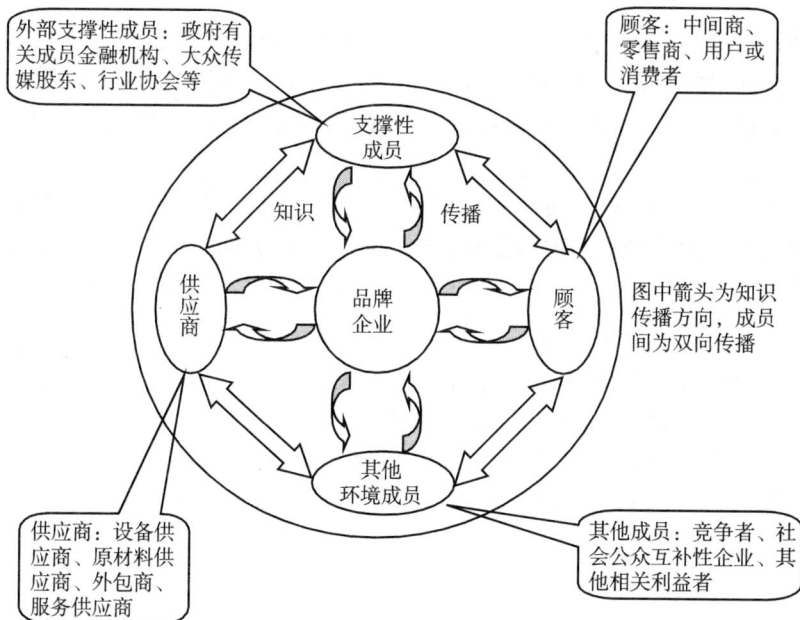

图7-1　名牌生态系统成员的知识关联

一般来说，名牌企业知识是名牌生态系统知识的核心组成部分。这些知识对于名牌及其产品的生存与发展起着至关重要的作用，是系统内知识传播的策源地及调控中心。其品牌知识、产品知识、市场管理知识的供给与需求信息通过市场纽带向其他成员供应链成员传递，而后顾客/消费者及供应商群体将创新或已有知识向品牌拥有企业或其他成员进行传播，或接受品牌企业传播的知识。供应链上成员间的知识具有很强的品牌及产品知识关联性，而品牌企业与其他支撑性成员的知识关联性，则视具体成员角色的不同而有所不同。比如，股东、金融机构、政府部门等成员与品牌企业的知识耦合主要体现在资源配置管理知识以及市场与环境知识的传播与分享方面。名牌生态系统知识之间需要协调配合，既相互独立又要相互补充，对整个系统的协调有序运动起到决定性控制作用。

（2）名牌生态系统知识功能发挥。名牌生态系统拥有知识，并能创新知识。通过成员知识的传播与分享使系统知识加以融合，再通过名牌生态系统知识的外部性效应扩散及影响外部其他社会成员。好的知识被广泛传播及学习，从而形成更大范围的商业生态系统知识。

在名牌生态系统内部，由于名牌效应的存在，名牌企业知识在名牌生态系统运作中发挥着核心功能，其产品创新、工艺开发、生产制造、企业管理、市场经营等方面的知识，维系并促进着名牌生态系统的可持续成长，并通过传播、指导等手段将名牌生态系统运作知识传递给产品供应链上的其他成员。同时吸收系统成员及外部环境知识以增加本身的知识存量。

供应商作为重要的技术创新源，一方面，通过与名牌企业的供应业务将自己的技术及管理知识输送给名牌企业；另一方面，吸收名牌企业及其相关成员的有关知识，以便与整个名牌生态系统保持协调。

顾客包括中间商、零售商及消费者（或用户），其中，中间商与零售商具有产品市场经营、产品创新以及企业管理知识。它们具有的知识一方面为其自身经营服务；另一方面则服务于名牌生态系统的整体运作。消费者（用户）知识反馈于中间商与名牌企业，形成了商业与企业创新的另一源泉。其他系统成员具有的相关知识对名牌生态系统运作提供支持与启发。

☞ 7.1.2 名牌生态系统知识传播与分享

1. 名牌生态系统知识传播与分享机理

知识传播是基于传者与受者的双向互动过程，知识的传播及分享对于名牌生态系统的健康成长至关重要。在供应链上供应商为名牌企业的创新提供产品技术等改进建议。名牌企业通过学习以及企业制度、组织、技术、产品、市场等的创新，积累品牌运作的知识资本，并通过业务互动将有关知识分类分层传递给供应商、顾客以及最终客户。顾客将市场及其他知识反馈给名牌企业，同时名牌企业股东、金融机构、政府有关部门以及相关群体，通过与名牌供应链企业的接触交往，将有关知识传递给名牌生态系统的核心成员。而竞争者则通过市场竞争直接学习名牌生态系统知识，同时将自己持有的相关知识传递给了名牌生态系统成员。名牌运作表面上看属于单个企业的运作，其实质则是名牌生态系统成员共同体的协同运作。许多市场上名牌承载于代理商的运作系统之中，名牌企业的工作只是提供产品与服务给经销商，并得到经销商的回款、反馈信息、建议以及配合，因此如果知识不匹配，则会出现运作不协调的状况，名牌不能持续成长。而各成员的学习能力使成员间的知识传播、学习及分享成为可能。因此，名牌生态系统知识传播分享机理为系统成员间的知识匹配与进化。

2. 名牌生态系统知识传播分享的内容、 途径及其控制

通过知识的传递及学习，各成员逐步积累起有关名牌运作相关知识，充分分享了名牌企业在长期经营过程中形成的先进知识资本。在名牌生态系统的知识传播过程中，名牌企业及其供应链主要成员起到关键作用。

名牌生态系统知识分享状态决定了该名牌生态系统成长的质量及发展态势。由于 NBE 成员相互独立，素质及利益目标存在很大差别，因此，必然形成系统成员行为各异、难以协调的混乱局面。随着名牌的成长发展，有的成员会因不适应知识创新而被淘汰。通过学习与知识分享，名牌生态系统成员共同成长，名牌生存基础得到巩固与加强，生存环境得到改善。一般来说，名牌企业应设立专门组织负责统一规划、管理整个生态系

统知识传播与分享。

（1）NBE 知识传播与分享的内容：①名牌及产品发展的动态知识；②名牌形象及市场营销知识；③名牌企业或其他成员管理知识；④竞争品牌及其产品有关知识；⑤外部环境有关知识。

（2）NBE 知识传播分享途径：①业务指导与授课；②业务运作过程中的推介、交往与学习；③经验交流研讨会；④各种业务会议：如供应商会议、经销商会议、用户意见座谈会等；⑤内部及外部的图文资料传阅；⑥非正式交往与交谈；⑦计算机互联网及视讯会议等。

（3）NBE 知识传播分享测度。NBE 知识分享状态可由如下指标进行测度：①品牌知识完备度：系统内成员对品牌知识了解的完备程度及普及程度。②产品知识完备性：系统内成员对名牌产品知识了解的完备程度及普及程度。③主要成员对名牌企业政策的理解程度：系统内成员协同一致性与政策配合程度。④成员素质偏差度：系统内成员综合经营素质水平的差异状况。⑤知识分享渠道状况：知识分享渠道的宽度及其畅通性。⑥学习型组织状态：系统成员中的学习型组织比例。⑦知识分享方式的先进性：系统知识分享过程中先进方法的使用状况，比如，现代信息技术、通讯技术等的使用程度等。⑧知识分享效率：系统知识分享的速度及其有效性。

（4）NBE 知识传播分享管理控制：

①名牌企业设立知识管理职能组织。任命 CKO，进行知识资产化管理与知识网络设计。

②对知识传播分享进行控制。

1）知识的传播分享内容控制（知识隔离）：建立有利于名牌运作指向的知识内容选择机制，成员间的知识传播分享应限定在名牌市场运作知识与企业管理知识上，避免企业个性化知识资产的外泄。CKO 这一职位的设立，意味着知识管理已正式成为名牌企业的一项重要管理内容，将为名牌企业知识管理战略的实现和发展，进而名牌生态系统的知识传播和共享的运作和优化发挥着重要的作用。名牌企业 CKO 的责任主要在于：理解公司的知识需求并获得和传播需要的知识；负责设计和建设组织的知识基础设施，包括知识库、数据仓库、研究组以及外部学术组织的联系；负责与名牌生态系统中的外部知识供应者之间的联系，这些供应者可能是供应链的上下游企业、信息供应商等，保证知识在系统成员间的有效传播；促使名牌生态系统知识的适时更新、知识集成、知识生产和知识创新等。

名牌企业的 CKO 协同名牌生态系统的其他核心成员的知识主管构为名牌生态系统知识管理系统的总设计师，而其中名牌企业的 CKO 往往起着最核心的作用。除设立 CKO 外，还应建立健全必要的知识管理职能部门，主要包括知识管理技术部、知识库管理部、知识资产管理部、知识管理规划和研究部等，形成较为完备的知识管理组织体系，协调和控制名牌企业内部以及名牌企业与名牌生态系统其他成员之间的知识传播与共享。

2）知识传播分享渠道及形式控制：建立名牌生态系统中知识分享渠道及网络，通过对知识传播深度与广度的控制，实现系统知识的有序有效传播。由于名牌生态系统内知识传播分享存在特殊性，一般先是名牌企业产品、文化等知识的外向传播，然后才是其他成员与名牌企业间的互相传播及学习分享。对于和名牌生态系统发展密切相关的宏观政策、行业法规以及与其竞争的其他商业系统的知识等应该在系统中的得到有效传播和完全共享。名牌生态系统中的成员之间的互补性知识共享可以提高供应链企业的商务协同效率，优化供应链，提高供应链的竞争力，给名牌企业及相关利益共同体带来更高的收益。而名牌企业的核心知识往往是名牌企业保持核心竞争力的关键所在，这些知识是具有价值增值性的，它保证了名牌企业在名牌生态系统中的核心地位，并使名牌企业在与竞争对手的竞争中保持相应的地位。一旦这些知识被共享（泄露），名牌企业乃至名牌生态系统的相对竞争优势就会被削弱甚至丧失，从而带来极大的损失。

3）知识更新及其时机控制：名牌企业应成为系统知识更新的发起者与领导者。在系统中及时淘汰过时的信息与知识，及时导入并快速传播新的名牌生态系统知识，以便建立起新的名牌生态系统竞争力。当系统成员素质差异较大时，新知识替代旧知识需要选择一定时机，过急更新、传播及分享新知识可能引起原有知识体系的混乱。

☞7.1.3　名牌生态系统中知识创新

名牌生态系统的动态特性表明，要使 NBE 得到持续稳定快速发展，就必须对名牌生态系统的知识进行适时更新。而更新的知识则来源于 NBE 的持续创新活动。知识创新是指创造并拥有新知识的过程，知识的广泛传播是知识创新的基础，知识创新是名牌生态系统知识管理所要实现的最重要的目标之一。企业的创新活动很大程度上来源于企业与供应商、消费者、其他科研机构的接口，名牌企业与其他成员的合作尤其是与供应链成员的合作是知识创新的重要途径。

NBE 的知识创新由各个系统成员共同完成，通过资源共享，集中生态系统中的所有的相关知识，汇集来自不同领域的专家，使创新所需知识资源能在最短时间内集中在同一时空领域，形成任何一个企业所不具备的强大实力。

NBE 的知识创新由各个系统成员共同完成，因而要求各成员单位必须成为一个学习型联盟，不断分享 NBE 内部与外部的先进知识，并能持续创造出新的知识。快速发展成长的 NBE 是创造知识财富最多的商业系统。

1. NBE 知识创新特点

（1）名牌生态系统的知识创新一般由名牌企业发起，然后与供应商、中间商及其他相关成员共同进行。通常名牌企业根据对知识的需求，提出知识创新的计划，并根据对资源的需求组织其他相关成员共同完成知识创新活动，分享创新成果。

（2）名牌生态系统知识创新是具有多主体自组织形态的联盟创新。

2. NBE 知识创新途径与策略

（1）学习其他名牌生态系统所拥有的先进知识，结合名牌生态系统实际，实现名牌生态系统的知识创新。因此，需建设完善的其他品牌生态系统监测系统、知识挖掘系统以及消化吸收创新系统。

（2）专家网络的使用与管理。名牌企业应充分利用国家、区域或联盟创新系统，吸纳这些创新系统中的创新知识、创新项目以及创新人才，同时与有关单位的专家形成技术协作关系，联合进行技术攻关与知识创新。专家网络具有外部性，因此名牌企业应加强对知识创新联合体的管理。一方面，加强项目管理，提高效率；另一方面，则是注意创新知识产权的归属与保护。另外，聘请专家担任企业知识创新顾问可有效提升企业知识创新与知识管理水平。

（3）建立学习性联盟。名牌生态系统是一个大尺度的开放性组织，组织的分布式知识创新、知识融合创新以及外部学习性创新，均需要名牌生态系统成为一个大的学习性组织——名牌生态系统学习性联盟，以便实现名牌企业统一协调下的系统化创新。要以名牌企业为核心形成学习性联盟运作程序并开展一系列的学习性与知识创新项目。

（4）挖掘及整合知识。名牌生态系统应深入挖掘各种系统知识，包括核心企业对市场、技术及环境知识等的挖掘、核心企业对名牌生态系统内其他成员的知识挖掘、核心企业对竞争对手的知识挖掘；其他企业对核心企业及相互之间的知识挖掘以及对外部环境与竞争对手的知识挖掘等。通过挖掘并整合各类知识，形成新的名牌生态系统运作知识。

☛7.1.4 我国NBE知识传播分享及创新存在问题及改善对策

1. 存在问题

（1）知识传播方面：知识编码混乱、传播效率低；知识传播目的不明确，准确性差；知识传播干扰大，阻滞多，NBE知识供应链不连续，传播网络阻塞或外泄，缺乏秩序，缺乏有效性。

（2）分享方面：NBE成员各为组织主体，基于自身利益及竞争需要进行知识管理，由于缺乏对NBE知识的认识，相互封锁，互不配合，知识分享途径狭窄、形式简单，互动性差、协调统一性差。

（3）知识创新方面：NBE成员各为创新主体独立进行知识创新，方向目标及步调各异，协同创新仅仅体现在产品概念及营销策略等方面的创新，从而造成NBE创新资源浪费、创新过程低效以及创新成果不配套等现象。

2. 改善对策

（1）组织保证：名牌企业设立CKO以负责NBE的知识管理协调，同时建立包含主要系统成员参与的相应管理机构并明确职责权限及工作程序。

（2）加强知识编码工作：区分显性知识与隐性知识，建立协调统一的NBE知识编码体系，并以名牌企业为核心加以推广应用。同时，建立系统知识库并进行动态管理。

（3）加强知识传播工作：构建 NBE 知识传播网络，通过对供应商网络、用户网络、专家网络、信息网络、合作网络、政府部门及其他组织网络的有效管理，促进知识传播。尽快完善知识传播的手段与工具，充分发挥现代信息技术，尤其是互联网在知识传播过程中的关键作用。

（4）加强知识传播分享及知识应用：营造环境，建立知识共享网络，构建学习性组织，通过系统成员的组织学习，从内隐知识到内隐知识、从内隐知识到外显知识、从外显知识到外显知识、从外显知识到内隐知识等方面建立知识共享机制，促进 NBE 知识的充分有效应用。

（5）加强知识创新组织工作：加强我国 NBE 知识创新系统构建，体现联合优势，关注未来利益。NBE 知识创新系统必须包括供应商、分销商和其他利益相关者，因此，建立群体知识创造组织，通过博弈完善创新激励机制及风险承担机制。在 NBE 观念及行为规范创新、制度创新、管理创新以及技术创新等方面，形成目标统一的 NBE 创新体系。

§7.2 名牌生态系统中的信息流程网络优化管理

☛ 7.2.1 名牌生态系统中的信息分类

名牌生态系统是指以名牌为龙头的品牌生态系统，是社会商业生态系统的核心组成部分。它由名牌产品、品牌拥有企业、股东（或投资人）、员工、经理人、供应商、最终顾客、金融机构、大众传媒、社会公众、中间商、政府、竞争者、其他相关企业以及社会、经济、文化、自然环境等成员共同组成。名牌生态系统各个成员通过名牌的商业流程与利益关系结为商业网络。在名牌生态系统中，各个成员之间存在着大量的正规与非正规渠道的信息流动。由于名牌生态系统成员众多、网络关系庞大而关系复杂，若信息畅通，则名牌生态系统健康成长；若信息网络混乱，则会导致名牌生态系统的迅速瓦解。

根据不同角度可将名牌生态系统中的信息分为如下几种类型：

（1）按名牌生态系统的信息功能可分为：名牌形象信息、产品及市场占有信息、战略决策信息、经营运作信息、公共关系信息、竞争策略信息、感情交流信息等；

（2）按名牌生态系统的信息提供者可分为：消费者、中间商、商业零售机构、名牌企业营销人员、企业管理组织、企业供应商、金融机构、研究咨询机构、政府部门、新闻媒体以及竞争者提供信息等；

（3）按名牌生态系统的信息主体可分为：名牌企业信息、供应商信息、中间商信息、政府信息、金融信息、消费者信息、零售商信息、竞争对手信息等；

（4）按名牌生态系统的信息储存方式可分为：企业储存信息、中间商储存信息、顾客储存信息、其他部门储存信息等；

（5）按名牌生态系统的信息获取方式可分为：成员购买获取、咨询获取、调查获取信息等；

（6）按名牌生态系统的信息时效可分为：及时有效信息、及时无效信息、过期有效信息、过期无效信息；

（7）按名牌生态系统的信息处理方式可分为：信息书面整理及分析研究、讨论吸收、专题研究、口头信息记录整理信息等；

（8）按名牌生态系统的信息传递方式可分为：会议方式、信函方式、会谈、传真、电话、电子邮件、现场转播、实验传播信息等。

☞7.2.2　名牌生态系统信息特点

（1）不对称性：以名牌为核心的商业生态系统中，由于各成员对名牌运营的作用与功能不同，其信息的获取渠道、处理途径、使用方式等各不相同，再加上各成员对信息传递的有意控制，致使各成员对名牌生态系统的信息具有成员不对称性以及传递不对称性。

（2）名牌中心性：名牌及名牌企业作为名牌生态系统的核心，其信息系统将主要围绕名牌运作及名牌企业为中心展开。本书关注的信息并不是名牌生态系统中的所有信息，而主要挖掘与利用与名牌运作有关的信息。名牌生态系统的信息网络将以名牌企业为中心。

（3）成分多样性：由于名牌运作涉及面广，名牌生态系统中的信息主体与信息本身均呈现出很强的多样性特征。名牌生态系统中的信息从不同角度可有多种多样的分类，这些多样性的信息将有多样性的传播主体、流程及作用。

（4）网络动态性：名牌生态系统中的信息传递因不同时期的不同需要而呈现出传播网络的动态变化性。一方面，网络成员是动态变化的；另一方面，名牌生态系统成员的联系即信息网络结构本身也会随时间的变化而发生变化。

（5）流动复杂性：名牌生态系统具有复杂的信息传递关系，正向、逆向及交叉传递时有发生。另外，信息传递过程中，信息本身亦会因不同组合、处理、过滤及干扰而发生变化，信息流呈现出较强的非线性特征。

（6）控制统一性：不同的信息有不同的流动规则与网络，而不同类型的信息网络有不同的控制方法，但有效是对信息网络流程的首要要求，因此名牌生态系统的信息应由名牌企业及其经销商、代理商统一控制，否则必定出现秩序混乱、运行无效的局面。

（7）共享局限性：名牌生态系统信息的共享原则上应由名牌产品供应链上成员单位共享，以便使整个生态系统成员能够步调一致，协同进化。但由于名牌生态系统成员主体利益各异、关系复杂，共享在技术上难以实现，而且名牌生态系统常常与竞争品牌生态系统交织在一起，因此，信息共享还必须受到很多限制。

（8）价值指向性：名牌生态系统的信息对不同成员的价值是不同的，同一条信息对某些成员具有很大价值，而对另一些成员则毫无价值，因此，要从有效运行角度出发设计对名牌生态系统有价值的信息网络流程，确保名牌企业有价值的信息畅通无阻。

7.2.3　名牌生态系统的信息流程网络描述

名牌生态系统中不同类型的信息及同类信息在不同信息通道其流程有很大的不同。如有的信息在名牌企业内部各部门之间传递，有的信息则在名牌企业与其供应商及经销商之间传递，还有的信息在名牌企业、供应商、经销商、环境支撑成员如金融机构、政府及社会公众之间进行传递。名牌生态系统的信息流程可以表现为单向及多向流程，并形成复杂的信息流程网络（见图7-2）。

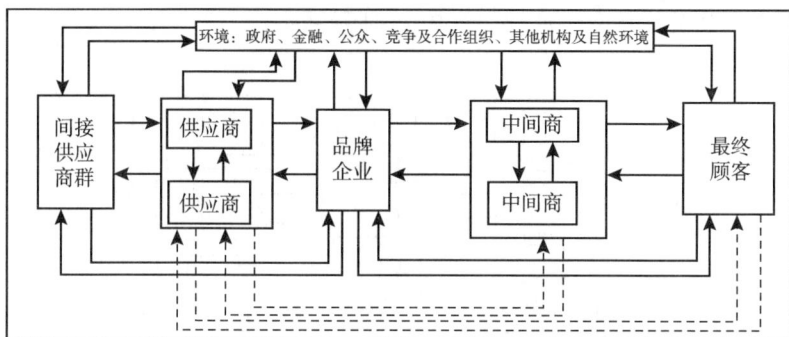

图7-2 名牌生态系统信息网络

1. 名牌生态系统的信息子流程网络描述

（1）市场信息流程网络：市场信息主要包括竞争者信息、宏观经济及社会文化信息、市场顾客信息、消费者信息、公众信息、传媒信息、产品信息以及市场法规等。其信息流程网络结构可以描述为图7-3形式。

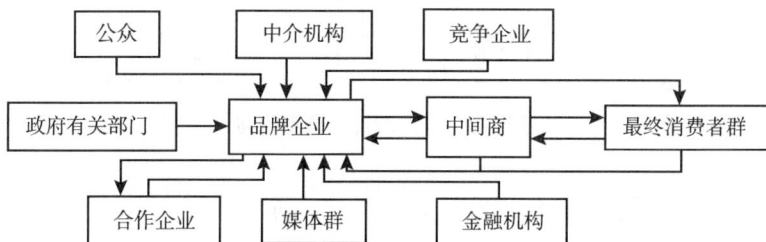

图7-3 名牌生态系统市场信息流程网络

（2）供应商信息网络如图7-4所示。

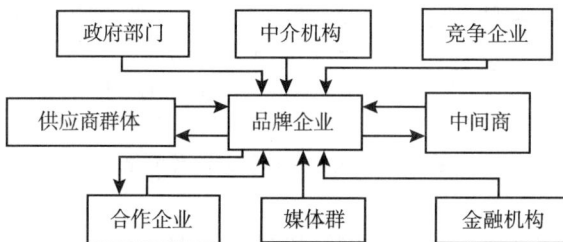

图7-4 供应商信息网络

（3）公关信息网络流程如图 7 - 5 所示。

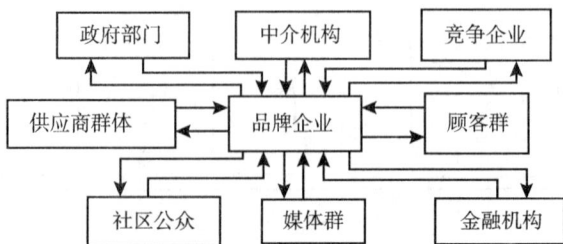

图 7 - 5　公关信息网络流程

（4）科技与管理信息网络如图 7 - 6 所示。

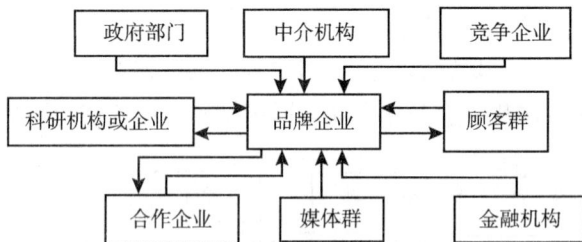

图 7 - 6　科技与管理信息网络

（5）企业运作信息流程网络如图 7 - 7 所示。

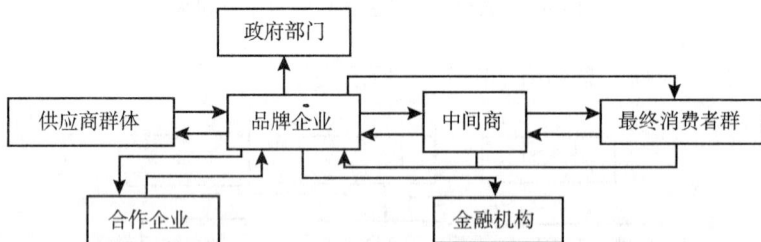

图 7 - 7　企业运作信息流程网络

（6）企业与产品形象信息网络如图 7 - 8 所示。

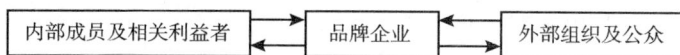

图 7 - 8　企业与产品形象信息网络

（7）政策信息网络如图 7 - 9 所示。

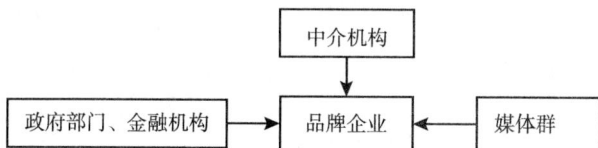

图 7 - 9　政策信息网络

2. 信息流程网络复杂性测度

（1）信息流程网络成员个数：个数越多，信息量越大，信息流程网络越复杂。

（2）信息流程网络动态变化性：信息变化快、网络变化快，则信息流程网络越复杂。可用平均变化时间表示。

（3）描述信息流程网络复杂性的传播联系指数：

我们可对不同的类型的信息网络用传播联系指数 C 进行测算，传播联系指数 C 越大说明信息流程网络 N 越复杂。

$$C = \sum_j L_j / N_j$$

其中，L_j 表示 j 网络中单向联系个数，L_j 表示 j 网络中组成单元的个数。

7.2.4　名牌生态系统中的信息流程运行状态及优化控制

1. 信息流程高效运行状态

名牌生态系统的运行状态很大程度上取决于名牌生态系统信息网络的运行状态的好坏，若系统信息畅通、有序、快捷、准确，则名牌生态系统运行正常，否则系统将会存在一定危机。名牌生态系统信息网络运行状态可由如下指标加以衡量（见表7-2）。

表7-2　　　　　　　名牌生态系统信息网络运行状态指标

指标	指标说明	高效运作状态	评分
信息集中性	名牌企业应成为名牌生态系统运行信息中心	与系统内各成员形成双向传播的信息网络并有效运行	1~5分
快捷性	名牌生态系统信息传递速度很快，关键流程畅通	主要成员的信息传递具有JIT特点	1~5分
高科技化	名牌生态系统信息系统使用高科技信息技术状况	名牌生态系统成员间以计算机网络及ERP系统相连	1~5分
强势影响性	名牌企业作为商业龙头，其信息具有强势影响力的状态	核心企业向外传播的信息具有很强的影响力	1~5分
准确性	名牌生态系统内传递信息的准确状况	主要系统成员间的信息准确无误	1~5分
有序性	名牌生态系统内信息传递的预期特性	信息按预期设计网络流程有序传播	1~5分
信息流量	名牌生态系统内围绕名牌运作的信息量大小	名牌生态系统内围绕名牌运作的信息量大	1~5分
信息流程长度	名牌生态系统内信息传递的流程长度状况	名牌生态系统内信息传递的流程长度很短	1~5分
控制统一性	系统内信息传递流程的集中控制状态	名牌企业可实现对整个名牌生态系统关键信息的控制	1~5分
可控共享性	系统内成员共享信息状态	重要名牌运营信息在控制范围内实现共享	1~5分
价值增值性	系统内信息的有用性状态	通过信息传递实现了价值增值	1~5分

2. 名牌生态系统信息流程网络优化控制

（1）名牌生态系统信息流程网络优化控制。名牌生态系统中的信息流程较为复杂。如果不加以控制，势必影响到名牌生态系统的正常有效运行，比如，名牌企业的决策信息、政策信息以及技术信息的无序传递，会导致信息流失、泄密等问题的发生。若不建立良性的供应信息、市场信息及社会环境信息等的收集反馈渠道，则必然会导致名牌企业决策缺乏依据。而其他网络成员不能及时获取有效信息，则势必会影响到整个名牌生态系统运作的协调统一性。

名牌生态系统信息流程网络优化的主要任务是要解决名牌生态系统中信息流程的规范性、有效性及可控性问题。每个名牌生态系统都具有自己的信息传递系统，它由各个成员的有关人员、组织、硬件设备设施以及信息系统软件等组成。由于不同成员具有独立主体性特征，因而各个成员的信息系统不可能完全共享，形成了多个独立信息系统的目的指向交叉，具有法定的隔离机制，成员间的信息沟通以约定要求以及随机方式进行。

名牌生态系统中的信息流程为不同成员或单个成员内部的信息处理及沟通动态过程，每个子信息流程具有一定的传入、加工、储存、输出等环节，每个环节均使用不同的资源，产出载体不同形成的系统信息不同。因此，我们可以对名牌生态系统的信息流程加以分析，去除多余流程，规范信息流程及其流向、接口，实现有控制、有目的、采取科学手段的信息流动与管理。

由于名牌生态系统中的信息流动具有多向性与互动性，因此，要根据不同的信息流程，优化主要信息流程的控制。对于市场营销信息流程网络的控制。要在明确市场信息是名牌生态系统中的主流信息的基础上，第一，控制信息流程网络的结构及关键环节；第二，控制其市场信息的流向及内容；第三，控制信息流通速度及信息量；第四，确保信息技术平台的高效运行。对于企业运作信息流程网络的控制要以核心企业为中心优化企业供应链运作信息网络，控制运作信息的流向、限制非预期外泄，增强核心企业供应链内其他企业的信息交流频度，建立核心企业 ERP 系统，并扩展连接至供应商、中间商、分销商及零售商的有关信息网络。对于环境信息流程网络的控制的主要工作应放在对外部市场环境、宏观经济、社会文化、政治科技、公共关系及其他环境等信息的获取网络及传播网络效率上，主要控制环节是流程网络中的核心企业、主要供应商及中间商。另外，要充分利用基于 Web 的信息渠道。

（2）名牌生态系统核心企业信息的发布范围与动态控制。名牌作为名牌生态系统的核心成员，其信息的获取、传递、处理、储存、使用、发布、更新等均应得到有效控制。名牌企业的信息管理是名牌生态系统的信息管理网络中的核心组成部分，它的市场信息网络、供应商信息网络、企业运作信息网络、环境信息网络又构成了名牌生态系统各个子信息网络的核心。从控制角度看，信息收集主要在于网络的完善性及有效运行，处理、存储、使用、更新取决于其信息技术平台及内部网络运作有效性，而发布范围与信息时效的控制则成为名牌企业调控名牌生态系统的关键问题。

①名牌企业发布信息的网络及其范围控制：从两个角度进行信息发布控制，一是涉及系统运行的信息，应形成固定的信息网络流程，控制传播层次与范围，隔离与系统外界的传递，尽量使用非文字形式信息。二是有

关改善管理、运营以及宏观环境等方面的信息则在可控制的范围内,使用文字方式,有条件的使用互联网传输。

②名牌企业要随着名牌生态系统的运行变化定期对自己的信息流程网络进行评估,并适时对其信息网络流程及信息传递方式进行调整。普通信息传递方式的调整涉及信息渠道及信息载体,而使用计算机网络传递方式的,主要通过联网"用户"管理系统进行调整。要建立制度严密控制系统信息的非正式传播网络,尤其要切除竞争品牌嵌入信息网络的触角及通路,以严防系统运作信息的非预期流出。

③名牌企业信息网络流程再造。当名牌出现危机时,名牌生态系统将会出现混乱,甚至出现部分解体和内部失控等情况。名牌企业的当务之急是加强信息网络的控制,通过调整信息网络及信息传播方式以稳定局面。当渡过危机后,必须对其信息网络流程进行再造,重新设计信息网络流程的结构及运行方式。

7.2.5　案例分析:仅以某名牌企业的公共关系信息网络为例进行分析

该企业为一家名牌食品生产企业,其产品畅销国内市场。由于分销区域广阔,消费者数量众多,因而其销售渠道宽而长。企业与政府、中介机构、金融机构、大众传媒、社区公众等具有密切而广泛的联系。因此,该名牌生态系统规模庞大,运行复杂。

1. 名牌生态系统的公共关系信息网络流程的结构、复杂性指数及运行状态

(1) 信息流程网络结构如图 7 – 10 所示。

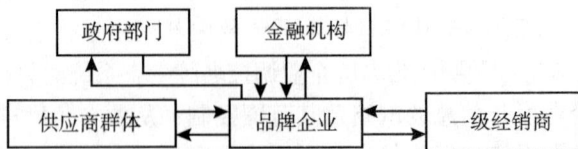

图 7 – 10　该名牌食品生产企业公关信息网络

（2）信息网络流程复杂性指数：经调查得到公关信息网络中组织个数及联系数（见表 7-3）。

表 7-3　　　　　　　　该名牌食品生产企业传播联系指数

成员类型	组织个数 N_j	信息联系数 L_j	传播联系指数 C
供应商群	25	35	1.4
经销商群	58	116	2.0
政府部门	10	14	1.4
金融机构	6	10	1.67

总信息流程网络传播联系指数为：

$$\overset{N}{\underset{j}{C}} = \sum L_j / N_j = 1.77$$

说明该信息网络复杂性较高，但尚未达到全方位双向沟通状态。

（3）信息网络流程运行状态：从表 7-4 中可以看出，该系统运行状态为一般水平。

表 7-4　　　　该名牌食品生产企业信息网络流程运行状态要素

指　　标	评分	指　　标	评分
信息集中性	4 分	信息流量	3 分
快捷性	3 分	信息流程长度	3 分
高科技化	2 分	控制统一性	3 分
强势影响性	3 分	可控共享性	4 分
准确性	3 分	价值增值性	4 分
有序性	3 分		

2. 名牌生态系统公共关系信息网络流程控制

从分析可知，该名牌生态系统的信息网络运行正常，但由于与其他名牌生态系统有共用经销商及分销商，市场运作信息的外泄不可避免，因此，需对营销链相关成员发布信息的时机及信息内容进行控制，同时加快信息的反馈。另外，要加强对最终消费者的调查以及对社区公众、相关组织、媒体、政府部门、金融机构等的舆论及意见的反馈，同时加强名牌形象信息的有序发布与传播。建议由名牌企业发起其他重要成员参成立名牌形象管理委员会，确立新的公共关系信息网络流程（见图 7-11），并使其有效运作，通过互联网、热线等方式建立直接信息接口，简化信息流程网络，可有效改善现有网络流程长、信息传播慢的缺陷。

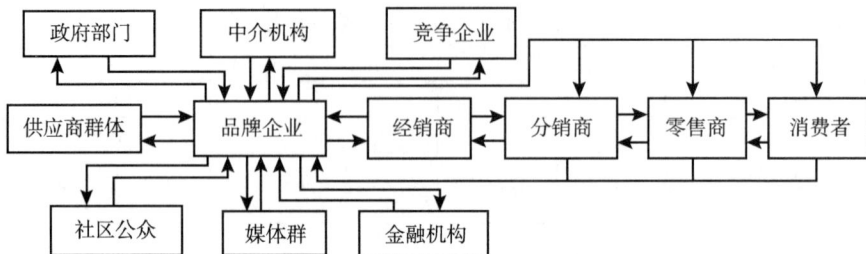

图7-11　该名牌食品生产企业公关信息网络流程

第 *8* 章

名牌生态系统创新与重构

§8.1 名牌生态系统创新

☞8.1.1 概述

名牌生态系统具有一定的生命周期，经历诞生、成长、成熟以及衰退的过程，但这一过程有长有短，我国许多企业发展的历史充分证实了这一结论。综观许多失败企业的教训，有产品本身的原因；有企业管理不善的原因；有品牌宣传不当的原因；有因供应商、中间商利益受损，而导致厂商关系破裂的原因；还有政府非正常干扰或不支持的原因等。总之，名牌生态系统会因许多原因而导致失败。

从某种意义上说，企业没有永久不变的名牌，没有永久安逸的名牌，因为不断会有新的竞争者闯进来，没有技术领先，名牌优势逐渐就会消失。名牌要在激烈的市场竞争中长盛不衰，就必须对其生态系统进行创新，甚至进行系统重构。

而当名牌老化时，名牌生态系统的创新更显得格外重要。名牌老化对名牌企业造成的直接损害是：名牌所有者不仅没有能够争取到更多的新顾客，还丢掉了一部分老主顾，企业原来保有的市场领地，被竞争对手抢占。名牌老化更深层的危机还有，颓势一旦形成就很难逆转。改变消费者对名牌的印象会遇到高知名度的障碍，因为很少有人愿意花时间进一步了解一个他们原来已经很熟悉的品牌。名牌如果得不到市场认可，有可能会成为一蹶不振的衰退品牌。名牌老化不仅仅是眼前看见的市场份额的损失，最难扭转的是留给消费者"这个牌子太老了"的印象，尤其是对科技企业来说，名牌老化是危及企业长远利益的致命伤。解决名牌老化的方法就是不断地进行名牌生态系统创新。

名牌生态系统的创新首先以品牌企业的不断创新为主，包括品牌产品的创新、企业生产过程的创新以及企业组织制度的创新；其次是名牌生态系统构成成员的创新以及生态系统构成方式与环境的创新等。

如果某一名牌生态系统出现危机或萎缩，则应考虑对已存在的生态系统进行重构，包括产品重构、生产经营流程重构、企业与产品形象重构、营销网络重构、供应体系更新、银企、政企、媒企关系重构等。名牌生态系统的正确重构是其逐步走出危机走向繁荣的重要途径。

☞ 8.1.2　名牌生态系统的创新原则

1. 顾客导向原则

顾客导向原则是指名牌生态系统创新的出发点是顾客，创新的核心是为顾客提供更大的价值满足，包括功能性和情感性满足。"顾客导向原则"是一切原则中的根本原则，忽略了顾客感受的名牌生态系统创新，注定是没有前途的。

2. 及时性原则

及时性原则是指名牌生态系统创新能够跟上时代步伐，及时迅速地满足顾客对产品或服务的需求变化。创新不及时，产品或服务必将落伍，品牌必然老化。

3. 持续性原则

持续性原则是指名牌生态系统的创新伴随着整个名牌生态系统的全过程。世界上没有一劳永逸的品牌创新，名牌生态系统的创新是"创新—改进—再创新—再改进"的持续循环过程。

4. 全面性原则

全面性原则是指对名牌生态系统的某一方面进行创新时，往往需要其他方面同步创新的配合，才能达到较好的结果。比如，名牌生态系统的名牌定位创新常常需要进行品牌的科技创新，科技创新往往需要通过产品创新来体现，产品创新也经常要求名牌形象创新。另外，还可能需要进行品牌的组织创新、管理创新等。

5. 成本性原则

成本性原则是指名牌生态系统任何维度的创新都是有代价的，包括可能的巨额研发费用、营销费用、管理费用等，而且随着市场竞争的加剧，这一代价呈现出递增的趋势。如果企业没有做好资源的优化配置，虽然创新成功的结果可能具有极大的经济效益或社会效益，创新还是有可能因资源的不济而半途而废，甚至导致整个名牌生态系统的失败。

8.1.3　名牌生态系统的创新内容与途径

1. 名牌生态系统的创新内容

（1）名牌企业的创新。

①名牌创新。名牌创新主要指名牌的品牌形象创新，包括推出新的名称与标识，赋予新的文化含义、替换原有品牌或进行名牌延伸等。名牌创新可有效改变名牌老化单一现象，从而提升名牌形象。

品牌形象创新是名牌创新中对消费者最直接的影响部分，也是消费者对名牌追求的根本所在。综观世界各著名品牌，无一例外地都在不断地进行着品牌的形象创新，以确保自身的领导地位、消费者的品牌忠诚度及市场的占有率，因此品牌形象创新历来是品牌创新中最为引人注目的方面，是企业间的竞争焦点。

②名牌产品创新。市场需求不断变化，产品也应连续不断进行创新。名牌产品创新是要保持其市场适应性及技术优势。产品创新包括技术创新、产品功能的创新、结构原理创新、原材料创新、产品品质创新、制造工艺创新等。

技术创新是名牌产品创新的支柱和后盾，倘若没有核心技术的支撑，名牌战略就会空洞化或虚无化，很多企业走不出广告狂轰滥炸的老套路就是因为没有核心技术。不断地品牌技术创新，就如同向人体内不断注入新鲜血液，不断地为名牌的成长注入活力，促进名牌不断发展壮大。诺基亚手机市场占有率之所以排名第一，与其强大的技术创新能力是分不开的，"科技以人为本"是诺基亚的原则，使得今天的诺基亚推出新品的速度犹如时装的变化，使人应接不暇。

产品是名牌生态系统最终的有形产出，它在一定程度上代表着名牌生态系统全部创新活动的结果，是名牌创新的载体，产品创新是提高品牌适应能力和竞争力的基本手段，是建立优势生态系统的实物基础，也是名牌不断成长的必然要求。产品创新的关键在于确立产品的创新意识。索尼公司创始人盛田昭夫认为："企业的本能就是要使自己的产品过时、变旧。如果我们自己不这样做，我们的竞争对手就会迫使我们的产品成为过时的东西。"产品创新应着眼于给目标顾客带去更多功能、更大价值的满足感。

③名牌企业创新。包括企业管理体系创新、企业组织创新、企业制度创新、人力资源创新、观念创新、财务资源创新、营销创新、生产系统创新以及研究发展创新等。

名牌企业创新是指名牌企业为使自身系统适应外部环境的变化或为满足组织自身内在成长的需要，对内部各个子系统及其相互作用机制或组织与外部环境相互作用机制的创造性调整、开发和完善过程。品牌创新活动越来越依赖于高效率的组织运行体系与科学的组织结构的支撑。企业创新的目的是使企业组织不断根据发展目标和企业内外环境的需要进行调整，避免企业组织的僵化阻碍企业的发展，增强企业的核心能力。

（2）名牌生态系统环境的创新。名牌生态系统环境创新主要指系统通过对环境产生影响，以使环境向着有利于生态系统成长的方向转化。另外，这种创新指的是与生态系统环境关系的创新调整。

名牌生态系统始终处在一个动态复杂的环境中，其生存与发展在很大程度上取决于名牌生态系统与其变化的外部环境的相互作用程度。从目前看，外部环境变化的速度不断增强，名牌生态系统与环境之间的相互作用也越来越强。名牌生态系统可以对环境各部分进行监测、计划，实现高度统合，对环境的波动变化做出快速的反应。

（3）名牌生态系统成员创新。名牌生态系统成员创新指名牌生态系统构成成员本身及成员结构的创新，包括成员本身的组织创新、制度创新、产品创新、技术创新、管理创新、市场创新以及成员结构的构成与关系创新。名牌生态系统成员创新将使名牌生态系统运作效率提高。

名牌生态系统要建立一个有效的激励机制，来引导系统成员的努力方向，激励他们的创新并且使其公开化，谋求整个系统的利益与系统成员利益的一致。而这一问题的核心是分配制度和行为规范、保持创新沟通的便利性，并能够在互惠互利的基础之上使得成员之间的利益在公开创新成果后能够达到双赢，在实现系统目标的同时实现成员利益最大化。

（4）名牌生态系统自组织协同创新。名牌生态系统是由多个成员共同组成的复杂系统，因而系统的整体性、协同性决定了名牌生态系统的成长性与竞争力。名牌生态系统的自组织创新是指整个系统的功能定位、构成方式、相互关系方式及空间布局等的创造性变化、调整及组合。名牌生态系统的功能定位主要指名牌生态系统在市场中的地位及其对国计民生的作用，功能定位创新是根据品牌市场营销状况及环境条件对名牌生态系统中的名牌及名牌产品在商业生态系统中进行功能定位创新。比如，名牌生态系统中的市场地位的领导性功能、补充性功能、跟随性功能的创新以及对国计民生作用方面重要地位的改变等。名牌生态系统构成方式、相互关系及其空间布局的创造性调整和优化导致名牌生态系统的功能不断改善与加强。

2. 名牌生态系统创新的途径

（1）通过引入新的产品与新的业务领域，为名牌企业及其生态系统补充新动力源。引入新产品或新业务，如同现代模糊学上的"蝴蝶效应"，成功引入新产品或新业务会给整个品牌生态系统注入新的活力元素，促进销售量和业务量的迅速提升；但引入新产品或新业务失败，也会给整个生态系统造成巨大损失，所以在引入新产品或进入新业务领域时，必须做好规划和制定详尽的策略。

（2）通过引入新的组织与管理体系，增强生态系统成员企业组织活力与运行效率。目前，许多名牌生态系统内部要素与环境动荡之间的张力越来越大，系统组织结构和管理体系的落后与乏力成为许多名牌生态系统经历了高速成长后突然陷入停滞的重要因素。导入新的组织与管理体系，适当地调整生态系统的结构，可以有效地增强整个名牌系统的功能。

（3）通过建立新的动态联盟，以增强名牌生态系统的运行稳定性，同时降低系统运行成本。动态联盟是指名牌企业为了赢得某一机遇性市场，寻找其他互补合作的企业或部门，组成一个经营实体，也称作虚拟企业。该实体的寿命周期取决于产品的市场机遇，如果机遇一旦消失，它即解体，这是一种多变的、动态的企业组织形式。动态联盟具有快速响应市场变化、能够很好地实现企业有限资源的优化配置、组织形式灵活、投资少、风险分散等突出的优势，建立新的动态联盟能够解决名牌生态系统面临的许多问题，可以作为名牌生态系统适应快速多变、日趋激烈的市场竞争的有效手段。

（4）通过系统内的知识与信息共享，提高生态系统成员的创新能力与知识存量。从知识管理的角度来看，名牌生态系统成员间的合作过程实际上就是知识共享的过程，知识共享的程度直接影响名牌生态系统运作的效率。系统成员间的隐性知识无法通过市场交易来获得，而必须通过合作的方式。因此，建立名牌生态系统知识共享平台无论是对提高联盟的整体运作效率，还是对其成员谋求进一步发展都具有非常重要的意义。

（5）通过建立与环境新的关联关系，改善名牌生态系统的生存条件，并充分利用环境机会。通过政府公关、金融机构融资、媒体宣传、慈善捐助、投资公众福利事业等措施，改善名牌生态系统与政府、银行、媒体、公众关系，建立一个有序的、有利的环境条件，是名牌生态系统快速发展的保障。

（6）通过对名牌生态系统引入新的理念与文化体系，以增加生态系统的凝聚力与竞争力。名牌的塑造和发展离不开名牌生态系统文化底蕴的支撑，通过理念与文化的创新来驱动名牌的发展与提升，可以形成具有特色的、难以模仿的竞争优势。

3. 名牌生态系统创新测度

名牌生态系统创新效果可以通过定性的分析得出，也可以通过设立评价模型定量分析得出，如把创新效果分成几个维度，然后用层次分析法等系统评价方法进行测度。以下给出了一些名牌生态系统创新成果评价的维度，可以用于定型分析也可以通过建模进行定量分析。

（1）产品品种的增加数量：表示名牌生态系统的产品结构优化状况。

（2）销量持续增加幅度：表示名牌生态系统市场规模的成长壮大状况。

（3）企业市场面的扩大幅度：表示名牌生态系统市场资源获取范围与途径扩大的状况。

（4）知名度与美誉度的持续提高状况：表示名牌生态系统市场附着力与品牌市场价值提高的状况。

（5）名牌生态系统成员数量的增加量：表示名牌生态系统本身规模的扩大状况。

（6）生态系统内知识共享性的增强状况：表示名牌生态系统内成员间的知识传播与知识创新状况。

（7）生态系统成员利益分配合理程度：表示名牌生态系统内的利益调节机制的合理化程度。

（8）市场稳定性增加程度：表示名牌生态系统的市场体系完善程度。

4. 名牌生态系统创新环节与要素

通过对名牌生态系统运行过程的分析，可以得到名牌生态系统发生问题的种种表现及其解决策略（见表 8 - 1）。

表 8 – 1　　　　　名牌生态系统发生问题的表现及其解决策略

序 号	名牌生态系统表现	名牌生态系统创新内容	相应策略工程
1. 品牌形象	品牌形象受损 品牌形象陈旧 美誉度下降	• 强化媒体传播 • 创新与改进质量 • 导入或强化 CIS • 改善或巩固信用形象 • 密切与顾客、供应商、公众的日常沟通，建立固定渠道	• 策划实施形象传播活动 • 导入或重新整合 CIS • 实施 CS 工程
2. 产品老化	产品销售下降 竞争产品大量上市 新产品开发换代慢 替代产品出现	• 产品性能改进 • 产品质量改善 • 引入新技术，改造产品结构 • 强化产品服务	• 实施技术创新工程 • 实施营销再服务工程
3. 核心企业财务危机	资金周转不灵 长期亏损 银行信用危机 供应商停止供货	• 进行财务创新，加快周转 • 重塑银企关系 • 系统内部成员间资金支持 • 股权结构调整 • 缩减开支，降低成本	• 实施开源节流工程 • 实施企业信用工程 • 实施产权结构调整
4. 营销网络破坏	大客户流失 网络成员无利润 市场秩序混乱	• 重新整合营销网络，优化市场布局 • 重新理顺价格体系 • 重新调整销售政策	• 实施营销网络激活工程
5. 核心名牌企业与产品遭环境限制	法律法规限制 地方保护性限制 社会因素限制 政治因素限制	• 依据环境条件，消除限制因素 • 周密策划，改造环境，强行突破 • 战略转移	• 实施环境改造工程 • 实施战略转移工程
6. 核心企业管理不善，员工关系恶化	核心企业成本上升 管理秩序混乱 企业与员工冲突 企业文化恶化	• 采取措施降低成本 • 健全企业管理体系 • 改善企业运行机制与激励机制 • 创新企业文化	• 实施管理效益工程 • 实施企业凝聚工程
7. 全行业性恶性竞争	强大对手采取低价策略 恶性不当竞争	• 制造产品与服务的差异化，回避低价竞争 • 扩大规模极极参与市场竞争	• 实施差异化工程 • 技术改造工程
8. 企业体制问题	体制不顺、干预严重 企业家缺乏动力	• 按现代企业制度规范企业 • 政企分开，排除行政干预 • 激发企业家经营积极性	• 尽快改制 • 实施企业家年薪制
9. 系统衰退时间与范围	出现衰退迹象 全面衰退时间不长 全面衰退时间较长	• 及时调整名牌生态系统的衰退环节，进行局部创新 • 对关键环节进行大范围创新 • 全面创新	• 采用改善策略工程 • 采用改革策略工程

§8.2 名牌生态系统的重构

8.2.1 生态系统重构时机的判断及环境分析

1. 名牌生态系统重构时机的判断

名牌生态系统环境发生重大变化后，名牌生态系统受到很大威胁，绩效下降，名牌资产开始流失时；品牌购并原有名牌生态系统大幅调整时；当名牌生态系统出现混乱，功能大幅度减退，局部创新不能有效发挥作用时；名牌生态系统遭受毁灭性打击之后，名牌生态系统的重构就成为必要。名牌生态系统重构是对名牌生态体系构成要素、结构、流程、功能及环境关系的根本性改造。重构时机可以根据不同指标进行判断，一般为出现严重衰退或出现毁灭性打击之后。衡量名牌生态系统运行状况的指标很多，但系统失衡与功能丧失是其最终重构标准。比如，名牌形象与营销网络遭到破坏、产品老化、恶性竞争、亏损严重等现象出现后，可考虑对名牌生态系统进行重构。但对名牌生态系统进行重构的前提是环境对品牌运作存在机会，虽然品牌遭到了破坏，市场销量大幅度减少，但名牌知名度及品牌美誉度还较高，顾客需求还在，主要经销商还存有继续经营的愿望，该类产品存在尚未进入的市场空间等。通过对该名牌生态系统的衰退状况进行综合分析，可确定名牌生态系统重构的时机与方案。具体有四种重大时机，见表8-2。

表8-2 名牌生态系统重构时机

重构时机	名牌生态系统表现
Ⅰ型：名牌生态系统环境发生重大变化	名牌生态系统环境发生重大变化后，名牌生态系统受到很大威胁，绩效下降，名牌资产开始流失
Ⅱ型：品牌购并时	原有名牌生态系统大幅调整，或融合、购并后品牌结构发生较大变化
Ⅲ型：系统功能发生混乱产生低效	名牌生态系统混乱，名牌运作效果差，名牌对顾客及系统成员失去吸引力，竞争力减弱，核心企业效益差
Ⅳ型：名牌生态系统遭受毁灭打击之后	名牌失去声誉，名牌企业效益大幅下滑，甚至中断经营，名牌生态系统逐步缩小甚至即将彻底崩溃

2. 名牌生态系统重构环境分析内容

(1) 外部环境分析。

宏观环境分析：包括政治、经济、法律、科技、人口、文化、社会、教育等内容，分析的目的是要为名牌生态系统重构规划提供环境依据。从表面上看，这些宏观环境因素与名牌生态系统的联系似乎不大紧密，但实际上它对名牌生态系统的发展具有持久、深远的影响。在制定名牌生态系统规划只有在把握宏观环境发展变化趋势的基础上顺势而为，才能获得好的效果。

产业及市场生存环境分析：主要包括产业成长分析、产业竞争分析、同类产品市场分析及名牌产品市场分析等，主要目的是为名牌生态系统重构规划提供直接决策依据。

产业及市场生存环境分析是从战略的角度评价审查名牌生态系统中的重要相关层面。进行产业及市场生存环境分析时要考虑以下一些基本因素：市场规模、市场增长速度以及目前行业在成长周期所处的阶段（初期发展阶段、快速成长阶段和起飞阶段、早期成熟阶段、饱和停滞阶段还是下降阶段）、行业中品牌的数量及其相对规模、顾客的数量及其相对规模、行业中是否存在规模经济、进入和退出壁垒的高低、获取必要资源的难度、行业的盈利水平等。行业和竞争分析可以发现品牌面临的机会和威胁，在制定重构战略时可以利用这些机会，消除或减弱品牌面临的威胁。

(2) 内部条件分析。对核心企业以及生态系统成员的资源及能力进行分析评价，确定重构名牌生态系统的资源保证状况。内部条件分析主要是了解目前名牌生态系统自身已经形成的品牌特征以及名牌生态系统相对其他品牌生态系统的优势和劣势，以便利用优势，避免弱势，同时为制定名牌生态系统重构战略提供依据。

内部条件分析包括许多因素的分析和评价。一方面，通过回答一系列反映名牌生态系统内部条件和资源、能力状况的问题，找到深入、客观地了解名牌生态系统的方便途径；另一方面，通过运用正确的方法评价核心企业及生态系统成员，找到反映生态系统各种能力、资源条件的科学指标。这样，确定名牌生态系统优势和劣势所在才有基础。名牌生态系统内部条件分析的关键因素有：核心企业及系统成员的财务状况、产品线及产品的竞争地位、生产设备的配备及使用状况、市场营销能力、市场开拓能力、研究开发能力及条件、管理者及企业员工的数量和文化素质及劳动技能、组织结构和管理现状、过去的目标和战略的执行情况。

8.2.2　重构内容定位与程序

1. 重构内容定位

确定名牌生态系统重构时机及对名牌生态系统内外部环境进行分析后，要确定重构目标和重构范围，进行名牌生态系统重构定位。对名牌生态系统的重构大体上分为如下两种：一是全面系统性的重构；二是较大规模的局部性重构。具体见表 8 - 3。

表 8 - 3　　　　　　　　名牌生态系统重构内容

项　目	重构目标	重构内容	主要策略工程
全面系统性重构	全面恢复名牌生态系统功能	● 资产结构、治理结构、组织结构、业务方向与结构、品牌结构、业务流程、管理体系、供应链、银企关系、战略联盟等的全面重构	● 实施企业重建工程 ● 资产重组工程
大规模局部性重组	改善名牌生态系统功能	● 资产结构、治理结构、组织结构、业务方向与结构、品牌结构、业务流程、管理体系、供应链、银企关系、战略联盟等的大规模局部重构	● 实施企业重建工程

2. 名牌生态系统重构程序

名牌生态系统重构程序可用如下框图表示（见图 8 - 1），即以名牌企业为核心，首先对名牌生态系统现状及环境进行分析；其次确定名牌生态系统的重构目标与范围；然后对名牌生态系统的重构方案进行系统策划；以及实施重构方案并在实施过程中加以反馈与调整，从而实现名牌生态系统重构的目的。

环境分析 → 确定范围 → 组织重构策划 → 信息网络—品牌形象与产品—产品重构—客户关系重构策划

→ 重构实施 → 控制：反馈与调整

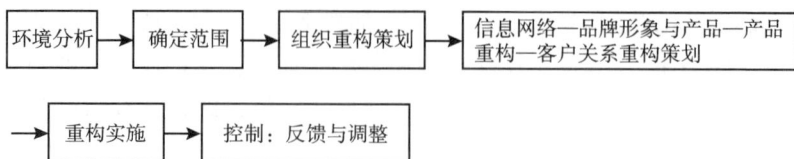

图 8 - 1　名牌生态系统重构程序

8.2.3　重构策略

1. 借势借机实现自我重构

当名牌生态系统功能衰退后，其重构难度较大。由于市场萎缩，产品经营绩效较差，资金紧张，系统成员信心不足、积极性不高。要对名牌生态系统进行重构必须选择一个合适的机会，并借助于强大的外势。比如，可选择在核心企业的组织进行重大调整时对整个经营体系进行系统重构，或在市场出现良机时能够借助于外部资金或力量对名牌生态系统进行系统性或大规模局部性的重构。

2. 引入战略伙伴，通过并购实现资产重组，进而实现名牌生态系统的重构

核心企业并购是近几年国际上解决名牌生态系统危机的重要措施与途径，但此种重构一般伴随着原有名牌企业股权结构、成员构成以及企业组织结构发生重大变化，从而导致名牌生态系统结构与功能的重大变化。这种重构一般属于全面系统性重构。

3. 导入全新产品或恢复原有产品生产

在名牌生态系统结构不做重大变动的情况下，废除原有产品，导入全新产品为名牌生态系统注入活力；或恢复原有产品生产，通过对核心企业供应链、营销网络以及企业管理等的重新规划与整合，从而实现名牌生态系统的大规模局部性重构。

4. 集中优势资源，收缩战线，重点突破

名牌生态系统功能严重衰退后，核心企业作为名牌拥有者必须采取措施挽救名牌。当缺少并购条件及其他资源动力时，收缩战线，集中优势力量，做好核心业务是重构名牌生态系统的重要措施。由于名牌生态系统结构及文化均已遭到破坏，因此使分离出的核心业务部门及其生态体系保持相对独立性是能否实现系统重构的关键。这种重构均属大规模局部性重构。

5. 积极寻求政府、外部舆论及社会各界的支持

衰败名牌生态系统由于其品牌声誉受到极大损坏，社会各方对其信誉度很低。要重塑名牌形象，再造名牌生态系统必须得到政府及舆论媒体的大力支持，以便增加名牌生态系统的资源吸纳能力及得到政府优惠政策。因此，核心企业要制定切实可行的重构规划方案，积极与政府及媒体进行信息沟通，定期将名牌生态系统重构信息向外界披露，逐步建立起政府及社会各界对名牌生态系统重构的信心。

8.2.4　名牌生态系统重构实施过程控制

名牌生态系统重构对名牌拥有企业来说意义重大，但由于名牌生态系统构成关系与运行机制复杂，系统重构必须经历一个艰苦的过程，并且存在很大风险。因此，除了对名牌生态系统进行科学规划以外，还必须对其重构过程进行控制。

（1）名牌生态系统核心企业作为名牌生态系统重构的主体，应严格按照名牌生态系统重构规划方案的路线进行实施，并在项目实施过程中通过优胜劣汰，优化系统成员构成。

（2）核心企业建立科学有效的包括各个系统成员在内的信息系统、联合网络及信息反馈机制，在重构过程中及时反馈信息，并对名牌生态系统所处环境、产业发展趋势及名牌生态系统运作状况进行及时分析及预警。

（3）当重构过程偏离目标时，名牌企业应及时调整重构策略，并与系统成员保持良好沟通，协同行动。

§8.3　山东省某白酒名牌生态系统重构策划

📌 8.3.1　概况

山东某白酒企业自 1990 年开始起步，在经历了 8 年成长之后，培养了颇具"名牌素质"的品牌形象，销售收入从几千万元发展到其鼎盛期的十几亿元，市场覆盖面遍及全国各地。但从 1998 年开始，该品牌急剧衰退，到现在已经只能维持小规模生产，出现了大量亏损。2003 年公司重组后决定实施名牌生态系统重构工程。

📌 8.3.2　问题产生原因及优势分析

问题产生有如下几点原因：

（1）非理性投资扩张行为导致资金运作失控，产生断流，破坏了正常的品牌商品供应链，逐步分化了名牌生态系统。

（2）内部管理失控导致成本上升，网络混乱导致生态系统成员利益受损，成员信心逐步丧失。

（3）名牌生态系统失稳后，未能得到合理恢复。一是恢复力不足，所采用措施难以扭转下滑趋势；二是在混乱中错失良机，致使名牌生态系统核心能力逐步分化，市场逐步萎缩至狭小地区。

通过以上分析可以看出，该名牌生态系统由大到小的衰败过程，主要破坏力在内而不在外，在于管理不善而非品牌、产品及竞争原因。因此，可对其实施名牌生态系统再造工程。

经分析可以发现，该名牌生态系统尚存在如下一些优势：

（1）名牌生态系统的核心资产——名牌——还具有相当高的知名度及美誉度，白酒市场的交叉游动现象使该名牌尚具有很高的无形价值，存在相当好的市场基础及局部市场网络。

（2）该名牌生态系统的核心成员——名牌企业——具有较为先进的技术及生产制造体系，可保证产品质量与产品供应。

（3）该名牌企业所在地外部环境较好，政府扶持，大众支持，重塑名牌人心所向。

8.3.3　重构策略

基于以上优势及资源条件，我们从名牌生态系统重塑要素（包括品牌、产品、企业、金融关系、顾客关系、供应商关系、环境关系等）出发，设计了全面系统性的重构策略。该生态系统重构工程较多，主要有核心企业资产重构工程、管理体系重建工程、战略转变工程、品牌形象创新工程、网络重建工程、人力资源重组工程和环境重塑工程等。另外，还需要重塑该名牌生态系统的核心观念及商业模式。其中，可采取的系统重构策略策划方案见表 8－4。

表 8－4　　　　　　　　　　该名牌生态系统重构策略

	策略工程	策略概述
资产结构与治理结构	资产重组工程	引入投资伙伴，重组核心企业产权结构；健全核心企业现代治理结构
管理体系	管理体系重建工程	以 ISO9000 为核心重构企业现代管理制度
业务方向	战略转变工程	收缩战线，收割核心企业非酒类业务项目，调整名牌生态系统成员构成
品牌形象	品牌形象创新工程	原品牌商标及企业标识不变；沿袭原有理念、恢复主要市场面电视形象广告宣传，重点造势
营销策略	网络重建工程、产品创新工程	生产地投放中低档产品、主要市场面投放中高档产品；主要市场面启动产品电视广告。以局部地区市场为主开始网络重建，采用区域品牌代理制，建立多级经销商联盟。对名牌生态系统成员进行利益平衡
人力资源	人力资源重组工程	新公司在新的机制下全员竞争上岗，启动骨干人员培训计划；从外部引入总经理及市场总监
外部关系	环境重塑工程	重塑银企关系、政府关系、供应商关系以及公众关系

第 9 章

名牌生态系统演化定量仿真模型

名牌生态系统作为社会商业生态系统的核心子系统，对社会经济具有创造价值及维持经济系统活力的功能，它属于多主体多变量的动态复杂系统。通过对名牌生态系统的定量分析，可以更加科学地把握名牌生态系统的运动规律。

§9.1 名牌生态系统成员群落数量扩张模型

名牌生态系统由名牌拥有企业、名牌企业股东、供应商、最终顾客、中间商、竞争者、金融机构、大众传媒、政府、社会公众、相关企业以及名牌生态环境（包括社会、经济、文化、自然环境）等成员群落组成。系统初创时，若不存在环境经济资源约束，各种成员群落的数量增长呈现指数增长规律；若存在约束，名牌生态系统经过一定时期的成长之后，其成员数量扩张呈现图 9-1 的形式，曲线可由公式表达。

设 N_i 为不同名牌生态系统成员群落的数量，N 为名牌生态系统成员总数量，M 为不同成员群落的最大环境容纳量，q 为名牌生态系统群落种类数量，则有：

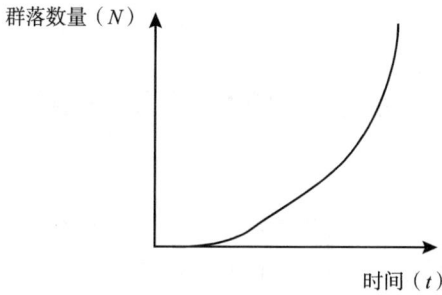

图 9 - 1　名牌生态系统成员群落数量无约束扩张曲线

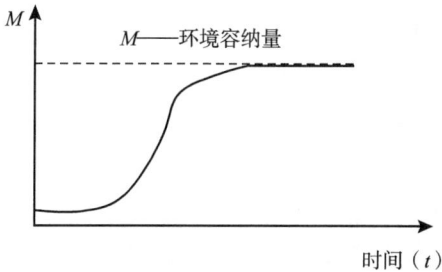

图 9 - 2　名牌生态系统成员环境容纳与时间关系

$$\mathrm{d}N/\mathrm{d}t = rN \qquad\qquad (9.1)$$

$$N = N_1 + N_2 + \cdots + N_q$$

其中：
$$N_1 = N_{11} + N_{12} + \cdots + N_{1q}$$
$$N_2 = N_{21} + N_{22} + \cdots + N_{2q}$$
$$\vdots$$
$$N_q = N_{q1} + N_{q2} + \cdots + N_{qq}$$

$$\frac{\mathrm{d}N(t)}{\mathrm{d}t} = \left(a + b \cdot \frac{N(t)}{M}\right)(M - N(t))$$

$$\frac{\mathrm{d}N_1(t)}{\mathrm{d}t} = \left(a + b \cdot \frac{N_1(t)}{M}\right)(M - N_1(t))$$

$$\vdots$$

$$\frac{\mathrm{d}N_q(t)}{\mathrm{d}t} = \left(a + b \cdot \frac{N_q(t)}{M}\right)(M - N_q(t))$$

通过求解以上方程即可得到名牌生态系统各成员群落的数量增长规律。

§9.2　名牌生态系统市场演化定量仿真模型

为简化起见，我们以名牌生态系统市场区域中的部分成员名牌企业、零售商以及消费者在市场中的相互作用及过程仿真为例说明名牌生态系统的演化。

☞9.2.1　基于复杂多主体建模的名牌生态系统区域市场传播仿真模型

1. 名牌传播模型

用户或消费者的名牌忠诚度在名牌传播过程中主要受用户或消费者个性和名牌影响度影响，用户或消费者个性反映了不同用户或消费者之间客观存在的性格差异，可以使用用户或消费者个性去解释对于某一名牌，在外界影响都一样的情况下，不同的用户或消费者往往会产生不同的名牌忠诚度。

名牌影响度反映了名牌对于用户或消费者购买的影响，它主要受到名牌联想、名牌美誉度和名牌知晓度的影响。如果名牌能够给顾客带来丰富、积极的联想，名牌影响力将会较大；良好的名牌声誉对名牌影响力无疑具有积极的意义，但如果名牌拥有良好的声誉，却并不为众人所知，其名牌影响力自然会大打折扣；同样，如果名牌为众人所知，但声誉不佳，其名牌影响力也不能称之为强，名牌只有同时具备了丰富的联想、良好的声誉和广大的受众，才能对用户或消费者购买产生巨大的影响力。此外，用户或消费者的名牌忠诚度还会受到其他一些非主要的，可能是非理性的因素的影响，可以用随机因素来概括综合。

名牌美誉度与名牌实力有着密切的关系。一般来说，企业相对实力越强，其名牌美誉度越高；反之则低。企业的实力大小演变，从根本上讲，是用户或消费者认可程度的演变，实力强的企业，其名牌受到用户或消费者的积极认可，名牌美誉度也就越高。

名牌知晓度情况取决于名牌传播和用户或消费者的遗忘。名牌传播的途径有很多，比如报纸、杂志、电视、广播、互联网、新闻发布会、研讨会、论坛、人际传播，等等。在建模仿真过程中，受目前的理论认知特别是定量的传播途径模型描述方面的限制，考虑简化模型。企业名牌传播可以分为两类：（1）企业能够直接控制的，将该类名牌传播的传播效果影响因子定义为营销力度。（2）企业无法直接控制的，主要指人际传播。该类名牌传播的传播效果影响因子为用户或消费者自身对于名牌的感知以及周围人的态度。

企业相对实力不同，两种传播方式的传播效果也就不同，名牌传播过程中，名牌往往可以以较少的投入，获得相对较好的效果。

随着时间的推移，用户或消费者会逐渐忘记对于名牌的认知，并且对名牌的认知趋于不再准确，即存在用户或消费者遗忘现象。用户或消费者遗忘随着时间的前进而对名牌知晓度产生负增量。

企业相对实力直接影响着名牌传播效果和名牌美誉度，间接影响着营销力度，企业相对实力强了，才有可能采取更有力的营销措施。

基于以上分析，可以得到名牌传播模型，如图 9－3 所示。图中单向实线箭头表示直接影响，单向虚箭头表示间接影响。

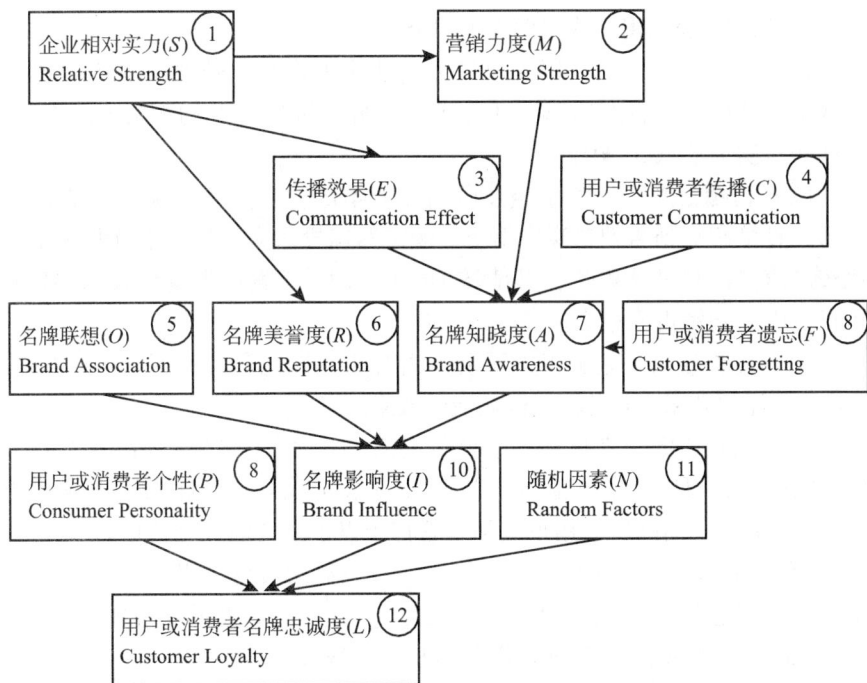

图 9－3　名牌传播模型

设 S 表示企业相对实力，M 表示营销力度，E 表示传播效果，C 表示用户或消费者传播，O 表示名牌联想，R 表示名牌美誉度，A 表示名牌知晓度，F 表示用户或消费者遗忘，P 表示用户或消费者个性，I 表示名牌影响度，N 表示随机因素，L 表示用户或消费者名牌忠诚度。建立数学模型如下：

令 t 表示时间点，k 表示某名牌。

对于 $X \in \{S, M, E, O, R, A, F, I, L\}$，令 X_t^k 表示 t 时刻名牌 k 的 X 值，例如，R_t^k 表示 t 时刻名牌 k 的美誉度值。

对于 $Y \in \{C, O, R, A, F, I, L\}$，令 $Y_t^{c,k}$ 表示 t 时刻用户或消费者 k 对于名牌 k 的 Y 值，例如，$A_t^{c,k}$ 表示 t 时刻用户或消费者 c 对于名牌 k 的知晓度。

对于 $Z \in X \cap Y$，表明该量既具有用户或消费者整体水平，也具有用户或消费者个体水平。例如，$A \in X \cap Y$，表明用户或消费者对于名牌知晓度既有整体感知水平，同时用户或消费者对于名牌知晓度也具有个体感知水平。

此外，P_c 表示用户或消费者 c 的个性水平。

（1）企业相对实力。以无单位的企业实力水平比较值来描述企业实力水平，其标杆为行业内领头羊企业，因此，标杆企业的相对实力为 1，企业相对实力值域为 $[0, 1]$。

（2）营销力度。反映了企业营销投入情况，它间接取决于企业相对实力，直接影响到名牌知晓度情况。规定营销投入力度是一个行业内相互比较的值，没有具体单位，其值域为 $[0, 1]$，0 表示无营销投入，1 表示行业中的营销投入最大值。

（3）传播效果。它正相关于企业相对实力，规定其值域为 $[0, 1]$，0 表示无任何效果，1 表示有行业最佳效果。

（4）用户或消费者传播。该变量是对某具体用户或消费者所受邻居影响的描述，可以规定其值域 $[0, 1]$，0 表示没有受到周围用户或消费者影响，1 表示周围所有用户或消费者都予以了完全的知晓传播。

（5）名牌联想。该变量是对具体用户或消费者整体以及个体上对于某名牌的联想情况描述。规定其值域为 $[0, 1]$，0 表示没有任何联想，1 表示最丰富的联想情况或者说足够程度的联想。

（6）名牌美誉度。它正相关于企业相对实力，规定其值域为 $[0, 1]$，0 表示无美誉度，1 表示有行业最好的美誉度。

（7）名牌知晓度。它由营销力度、传播效果、用户或消费者传播及用户或消费者遗忘等因素决定，规定其值域为［0，1］，0 表示不知晓，1 表示完全知晓。

（8）用户或消费者遗忘。用户或消费者总会随着时间前进而降低名牌知晓程度，规定其值域为［0，1］，取值表示每天遗忘的名牌知晓度数量。

（9）用户或消费者个性。即用户或消费者个性在什么程度上影响了名牌影响度对于名牌忠诚度的影响，消极的，或者是积极的。规定其值域为［0，1］，0 表示具有完全的消极影响，即用户或消费者的个性决定它不会产生任何名牌忠诚；1 表示具有完全的积极影响，即用户或消费者的个性使它对于受到的任何名牌影响，都会产生与具体名牌影响度水平对应的，可能产生的最高的名牌忠诚。

（10）名牌影响度。名牌影响度受品牌联想、品牌美誉度和品牌知晓度共同影响，只有品牌联想、品牌美誉度和品牌知晓度取值都高时，名牌影响度才高，否则名牌影响度则低；无品牌知晓度不会有任何名牌影响度，但无品牌联想或品牌美誉度可能仍具有一定的名牌影响度。

（11）随机因素影响。令 $N[a, b]$ 表示值域为［a，b］的平均分布随机变量。

（12）用户或消费者名牌忠诚度。本模型最终的因变量，值域为［0，1］，0 表示无忠诚度，1 表示完全忠诚。模型中，用户或消费者品牌忠诚度受用户或消费者个性与名牌影响度决定，并受随机因素影响。

建模过程涉及的变量和关系较多，以上为重要因素假设，此外还有其他一些比较重要的因素的设定：

（1）市场范围的设定。这里的市场范围指市场的地理范围，即用户或消费者的活动空间，设定为二维规则矩形网格。

（2）用户或消费者密度。市场范围内，每个格子上可以有用户或消费者，也可以没有，但最多只能有 1 位用户或消费者。用户或消费者密度用来表示市场上用户或消费者密集程度。

（3）用户或消费者的运动。用户或消费者可以随机走动，以便不断地同周围用户或消费者交换信息。每时段以等概率向八个方向中的某个方向移动一个格子，如果其移动方向处已有用户或消费者或者即将移动出界，则不移动。

（4）用户或消费者名牌知晓度计算中，除了受上面模型中直观显示的因素影响外，还必然与上时刻该用户或消费者的名牌知晓度相关。

模型中，主要函数关系为：

$$L_t^{c,\,k} = P_c \cdot I_t^{c,\,k} + N[\,a,\ b\,]$$

其中：

$$I_t^{c,\,k} = \frac{1}{3}\,(\,O_t^{c,\,k} + R_t^{c,\,k} + A_t^{c,\,k}\,)$$

其中：

$$A_t^{c,\,k} = A_{t-1}^{c,\,k} + \frac{E_t^k}{2}\,(\,1 - A_{t-1}^{c,\,k}\,)\,(\,C_t^{c,\,k} + M_t^k\,) - F_t^{c,\,k}$$

注：实际建模中，由于引入了随机因素，主要函数关系与上述给出关系有微小差别，目的在确保各个变量在其值域范围之内变化。

目前计算机多主体建模工具比较多，主要有 Swarm、Repast、NetLogo、StarLogo、Ascape、TNG Lab、Ascape、jES 等，本书模型采用的计算机仿真平台为 Repast，Repast 是 Recursive Porous Agent Simulation Toolkit 的缩写。Repast 最初由芝加哥大学的社会科学计算实验室开发研制，它从 Swarm 中借鉴了很多设计理念，形成一个"类 Swarm"的模拟软件架构。同 Swarm 相比较，具有逻辑结构清晰、开发速度快、运行效率高、跨平台等优势。

模型中参数及涉及的函数关系较多，可以根据不同研究目的进行不同的设定。由于难以以排列组合的方式针对各种可能的情况——进行仿真研究，故仅选取比较重要的仿真过程，在保持参数及有关函数合理的前提下，固定大多数参数，变化少数几个重要变量，进行仿真分析。

2. 仿真及结果

假设市场中有两个品牌，名牌 A 与品牌 B。其中名牌 A 为名牌，品牌 B 为一般品牌。在建立模型过程中，对品牌 A 赋予了名牌一般具有的特征，比如企业实力较强，营销水平较高，名牌联想丰富等；对于品牌 B 则赋予了各项水平相对不够突出的、一般品牌的特征。

（1）名牌与一般品牌在总体用户或消费者品牌忠诚度方面的差异，如图 9-4 所示。

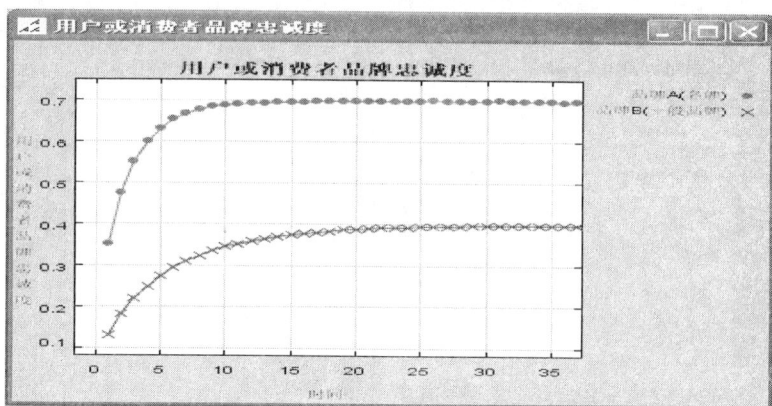

图9-4　名牌与一般品牌在消费者品牌忠诚度上的差异

（2）名牌与一般品牌在个体用户或消费者品牌忠诚度方面的差异，如图9-5所示。

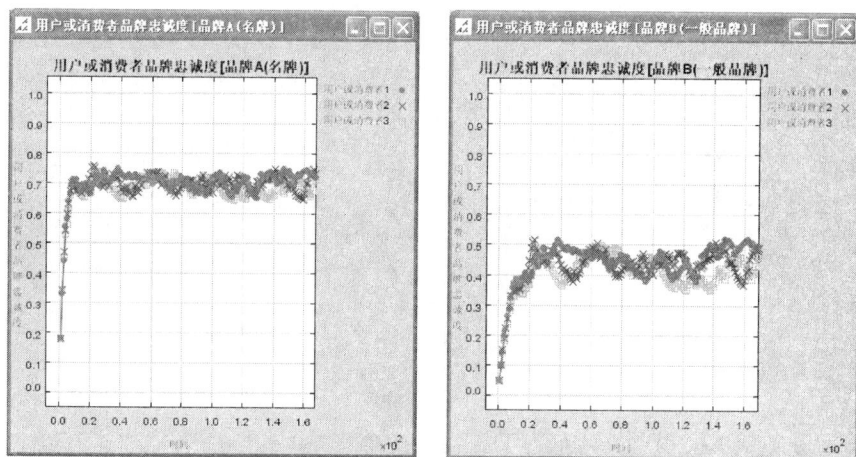

图9-5　名牌与一般品牌在消费者品牌忠诚度上的比较

3. 消费者密度的影响

用户或消费者密度较高时的忠诚度如图9-6所示。

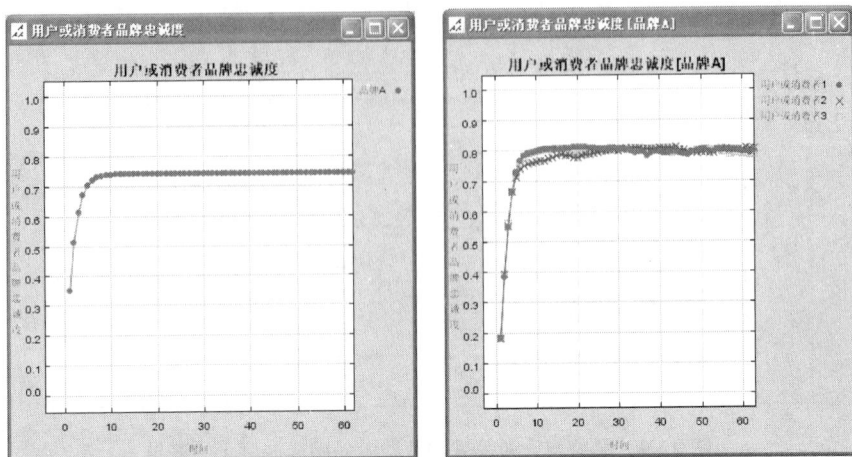

图9-6 用户或消费者密度较高时的品牌忠诚度

用户或消费者密度较低时的品牌忠诚度如图9-7所示。

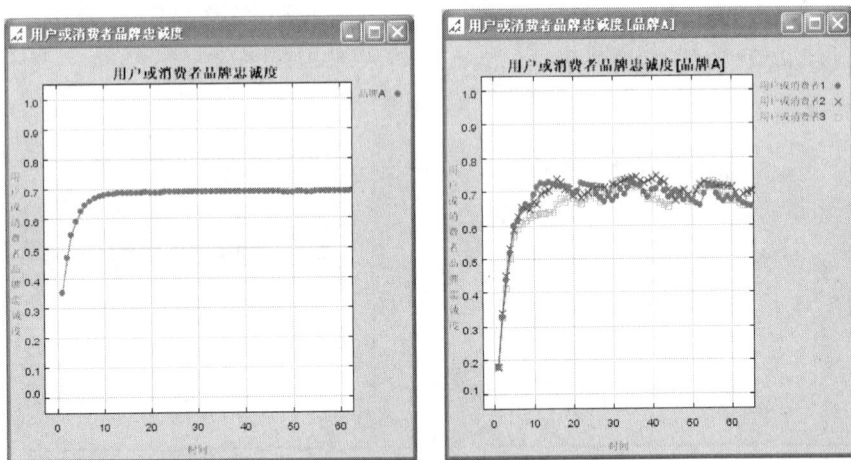

图9-7 用户或消费者密度较低时的品牌忠诚度

4. 仿真结果分析

（1）由图9-4可以看出：一方面，名牌生态系统中的用户或消费者名牌忠诚度要明显高于一般品牌的用户或消费者品牌忠诚度；另一方面，用户或消费者认可品牌所需的时间，也即品牌忠诚度达到均衡的时间，名牌要明显短于一般品牌，或者说，名牌能够更快地得到消费者的认可，名牌生态系统成长要好于一般品牌生态系统。

（2）由图 9-5 可以看出，品牌是否名牌，对于个体用户或消费者品牌忠诚度的影响，不仅仅表现在其忠诚度水平上，还表现在忠诚度稳定性水平上：名牌的用户或消费者品牌忠诚度相对稳定，波动较小；一般品牌的用户或消费者品牌忠诚度相对不够稳定，波动较大。

（3）由图 9-6 和图 9-7 对比可以看出，其他条件不变（如企业实力、营销力度），当用户或消费者密度较大时，品牌忠诚度相对较高，也相对稳定；当用户或消费者密度较小时，品牌忠诚度相对较低，也不够稳定。这说明名牌生态系统在其形态分布时，要尽量将核心市场布置在用户或消费者密度大的区域，若占据消费者密度小的区域，则其投入力度要大得多。

9.2.2　基于复杂多主体建模的名牌区域市场演化仿真模型

1. 名牌演化模型

如图 9-8 所示，本模型分为两个部分，第一部分，利用模型一设定的规则，在市场内引入两个名牌，演绎两个品牌的传播状况；第二部分，设定市场内有 3 个规模不同可供两个名牌选择进入的商场，基于第一部分运行所得的名牌传播状况，包括：（1）名牌相对实力；（2）用户或消费者在不同时刻对于不同名牌的忠诚度，实时仿真用户或消费者购买。

需要指出的是两个部分时间上并非先 1 后 2 或先 2 后 1 的简单次序，而是同时演变的，过程如图 9-9 所示。

模型描述如下：

模型将区域市场内用户或消费者对于名牌和商场的选择归于如下因素：政府限制、公司分销策略、公司战略、商品价格、用户或消费者到商场的距离、用户或消费者品牌忠诚度、用户或消费者类型、用户或消费者转移成本、其他随机因素影响。

设市场内有规模分别为小型、中型、大型的 3 个商场，商场集合定义为：$S = \{S_1, S_2, S_3\}$。

设市场内有两个名牌在竞争，名牌集合定义为：$B = \{B_1, B_2\}$。

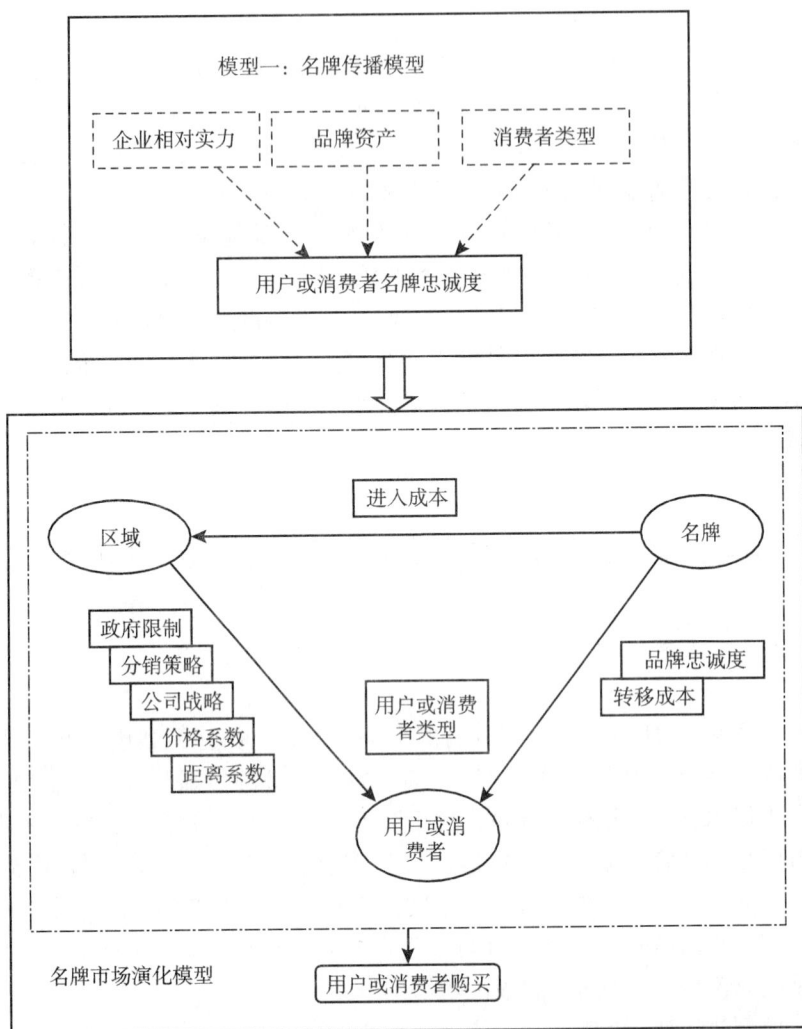

图9-8　名牌生态系统区域市场传播演化模型

图9-10为计算机建模中，描述用户或消费者购买情况的界面。其中，"大"、"中"、"小"分别表示大型商场、中型商场和小型商场；B_1 表示在大型商场购买名牌1，B_2 表示在大型商场购买名牌2，M_1 表示在中型商场购买名牌1，M_2 表示在中型商场购买名牌2，S_1 表示在小型商场

购买名牌 1，S_2 表示在小型商场购买名牌 2；Φ 表示用户或消费者未有购买行为；连线标明了消费者在哪个商店发生怎样的购买行为；其余黑色方格表示此处无用户或消费者。

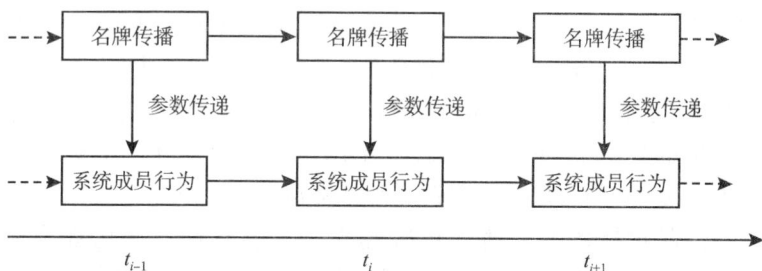

图 9-9 名牌传播与名牌市场演化过程

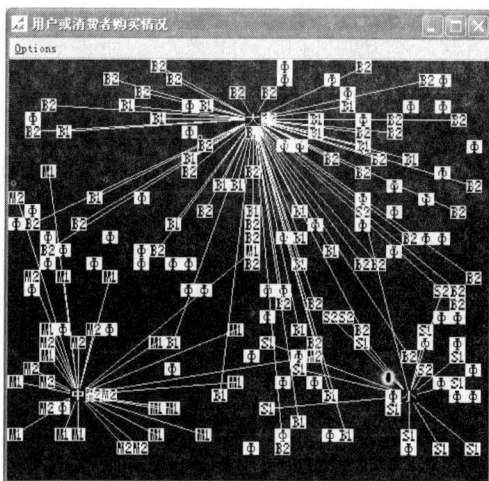

图 9-10 市场情况仿真

在以上模型假设基础上，进一步对用户或消费者购买因素进行描述：

（1）政府限制。设 X_1^k 表示区域市场内，政府是否对于品牌 k 有限制，其值域为 $\{0，1\}$，0 表示没有限制，1 表示有限制（即不允许销售）。

（2）公司分销策略。设 X_2^k 表示区域市场内，名牌 k 是否采取分销措施，如分公司的建立与分销商的培育，其值域为 $\{0，1\}$，0 表示没有分销措施，1 表示有分销措施。

（3）公司战略。设 X_3^k 表示公司是否有名牌 k 进军区域市场的战略，其值域为 $\{0, 1\}$，0 表示没有相关战略，1 表示有相关战略。

（4）商品价格。产品价格无疑是用户或消费者购买行为的重要依据，也是名牌竞争的重要武器。设 P_t^k 为 t 时刻名牌 k 的价格水平，定义其值域为 $[0, 1]$，其值越高，表明商品价格越高，反之，表明商品价格越低。距离系数：出于经济、体力、精神等成本因素考虑，用户或消费者更倾向于在近处买东西。距离系数描述了用户或消费者距离商场的远近情况。设 $d_t^{c, s}$ 为 t 时刻用户或消费者 c 到商场 s 的距离系数。

（5）商品价格系数。商场规模越大，单价越低；商场规模越小，单价越高。商品价格系数反映了商品价格水平，但不等同于商品价格。它基于价格，最终服务于购买决策的制定。设商场 S_b 的成本系数为 G^b。

（6）用户或消费者名牌忠诚度，同模型一所设定，设 $L_t^{c, k}$ 表示 t 时刻，用户或消费者 c 对于名牌 k 的忠诚度水平。

（7）用户或消费者类型。设用户或消费者 c 的用户或消费者类型为 T^c，$T^c \in [0, 1]$。规定 $T^c = 0$ 表示用户或消费者 c 是完全经济型，即其购买行为完全由产品是否经济决定；$T^c = 1$ 表示用户或消费者 c 是完全名牌忠诚，其购买行为完全由名牌忠诚确定。

（8）转移成本。设用户或消费者 c 在 t 时刻，选取 b 名牌的转移成本为 $W_t^{c, k}$。

（9）其他随机因素影响。设随机因素为 $R[a, b]$。

此外，不同规模的商场对于不同名牌的产品会设置不同的进入成本，一方面，弱名牌较难进入大商场；另一方面，对于同一商场内的不同名牌，也往往是名牌强者拥有更有利的位置或者更多的宣传给以用户或消费者较强的名牌刺激。在此设置进入成本参数控制名牌进入商场情况，定义 E^s 为商场 s 的进入成本参数。

用户或消费者不一定每个时刻均有购买行为发生，模型中依据 Kahn 关于顾客购买行为的研究，采用伽玛分布描述用户或消费者购买行为分布。

设 $U_{t, k}^{c, s}$ 表示 t 时刻用户或消费者 c 在商场 s 购买名牌 k 的可能性得分。定义：

$U_{t, k}^{c, s} =$ 购买可行性 $\times$（品牌忠诚得分 + 经济性得分 + 其他随机因素）

$$
=\begin{cases}
0 & S_t^k < E^s \ \text{或} \ X_1^k \times X_2^k \times X_3^k = 0 \\
T^c L_t^{c,k} + (1 - T^c)\left(\dfrac{1}{P_t^k} + \dfrac{1}{1 + d_t^{c,s}} + \dfrac{1}{1 + G^b} + \dfrac{1}{1 + W_t^{c,k}}\right) + R[a,b] \\
& S_t^k \geq E^s \ \text{且} \ X_1^k \times X_2^k \times X_3^k \neq 0
\end{cases}
$$

对于 $s \in S$，$k \in B$，用户或消费者 c 在 t 时刻购买行为选择为在 s 商场买 k 名牌产品，当且仅当：

$$
U_{t,k}^{c,s} = \max\{U_{t,j}^{c,i} \mid i \in S, j \in B\}
$$

2. 仿真及结果

（1）对于处于政府进行限制或未设立分销机构或公司战略未确定予以开发的市场的名牌，消费者购买情况如图 9-11 所示。

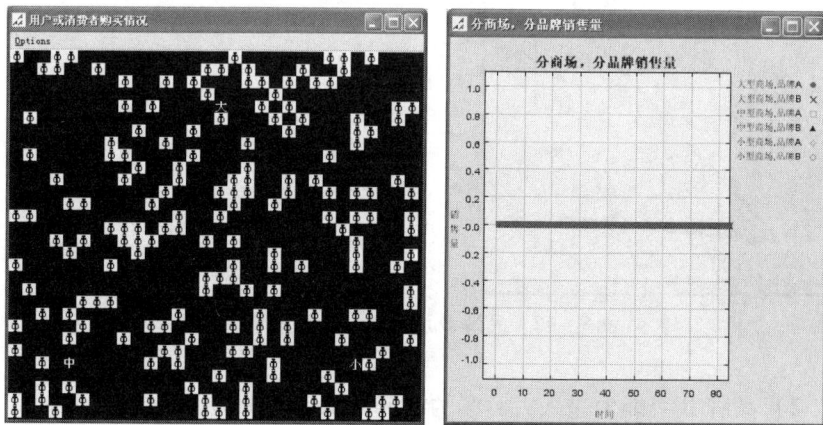

图 9-11　处于政府进行限制的消费者购买情况

（2）对于处于政府未进行限制、设立分销机构且公司战略确定予以开发的市场的品牌：

①设定两个品牌，品牌 A 和品牌 B，其中品牌 A 为名牌，品牌 B 为一般品牌。仿真品牌 A 与品牌 B 的销售情况。

1）品牌 B 没有能力进入大商场的情况如图 9-12 所示。

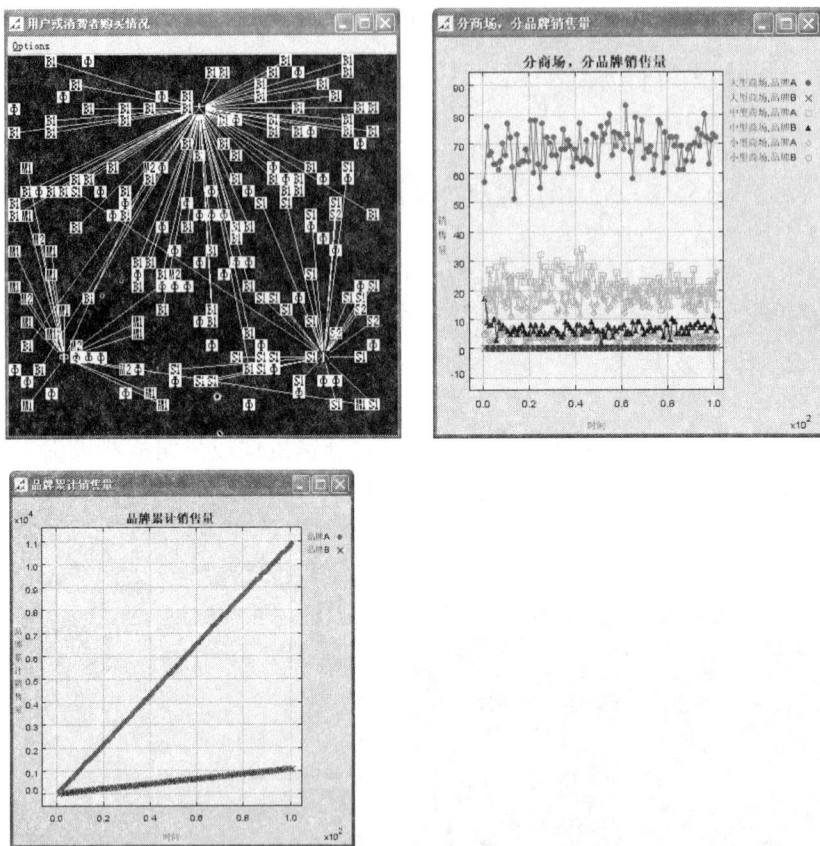

图 9 - 12　品牌 B 没有能力进入大商场

2) 品牌 B 有能力进入大商场的情况如图 9 - 13 所示。

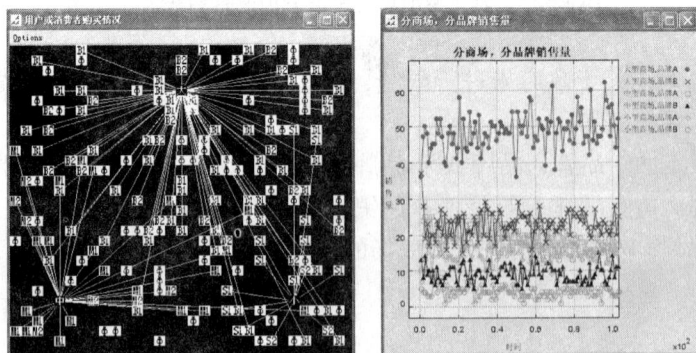

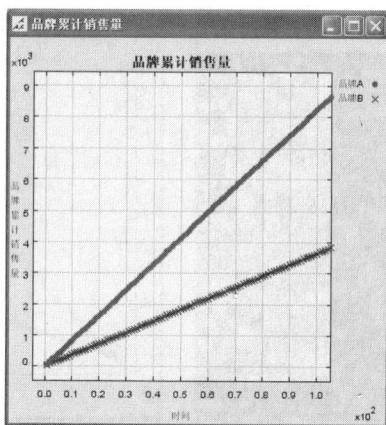

图 9 - 13   品牌 B 有能力进入大商场

②设定两个品牌，品牌 A 和品牌 B，两者均为名牌，但品牌 A 略具优势。仿真品牌 A 与品牌 B 的销售情况如图 9 - 14 所示。

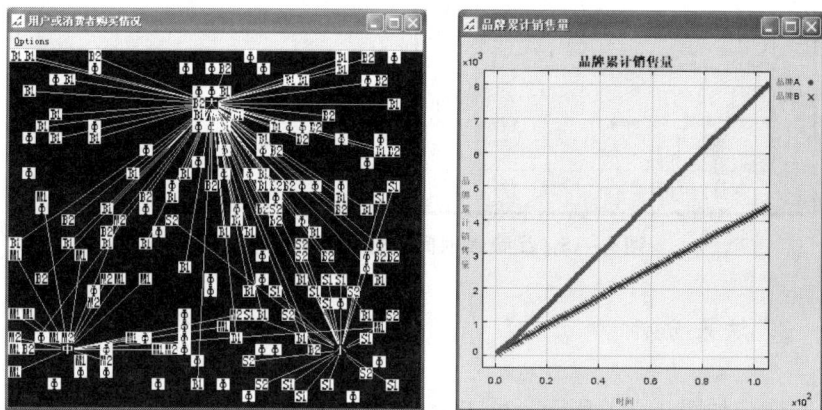

图 9 - 14   品牌 A 和品牌 B 销售情况

③设定两个品牌，品牌 A 和品牌 B，两者均为名牌且实力相当，但是品牌 A 时间上先于品牌 B 进入市场（顾客对于品牌 A 产品具有一定的使用经验）。仿真品牌 A 与品牌 B 的销售情况如图 9 - 15 所示。

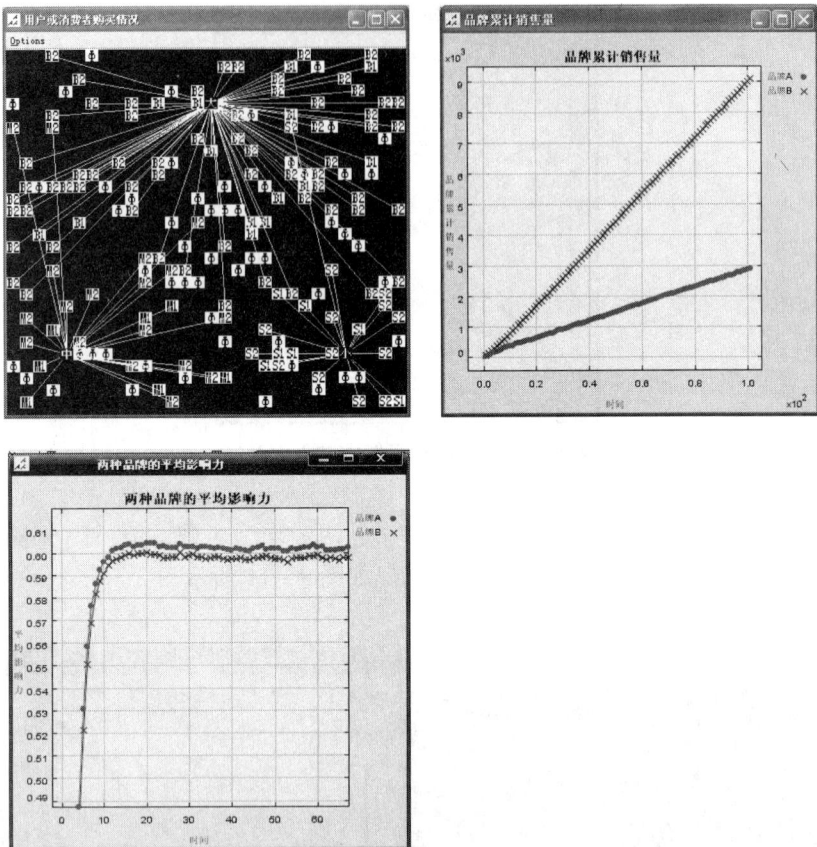

图 9 – 15　品牌 A 时间上先于品牌 B 进入市场

3. 结果分析

（1）如图 9 – 11 所示，处于为政府进行限制或未设立分销机构或公司战略未确定予以开发的区域市场，品牌一般没有销量。

（2）对比图 9 – 12 和图 9 – 13 可以看出，大商场对于名牌销售具有极为重要的意义，企业应当努力提升名牌并占领大商场。

（3）从图 9 – 12 和图 9 – 13 可以看出，相对于一般品牌，名牌对于产品销售的积极影响是非常明显的，名牌为企业带来了巨大的竞争力。

（4）如图 9 – 14 所示，名牌之间微小的实力差距会带来相对大得多的销量差异，因此，企业在培育名牌的同时，应注意加速成长力争占领名牌制高点。

（5）如图 9 – 15 所示，区域市场内品牌具有明显的先入为主的特点，企业应不断审视环境状况，发现机会，领先一步，及时出手。

可以看出名牌生态系统演化过程中，在区域存在限制与强势竞争对手时，终端市场选择、区域市场投入力度等对名牌生态系统市场成长影响较大。另外，抢先进入空白市场，造成先入为主的效应也非常重要。

§9.3　名牌生态系统产出量系统动力学仿真分析模型

☞9.3.1　方法简介

美国麻省理工学院的弗雷斯特（Jay W. Forrester）教授于 1956 年首先提出系统动力学（System Dynamics），并分别于 1961 年和 1968 年出版了《工业动力学》（Industrial Dynamics）和《系统原理》（Principles of System），以阐述系统动力学原理。系统动力学真正引起瞩目是 20 世纪 70 年代初期，1971 年弗雷斯特出版了《世界动力学》（World Dynamics），宣称用他的方法可以讨论世界性问题。1972 年在罗马俱乐部（The Club of Rome），弗雷斯特的学生梅多士（Donella H. Meadows）教授等三人运用系统动力学世界前景的研究，并以“增长的极限”为题公开了研究成果，引起了巨大反响。

系统动力学认为动态行为是系统结构的一个结果，导致事物随时间变化的根源是系统内在的反馈结构而非系统外的作用力。从系统动力学的观点来看，把外部的作用力也包括在系统内部的反馈系统模型里，就成了生产系统的内生变量，成了系统反馈结构的一部分。系统动力学的基本思想是充分认识系统中的反馈和动态性，并按一定的规则逐步建立系统动力学的结构模式。

用系统动力学的观点来研究一个问题，大致可以分为以下几个阶段：

（1）问题的识别和定义；

（2）系统的概念化；

（3）模型格式化（模型的建立）；

（4）模型行为的分析（计算机模拟）；

（5）策略分析；

（6）模型的使用或执行。

　　每个阶段的起点和终点以及整个过程的起点和终点都是对这一系统及其问题的不断深入的理解，因此，它是一个环或者网，而不是线性的序列，一个循环之后又可以开始新的一个循环，可以不断反复迭代。

　　因果关联是系统动力学的基础。一般系统内部变量间的因果关联用箭头图表示，一个箭头连接两个相关变量，叫做因果键，许多因果键结成链环而封闭称为因果反馈环。因果反馈环有两种情况：一是自变量和因变量正相关，自变量越大，因变量越大；另一种是自变量与因变量负相关，自变量越大，因变量越小。前者称为正反馈环，后者称为负反馈环。如果反馈环有偶数个负因果链，则反馈环为正；如果反馈环有奇数个负因果链，则反馈环为负。负反馈环具有稳定性，正反馈环具有不稳定性。系统动力学的反馈观点有一个潜在的假设：系统都是反馈系统。系统动力学的另一个基本点是延迟，延迟也是普遍存在的。一般来说，有了原因并非立即就能产生结果，往往某个原因经过了一段时间才能作用产生了效果。

　　系统动力学流图是用来描述系统动因及运动规律的图，清晰地表述了系统的反馈、延迟等特征，也是计算机建模仿真的重要工具。如图 9 - 16 所示，系统动力学流图中的基本概念有：

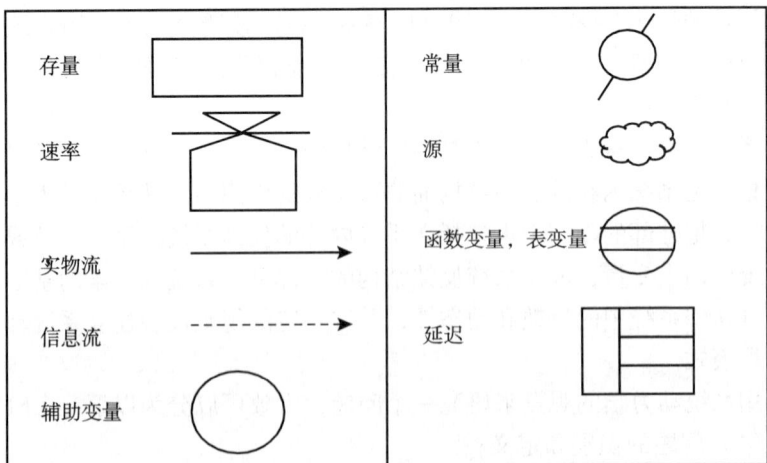

图 9 - 16　系统动力学流图基本概念及其符号

（1）存量（LEVEL），使用长方形表示，像一个水池，可称为水平、存量、积累量、流位，它是系统的状态，也就是系统的某个指标值。流图中用水池的水位高低来模仿系统状态值的大小。

（2）速率（RATE），使用阀门形表示，可称为决策函数、速度、速率、流率等。它控制着存量的变化。流图用阀门模拟控制水位的高低的机制。

（3）实物流，用实线表示，实线连接"阀门"和"水池"，模仿控制的通路。它贯穿存量和速率。

（4）信息链，用虚线表示，模仿信息传递的过程。它指向速率，表示根据什么信息控制速率。但不能从这条曲线看出具体控制方式的细节。

（5）辅助变量，用圆表示，辅助表示流速变动的规律。

（6）小圆加斜线称为常数，是系统中重要的参数。

（7）不规则的闭曲线称为源或汇。源指实物的来源，汇指实物的去向，好比水的源泉和去向。它是系统之外的元素。

（8）函数变量、表变量。

（9）延迟。

9.3.2 名牌生态系统的系统动力学模型

模型关注品牌系统及其竞争品牌系统间的互相制约与互相促进，前者主要体现在系统成员的争夺、市场空间的争夺、品牌的竞争等方面；后者主要体现在行业拓展（关注系统成员的挖掘）、互相投资等。在品牌系统内部运行动力上，分析了系统成员、市场空间、品牌资产等的演化，研究了品牌企业、供应链成员、其他成员由生产到产出投资分配的过程以及之间相互作用。模型结构如图9-17所示。

模型建模工具选取 VENSIM 软件。VENSIM 由美国 Ventana Systems, Inc. 开发，为一可观念化、文件化、模拟、分析、与最佳化动态系统模型之图形接口软件。VENSIM 提供一种简易而具有弹性的方式，以建立包括因果循环（Casual Loop）、存货（Stock）与流程图等相关模型。需要说明的是，该软件生成模型与上面介绍的系统动力学流图略有不同，主要在于以下两点：（1）辅助变量未使用圆圈，如图9-18中的社会成员总数量

N_0。(2) 如图9-19所示，变量含义见图中所示。延迟使用函数，因而在模型视图中没有显现延迟对应的符号。

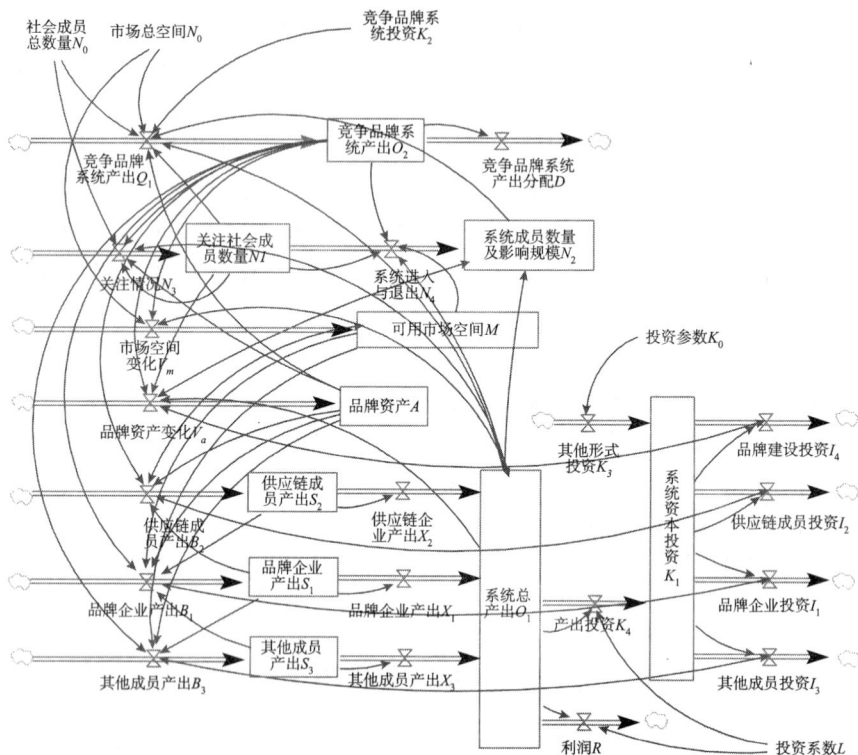

图9-17 名牌生态系统内部运行因果结构模型

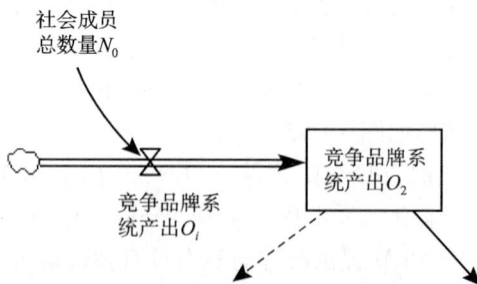

图9-18 竞争品牌产出因果

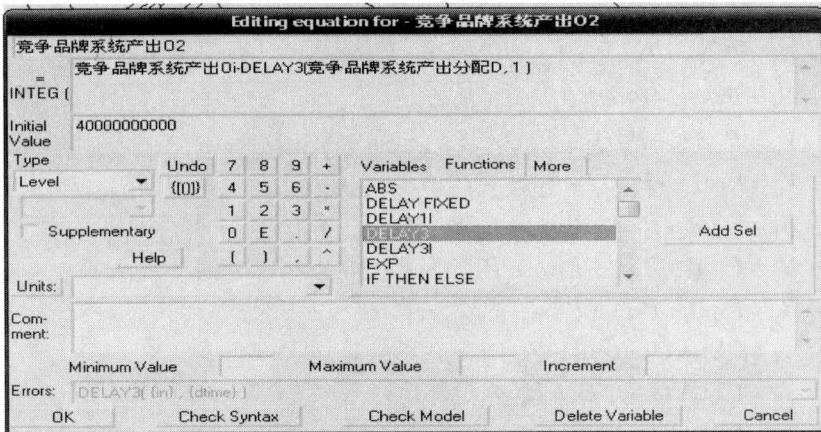

图 9 – 19　名牌生态系统产出

设 C_i 为常量，P_i 为其他参量（规定 $P_i \geq 0$，通过 P_i 前面的正负号来明确标记正负反馈键），F_i 表示函数关系（需要根据不同仿真而进行不同定义的函数），t 表示时刻，模型说明如下：

1. 存量 (Level)

$$O_2(t) = O_2(t - dt) + (O_i - D)\,dt$$
$$N_1(t) = N_1(t - dt) + (N_3 - N_4)\,dt$$
$$N_2(t) = N_2(t - dt) + N_4\,dt$$
$$M(t) = M(t - dt) + V_m\,dt$$
$$A(t) = A(t - dt) + V_a\,dt$$
$$S_1(t) = S_1(t - dt) + (B_1 - X_1)\,dt$$
$$S_2(t) = S_2(t - dt) + (B_2 - X_2)\,dt$$
$$S_3(t) = S_3(t - dt) + (B_3 - X_3)\,dt$$
$$O_1(t) = O_1(t - dt) + (X_1 + X_2 + X_3 - K_4 - R)\,dt$$
$$K_1(t) = K_1(t - dt) + (K_3 + K_4 - I_1 - I_2 - I_3 - I_4)\,dt$$

2. 速率 (Rate)

$$O_i = P_1 N_0 + P_2 M_0 + P_3 K_2 - P_4 N_2 - P_5 O_1 + P_6 N_1 - P_7 A$$

$$D = \text{DELAY}(O_2, C_1, P_8)$$

$$N_3 = P_9 N_0 + P_{10} O_2 + P_{11} O_1 + P_{12} A + P_{13} N_1$$

$$N_4 = P_{14} N_1 - P_{15} O_2 + P_{16} M + P_{17} O_1$$

$$V_m = P_{18} M_0 - P_{19} O_2 + P_{20} O_1$$

$$V_a = P_{21} O_1 - P_{22} O_2 + P_{23} N_1 + P_{24} N_2 + P_{25} I_4$$

$$B_1 = P_{26} M + P_{27} A + P_{28} I_1 + P_{29} S_2 + P_{30} S_3 - P_{31} O_2$$

$$B_2 = P_{32} M + P_{33} A + P_{34} I_2 + P_{35} S_1 - P_{36} O_2$$

$$B_3 = P_{37} M + P_{38} A + P_{39} I_3 + P_{40} S_1 - P_{41} O_2$$

$$X_1 = \text{DELAY}(S_1, C_2, P_{42})$$

$$X_2 = \text{DELAY}(S_2, C_3, P_{43})$$

$$X_3 = \text{DELAY}(S_3, C_4, P_{44})$$

$$K_3 = P_{45} K_0$$

$$K_4 = \text{DELAY}(O_1 L, C_5, P_{46})$$

$$R = \text{DELAY}(O_1(1-L), C_6, P_{47})$$

$$I_1 = P_{48} K_1$$

$$I_2 = P_{49} K_1$$

$$I_3 = P_{50} K_1$$

$$I_4 = P_{51} K_1$$

3. 辅助变量（Auxiliary）

$$N_0 = C_7$$

$$M_0 = C_8$$

$$K_0 = F_1(t)$$

$$K_2 = F_2(t)$$

模型中的几点说明：

（1）在模型中，以下几个速率可以为负：关注情况 N_3、系统进入与退出 N_4、市场空间变化 V_m 和名牌资产变化 V_a，负值表示对应项数量的减少。比如，关注情况 N_3 为负时，表明部分原本关注该产业的社会成员不再关注该产业；名牌资产变化 V_a 为负表明名牌资产比较上个时期有所减少，名牌力量减弱了。

（2）模型中 DELAY 函数的应用：一方面，反映了事物本身某些滞后的属性，比如，来源于系统产出的系统投资总是在产出形成之后才能产出；另一方面，是为了进行系统动力学和实际的融合，比如，实际中某些指标的统计是固定值，如某年的产出，但是，系统动力学中，如果这一年的产出被分配了，则该值会因为"流走"而变为 0，通过 DELAY 函数可以解决这种矛盾。

（3）仿真结果如图 9 - 20 （a）~（d）所示。

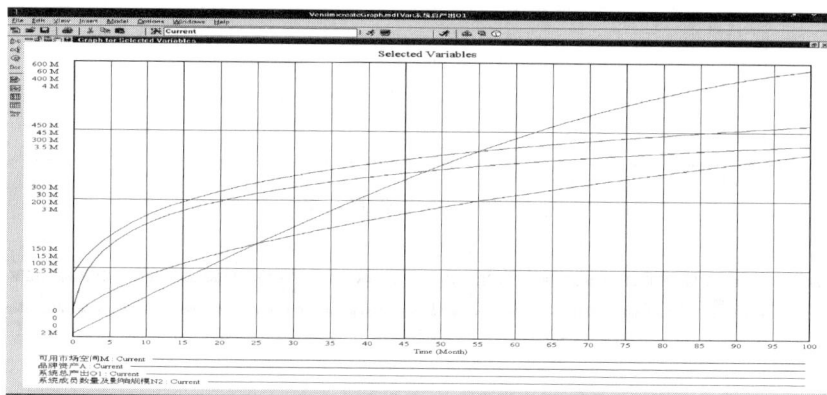

图 9 - 20 （a）　仿真结果一

当提高系统投资水平的时候，结果如图 9 - 20 （b）~（d）所示。

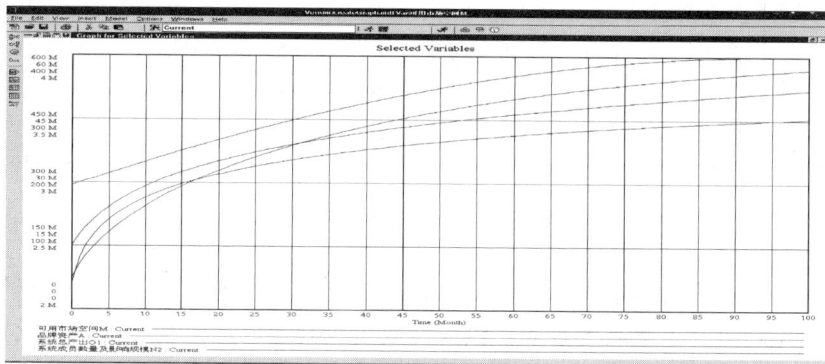

图 9 - 20 （b）　仿真结果二

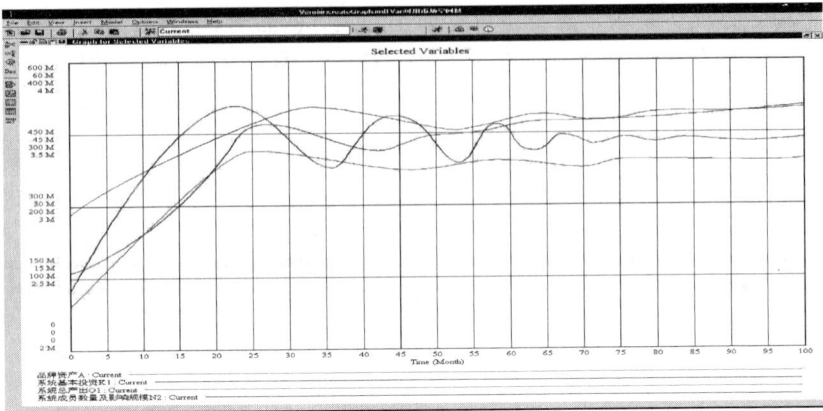

图 9 – 20（c）　　仿真结果三

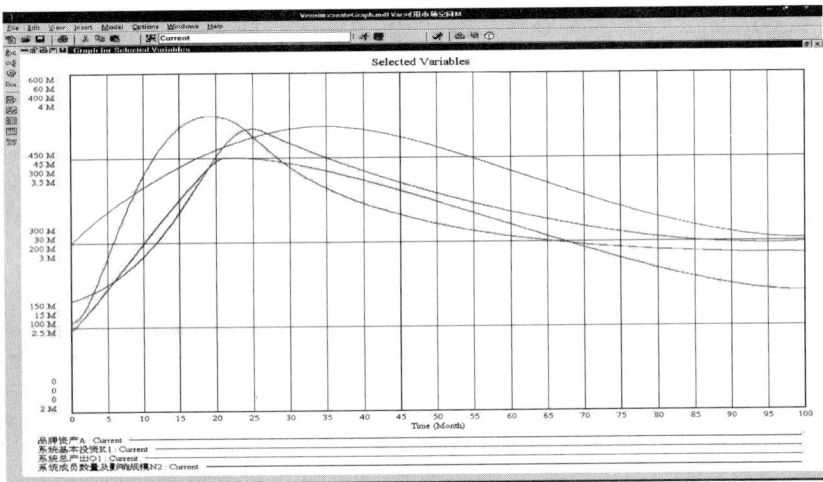

图 9 – 20（d）　　仿真结果四

　　通过系统动力学仿真，可以得到系统成员、市场空间、名牌资产等的演化趋势，了解名牌企业、供应链成员、其他成员由生产到产出投资分配的过程以及相互之间的作用，对名牌生态系统扩张策略制定具有指导作用。

第 10 章

名牌生态系统的调控

§10.1 名牌生态系统的稳定性

稳定性是现代科学中的一个重要概念，也是系统整体最重要的属性。如果系统性质与运行规律会因微小的、随机的扰动而变化很大，我们就认为系统的稳定性很差。系统稳定性是动力系统的基本要求和评价的重要品质指标。当系统受到扰动而发生偏离后如果能够回到原来的状态，它是稳定的；否则就是不稳定的。生态系统中的生物和非生物都在不断地发展变化着，当生态系统发展到一定阶段时，它的结构和功能就能在一定的水平上保持相对稳定而不发生大的变化。生态系统具有保持或恢复自身结构和功能相对稳定的能力，叫做生态系统的稳定性，它的稳定性来自抵抗力稳定性和恢复力稳定性两个方面。生态系统抵抗外界干扰的能力来源于物种多样性，能量流动与物质循环的途径多以及生物代谢旺盛。而生态系统受到外界干扰使自身结构功能破坏后恢复原状的能力则取决于生物繁殖的速度、物种变异能力、生态系统结构简单以及适应新环境的能力。对一个生态系统来说，抵抗力稳定性与恢复力稳定性存在相反关系。

名牌生态系统是由多个独立法人或自然人共同组成，该生态系统成员依赖一个或几个系统得以生存与发展，名牌生态系统是一个开放的耗散结构系统。如果环境发生变化，系统功能、系统结构及其成员发生变化，必然会影响名牌生态系统的整个运行，引起的后果有两个方面：一方面是使名牌生态系统逐步或突然发生失稳；另一方面是使名牌生态系统更加适应环境，发展速度更快或运行更加稳定。

名牌生态系统的稳定性是指名牌生态系统在运行、成长过程中的抗干扰能力，主要表现为名牌企业与名牌产品持续增长的平稳性。

名牌生态系统稳定状态可以分为三种情况：一是稳定状态。二是不稳定状态，即当外界环境发生变化时，系统失去稳定状态。三是失稳状态，可分为两种情况：（1）失稳后可恢复稳定状态；（2）由于环境因素变化而使系统发生了失控状态，系统遭到破坏，失稳后不再恢复稳定状态而进入混乱状态，如图 10-1 所示。

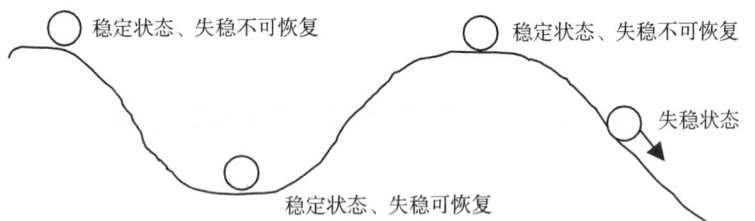

图 10-1 名牌生态系统稳定状态

设一个单输入单输出的动态名牌生态系统可用以下方程表示：

$$\frac{d^k f(t)}{dt} = s^k F(s) - s^{k-1} f(0) - s^{k-2} f'(0) - \cdots - f^{(k-1)}(0) \quad (10.1)$$

再设 $G(s)$ 为该名牌生态系统的传递函数，则：

$$G(s) = \frac{b_m s^m + b_{m-1} s^{m-1} + \cdots + b_1 s + b_0}{a_n s^n + a_{n-1} s^{n-1} + \cdots + a_1 s + a_0} = \frac{n(s)}{d(s)}$$

对于用线性状态空间描述的系统：

$$\dot{x} = Ax + Bu$$
$$y = Cx + Du$$
$$G(s) = C(sI - A)^{-1} B + D$$
$$d(s) = det(sI - A)$$

我们可以利用系统的特征根来判断名牌生态系统的稳定性，而线性系统稳定的充分必要条件是：其全部特征根都位于复平面的左半平面，否则就会出现系统失稳。而对于非线性系统，其行为更加复杂。

名牌生态系统中的成员有迁入和迁出，增加或减少，环境也在不断变化，因此，名牌生态系统总是在发展变化的。当品牌生态系统发展到一定阶段而成为名牌生态系统后，它的结构和功能能够保持相对稳定。名牌生态系统所具有的保持或恢复自身结构和功能相对稳定的能力，叫做名牌生态系统的稳定性。例如，当经济萧条时，名牌生态系统成员种类和数量一般不会有太大的变化，这说明名牌生态系统具有抵抗环境变化、保持自身相对稳定的能力。名牌生态系统的稳定性包括抵抗力稳定性和恢复力稳定性两方面，如图 10 - 2 所示。

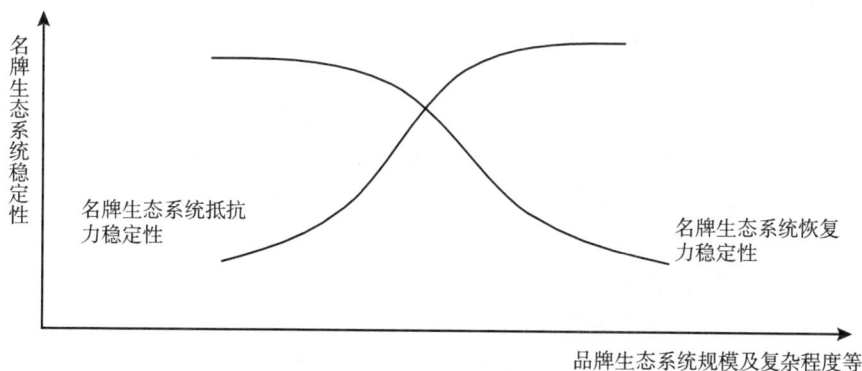

图 10 - 2　名牌生态系统稳定性

名牌生态系统抵抗力稳定性是指名牌生态系统抵抗外界干扰并使自身的结构和功能保持原状的能力。名牌生态系统之所以具有抵抗力稳定性，是因为名牌生态系统内部具有一定的自动调节能力。例如，名牌生态系统内品牌产品价格出现波动时，产品营销网络通过成员利益调整得到稳定，名牌生态系统中成员的种类和数量不会受到明显的影响。再比如，在名牌生态系统中，当竞争者数量增加时，系统成员由于名牌吸引力而使得系统成员数量也会增多，这样竞争者种群的增长就会受到抑制。从图 10 - 2 可以看出名牌生态系统抵抗力稳定性随着名牌生态系统规模及复杂程度的增加而增大。

名牌生态系统的恢复力稳定性是指名牌生态系统在遭到外界干扰因素的破坏以后恢复到原状的能力。比如，名牌声誉被严重损伤后，导致大量客户流失，使名牌生态系统的结构和功能遭到破坏。如果事件过后，名牌生态系统通过自身的沟通与传播，还会恢复到接近原来的状态。再比如，一个名牌停止生产后其产品在市场上消失，而再度生产后，其品牌产品又迅速占领市场，名牌生态系统成员的种类和数量也能很快恢复。名牌生态系统的恢复力稳定性随着名牌生态系统规模及复杂程度的增加而减小，这说明规模及复杂程度大的名牌生态系统失稳风险较小规模名牌生态系统要大。

§10.2　名牌生态系统的稳定性判据与失稳预警

1. 系统稳定的特征

（1）名牌生态系统的价值链没有大的瓶颈存在流程均衡；

（2）品牌美誉度、知名度高、形象稳定；

（3）名牌产品质量好、技术含量高，不易模仿；

（4）名牌产品生命周期处于成长与成熟期；

（5）名牌企业销售状况、财务状况良好；

（6）名牌企业市场投入合理、持续稳定；

（7）名牌生态系统的后端成员利益分配合理；

（8）竞争者无恶意进攻行为与对抗动作；

（9）网络及其成员稳定且质量高；

（10）环境相对稳定，有利于名牌生态系统的发展；

（11）政府支持力度大；

（12）名牌企业资金雄厚、领导能力强、员工队伍素质高；

（13）消费者品牌忠诚度高；

（14）名牌生态系统内信息畅通，决策速度快；

（15）名牌生态系统核心成员结为联盟，各成员群落数量持续增长，且优势品牌物种在系统内集中。

2. 不稳定状态及失稳预警

不同类型名牌生态系统具有不同的稳定性关键参数，取决于名牌企业名牌产品的种类、技术质量、资金流动以及营销网络等方面的特性。因此，失稳预警系统的基础是失稳标准的确立以及对名牌生态系统的连续监控。失稳与不稳定状态是不同的，有时名牌生态系统处于成长期，环境与其他系统因素发生波动而处于不稳定状态，但这种不稳定状态会影响到系统的运作效率，严重时会导致系统失稳而全线崩溃。而失稳状态是不可恢复的不稳定状态，可导致整个名牌体系的崩溃与衰败。

（1）不稳定状态，其表现见表 10 - 1。

表 10 - 1　　　　　　　　　不稳定状态表现

状态	表　现	程度判断
不稳定状态	环境：变化快、不可测 市场：需求变化快、竞争激烈、成员利益得不到保证 企业：资金紧张、管理体系不健全、组织缺陷、人治 竞争：主要竞争对手具有对抗性，各系统成员进出频繁 产品质量：不稳定 品牌形象：媒体关系紧张、品牌形象老化	稳定　　　不稳定 ────── ────── ────── ────── ──────
失稳可恢复状态	环境限制名牌生态系统的发展，但不是要封杀企业。市场秩序发生混乱；促销力度不够；企业管理发生问题，关键人员走失，资金调度短期失灵。市场竞争激烈，资源争夺加剧，企业优势丧失。企业产品质量发生可挽回的重大质量事故。由于种种原因引起的品牌形象受损且出现一定规模的不良舆论，等等	名牌企业应对名牌生态系统的不稳定状态进行连续监控，根据不同情况判断失稳程度，认真对待系统的失稳要素。事件处理要及时稳妥
失稳但不可恢复	环境封杀名牌生态系统；名牌产品无创新，已不适应市场需要。市场秩序发生严重动乱；企业管理发生重大问题致使企业运作停止较长时间。大部分关键技术管理人员走失，资金陷入长时间短缺，金融机构不再支持。市场竞争对手采取激烈对抗措施，生态系统优势完全丧失，主要成员已经离开。企业产品质量发生不可挽回的重大质量事故，品牌形象严重受损且出现全国性的长期反面舆论等	名牌企业应从市场、资源与系统成员等角度进行综合判断，实施转向与名牌生态系统的创新与再造工程

（2）失稳预警。失稳预警是要对名牌生态系统的不稳定状态做出判断，发出警告，并提出相应失稳预防策略。

①失稳关键环节。由名牌生态系统中供应商、名牌企业、名牌产品、营销网络以及消费者等环节组成。

②失稳指数（ρ_v）。名牌生态系统价值链稳定系数：$\rho = \rho_1 \cdot \rho_2 \cdot \rho_3 \cdot \cdots \cdot \rho_v$。$\rho_v$ 为不同链节的稳定系数，则：$0 < \rho < 1$，$\rho = 0$ 不稳定，$\rho = 1$ 稳定。

由名牌生态系统中环境、供应商、名牌企业、名牌产品形态、营销网络以及消费者（用户）等稳定系数 $\rho_{环境}$、$\rho_{供应商}$、$\rho_{企业}$、$\rho_{产品}$、$\rho_{网络}$、$\rho_{消费者}$ 等组成。$0 < \rho_\nu < 1$，$\rho_\nu = 0$ 不稳定，$\rho_\nu = 1$ 稳定（图 10－3 表示了三个不同的名牌生态系统稳定系数状况）。$\xi_\nu = 1 - \rho_\nu$ 为失稳系数。

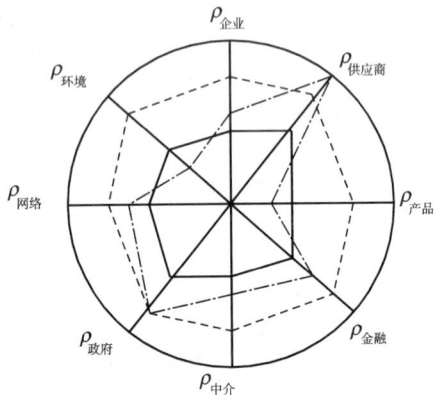

图 10－3 失稳预警系统

③失稳预警系统的建立。失稳预警系统应包括建立系统监控信息系统，失稳预警指标测定，比如，失稳系数 ξ_ν 的计算等，预警报告系统如名牌生态系统失稳雷达图以及定期提交名牌生态系统失稳报告书等。首先通过名牌生态系统失稳原因因素识别，建立关键风险因子数据库及系统失稳监控信息系统；针对不同名牌生态系统的状态确定的失稳预警线，是由一组指标最大或最小因子值构成。当实际名牌生态系统的预警指标达到预警线时，失稳预警就发出了。

§10.3 名牌生态系统稳定性复合 调控机制与策略

☞10.3.1 名牌生态系统复合调控机制的概念

对一个名牌生态系统来说，抵抗力稳定性与恢复力稳定性之间往往存在着相反的关系。抵抗力稳定性较高的生态系统，恢复力稳定性就较低，反之亦然。例如，多元化名牌生态系统的抵抗力稳定性比专业化名牌生态系统的高，但是它的恢复力稳定性要比专业化的名牌生态系统低得多。多元化名牌生态系统一旦遭到严重破坏，要想再恢复原状就非常困难了。

信息化、技术以及人类商业活动正在改变着各种名牌生态系统的稳定性，导致出现了全球性的商业环境危机等。因此，名牌生态系统应当针对其稳定性特点，采取相应的保护及调控对策，保护各种名牌生态系统的相对稳定，这样才能使其持续稳定健康发展。

名牌生态系统是复杂拟生命系统，随着环境及内部构成的变化其功能将会发生变化，对系统进行调控，确保名牌生态系统沿着持续成长的正确方向发展。

所谓调控机制是对系统结构及功能进行调节控制的内在机能与运行方式，其作用是通过对系统功能的维持及强化，从而保持系统有效运行及提高。品牌生态系统的调控机制可由两部分组成：自组织调控机制与他组织调控机制。自组织调控是系统在一定条件下由系统内部自行产生的组织机制作用于系统而使系统呈现高度有序的稳定结构，当系统出现失稳时，系统自组织调控机制发生作用使系统重新恢复原有稳定状态，或在更高层次上呈现稳定状态。由于自组织具有临界性特征，当系统处于临界状态时，一个微小的局部扰动可能会通过类似"多米诺效应"机制被放大，其效应可能会涉及整个系统，形成系统崩溃。当系统出现若干崩溃事件，且其时间与空间尺度越来越大时，他组织调控机制就必须发生作用。他组织调控是指系统状态调控不依赖其自组织调控机制，而是利用外加动力或约束力的机制对系统进行调控，使系统按照正确的方式发展。

然而，对于多数品牌生态系统的调控而言，仅仅依靠自组织或他组织调控机制是不够的，必须充分发挥自组织与他组织调控复合机制的作用才能使品牌生态系统处于可控的持续稳定发展状态。

☛ 10.3.2　名牌生态系统复合调控的内容

（1）名牌生态系统功能与规模。随着市场需求及竞争格局的动态变化，名牌生态系统的功能与规模应做出相应的调整以适应环境变化。名牌生态系统功能与规模调控的内容主要包括产品功能及种类的增减、用户覆盖面的缩放以及名牌生态系统服务功能重要性的提高等。在增加系统价值的前提下调控系统规模及结构布局，若系统功能下降，则系统规模必然减小，反之亦然。

（2）名牌生态系统健康。是指通过调控名牌生态系统构成及运行状态，确保系统结构健全运行正常。构成要素的素质、系统结构合理性等是系统调控主要考虑的指标。

（3）名牌生态系统生态位。名牌生态系统的生态位要随着环境及系统功能目标的变化而做出相应的调整。名牌生态系统的生态位宽度与重叠度是其调控的两个主要变量。

（4）名牌生态系统发展速度。即名牌生态系统发展快慢的调控，主要协调名牌生态系统规模扩张的速度。由于名牌生态系统由多种成员群体组成，素质及资源能力不同，体现出系统内"能量"交换的不一致或不协调，系统功能发展不平衡，进而影响到整个名牌生态系统功能的正常发挥，因而调控总体与子系统发展速度非常重要。

（5）名牌生态系统稳定性。不同的名牌生态系统具有不同的抗干扰性及恢复能力，调控系统的抗干扰性及恢复性能可保证名牌生态系统的健康稳定发展。

☛ 10.3.3　名牌生态系统复合调控机制的构成

在名牌生态系统复合调控机制中，名牌生态系统内部的非线性自组织机制起到活化系统的作用，它通过开放系统界面与环境进行物质及信息交流，从而实现对名牌生态系统调控的目的。自组织理论认为，系统通过开放的非线性相互作用机制，可以形成种种具有自我调节、自动和谐并具有创新性质和高度有序的自组织系统。自组织的最基本机制就是反馈机制，它们用正反馈和负反馈机制自动调节名牌生态系统的状态。名牌生态系统调控机制如图10－4与图10－5。外部环境变化与内在自组织机制是名牌生态系统动力及适应力的主要来源。由于自组织机制复杂隐含，因而把握名牌生态系统的自组织机制困难很大。在名牌生态系统的自组织过程中，系统结构的建立与破坏，其关键在于正回馈环的运转，形成由局部创新、涌现升级、稳定结构与功能表现所形成正回馈环路以及自组织与他组织互动优化的正回馈环路，抑制主导结构的破坏。依据名牌生态系统自组织运作机制，管理者可以对名牌生态系统的运行障碍与系统性稳定性做出判断。

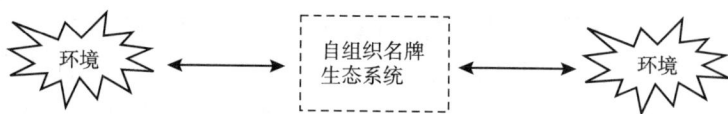

图 10-4 名牌生态系统调控机制

名牌生态系统的结构如果没有特殊干扰，其秩序与调控完全可以依靠系统内部的相互作用来达到，即系统处于自组织状态。其特点是自调性和自生性，过程是从无序到有序，并具有了特殊的系统结构与功能。自组织是远离平衡态的，具有反馈与自复制性。若没有干扰，系统自组织状态可能因为涌现而上升为新的高级状态，或者出现系统崩溃。名牌生态系统的自组织对系统进化起到一定的积极作用，但涌现才是名牌生态系统发展的根本动力。名牌生态系统形成自组织有序结构的条件是：开放，远离平衡态，系统内部具有非线性作用机制，具有涌现现象。但如果存在外界的特定外力干扰，当出现系统崩溃现象时，外力恢复机制将产生作用，迫使系统恢复稳定状态。也就是说，当名牌生态系统出现失稳而其内部恢复机制不能自调时，外部干扰力将产生恢复作用，迫使系统回到稳定状态，因此，对于任何名牌生态系统而言，设计、形成具有自组织与他组织复合作用的调控机制意义重大。自组织与他组织调控机制共同发挥作用成为一切重要社会经济系统稳定运行的必要条件。因此，复合调控机制成为系统有效运行的必备机制。品牌生态系统的复合调控机制如图 10-5 所示。

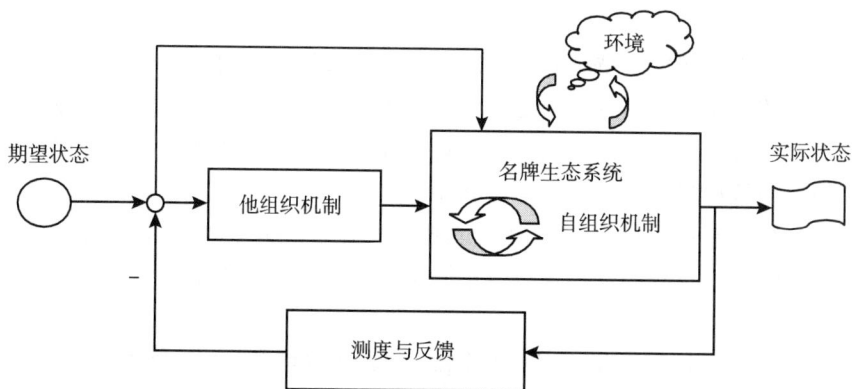

图 10-5 名牌生态系统复合调控机制

名牌生态系统是一个由大量子系统构成的大系统，在名牌生态系统的复合调控机制下，从无序向有序转化的关键是在于内部组织创新与外部环境变化的较量，名牌生态系统的子系统之间通过非线性的相互作用形成一定的自组织结构，表现出新的有序状态。复合调控机制中的自组织机制作用越大，名牌生态系统的发展状态就会越良性化，也就越持续稳定。名牌生态系统的调控存在自调控与他调控两种方式：自调控通过名牌拥有企业与其他关键系统成员进行调控，他调控则由支撑或环境成员对名牌生态系统进行调控。名牌拥有企业的控制力越强，名牌生态系统自组织性能越好。因此，在名牌生态系统的调控过程中，名牌企业首先应对名牌生态系统的边界进行确定，明确名牌生态系统的自调控范围，如成长性名牌企业，其名牌生态系统划定范围就会小，即自组织调控范围小，他组织调控范围大；其次要选定名牌生态系统的调控方式，即选用何种序参量对系统进行调控。

名牌生态系统演化的动力根源在于系统与外部力量的持续非线性的相互作用，在于系统内不同成员战略模式之间、文化、制度、管理模式之间非线性的相互作用。这些非线性的相互作用会使系统的整个模式系统或其组成部分呈现持续的波动。在新的内外环境中，竞争往往导致只有一个或少量几个序参量决定名牌生态系统稳定结构。

☛10.3.4 名牌生态系统调控模式类型与选择

名牌生态系统要持续稳定发展，必须使其处于相对可控状态。而名牌生态系统的调控除了首先需要确定名牌生态系统的调控边界之外，设定合理的调控模式非常关键。当系统出现扰动时，系统能够通过一定的控制模式使系统抵御或恢复原有的运行状态。

名牌生态系统复合调控模式是名牌生态系统调控所遵循的途径与方式。名牌生态系统调控模式可按不同的角度分为不同类型。

1. 名牌生态系统复合调控模式按调控组织进行分类

根据生态学原则，优势物种决定了生态系统的生态位及其结构功能，因此作为优势物种的品牌生态系统成员凭借其资源、地位与权力可实现对品牌生态系统的调控，在名牌生态系统中，优势物种成员包括名牌企业、优势供应链成员、关键环境支撑成员等。品牌生态系统复合调控模式可以分为核心名牌企业调控、优势供应链成员调控模式、环境支撑成员调控以及复合调控模式四种。

（1）核心名牌企业调控模式。核心企业通过利用品牌力、契约以及企业人际关系网络实现对品牌生态系统的调控。其中以品牌力调控影响面广、效应持续时间长。在这种模式中，核心名牌企业塑造品牌，积累品牌资产，进行产品技术创新与开发，制定系统运行目标、规则与商业模式，并通过商业契约与利益手段对名牌生态系统进行调控。对于名牌生态系统的不同子系统，核心企业调控力度与调控范围不同，一般来说，名牌企业核心能力越强，其调控力度与调控范围就会越大。

（2）核心名牌企业加关键成员调控模式。核心企业通过利用品牌力、契约以及企业人际关系网络实现对品牌生态系统主要环节的调控，比如，通过塑造与改善品牌形象、创新品牌产品、合理产品定价、设定主要商业模式等，而其他关键成员如关键品牌代理及分销商等通过其关键资源、契约以及人际关系网络实现对品牌生态系统的调控。有的名牌生态系统甚至采用品牌产品区域总代理的营销模式，将其区域市场的调控权全部交由经销商、代理商，核心名牌企业只是通过品牌形象调控消费者及经销商、代理商，而零售商、分销商等营销网络则不予控制。这种模式下，名牌生态系统的运行会出现波动，但如果控制得力，则会事半功倍。

（3）环境支撑成员调控模式。有的名牌生态系统，因其产品或行业性质特殊性，如烟草、药品、安全器材等，政府、社会公众成员将会对系统运行起到至关重要的调控作用，这些环境支撑成员通过其规制制定权、关键资源、契约以及人际关系网络实现对品牌生态系统的强制性调控。当名牌生态系统失控时，环境支撑成员会启动复合调控机制使系统恢复平衡状态。

2. 名牌生态系统复合调控模式按调控程度进行分类

名牌生态系统复合调控模式可分为核心名牌企业完全调控模式与非完全调控两种模式。

核心名牌企业完全调控模式是指名牌生态系统完全受名牌企业的控制，控制机制基本上是以他组织方式为主，名牌企业具有绝对的话语权，其战略意图、利益分配、商业模式、运营指令以及名牌文化完全被系统成员所接受并发挥作用，名牌生态系统处于高效运行管理状态。此种调控模式对名牌企业能力要求较高，而且名牌企业系统运营成本较高。

非核心名牌企业完全调控模式是指名牌企业不能完全控制名牌生态系统，许多子系统的调控需要依靠其他系统成员进行，也就是说这种模式需要启动复合调控机制，大的环节名牌企业调控，小的环节依靠自组织调控。

3. 名牌生态系统复合调控模式的选择应考虑的原则

（1）名牌产品性质。产品性质如产品种类、产品功能及产品替代性等对名牌生态系统调控模式选择模式具有较大影响，消费类产品由于市场控制困难，因而以自组织为主；若是重要生产资料产品，则可能采取以环境成员如政府调控为主、核心企业为辅的调控方式。

（2）名牌所处行业竞争环境。市场环境好竞争不激烈的名牌生态系统以自组织调控模式为佳，市场环境好但竞争激烈的名牌生态系统多采取自组织调控为主、他组织为辅的模式，而在市场环境差的情况下，不管竞争是否激烈，均应采取他组织为主、自组织为辅的调控模式。

（3）名牌企业所处的发展阶段。不同成长阶段复合调控模式的选择是不同的，成长期名牌生态系统虽然活力大，但由于稳定性差而应以自组织为主、他组织为辅的复合调控模式，而对于成熟期的名牌生态系统则以核心企业为调控主体的他组织调控模式更好。

（4）名牌企业核心能力及资产规模。当名牌企业资产规模大、能力强，对名牌生态系统具有绝对话语权时，应选择以核心企业为调控主体的他组织调控模式，而实力小时应选择自组织为主、他组织为辅的复合调控模式。

（5）名牌企业战略。由于不同的名牌生态系统复合调控模式各具有缺点，自组织模式成本低但调控力度小，易发生系统紊乱，而他组织调控模式力度大但成本高，名牌企业目标及资源运用战略对选择名牌生态系统调控模式影响较大。

（6）名牌生态系统其他关键优势成员实力状况。当名牌生态系统其他关键优势成员实力较强时，他组织调控模式力度大，但施控主体可能不是名牌企业而是其他关键成员，这时的名牌生态系统调控模式基本属于他组织为主、自组织为辅的复合调控模式。

10.3.5　名牌生态系统调控工具

对名牌生态系统进行调控，除了选择调控模式之外，还要采用适宜的调控工具，具体来说有如下一些：

（1）名牌资产。就名牌生态系统来说，通过竞争协作产生的核心品牌企业是名牌生态系统的品牌资产中心、产品中心、资本中心、利润中心和品牌文化中心，通过对系统其他成员输出产品、信息、技术、文化、资源及管理模式影响成员企业形成非线性发展从而使整个系统的发展按照同一模式和框架内演化。品牌资产可以影响用户或消费者、供应商、分销商、中介成员及环境支撑成员等态度与行为，因而可以通过变化的品牌资产来调整名牌生态系统中的成员数量、产品销量以及系统的稳定性。品牌资产的提升需要加大品牌建设投入及优化品牌策略。

（2）契约。通过订立或修订调节成员关系的商业契约来规范和建立名牌生态系统的动力机制及反馈调节机制，使名牌生态系统向着有序、扩张及增值的方向发展。契约的种类很多，有利益共同体方案约定，也有系统成员行为的约束规定。由于契约具有法律效应，因而，其调控力量也较大。

（3）规制与标准。规制与标准是系统行动规则与个体行动控制程序。由于相互依存性而产生的集体理性，进而形成规范化的运作程序就产生了秩序。规制与标准的制定者是创新的发动者，由于这些核心成员对名牌生态系统的发展具有话语权，在系统博弈中，博弈得益表现为权威控制型和关键利益相关者控制型。规制与标准在系统发展过程中起到了决定作用，使系统各成员之间通过内部规制与标准得到有机的联系，规制与标准一旦形成，就可在名牌生态系统中产生"黏性"效应，有利于名牌生态系统的健康成长。

（4）文化。名牌具有名牌文化效应，对名牌生态系统成员行为具有导向性、规范性及吸引力。因而对名牌生态系统的扩大、收缩，系统的内聚及竞争具有长效调控作用。通过名牌核心价值的优化及传播使名牌生态系统处于良性运作状态。

（5）人际关系。通过名牌生态系统关键成员内及成员之间的人际沟通、互动及关怀，形成良好的人际关系网络，而这个人际关系网络对于名牌生态系统具有调控作用。比如，通过厂商联谊、俱乐部及业务工作关系等途径建立的人际网络可以对名牌生态系统中出现的成员间、系统与环境间的冲突起到很好的缓解与调节作用，从而实现对名牌生态系统运行状态的调控。

（6）管理关系。在名牌生态系统内许多成员间存在管理关系，比如，政府之于国有企业、母公司之于子公司、名牌企业内的管理关系等，通过组织的管理制度实现对名牌生态系统的调控。

（7）法律法规。国家及地方政府为了国家与人民的利益制定了大量的规范市场、企业及其他组织行为的法律法规政策，这些法律法规政策为名牌生态系统发展创造了良好环境，是对名牌生态系统进行调控的权威性强制性的工具。

（8）利益分配。通过价格调整成员间的利益分配调整，从而实现名牌生态系统运行方向及状态的调控，这时调控主体一般是强势名牌企业或系统关键成员。

（9）舆论。通过舆论传播可以对名牌生态系统进行间接调控，比如，正面舆论可以增加品牌产品消费者及供应链成员的数量，同时还可以增加名牌企业的品牌价值；而负面舆论则可以起到相反的效果。

（10）资本运作。名牌生态系统发展过程中，资源积聚是极为关键的一步。资源积聚带来了名牌生态系统的有序化，促进了名牌生态系统从独立运作过渡到以资源连接为纽带的跨企业边界运作，追逐利润的本能带来了系统内外部的资产重组和管理模式创新。资本运作可以作为增加系统核心动力的途径，一方面，可以扩大名牌企业能力，另一方面，可以通过资本关系改变，从而调控名牌生态系统的利益关系、信息关系以及系统功能，从而实现对名牌生态系统的调控。

一般来说，在系统调控过程中各种调控工具的组合使用可产生良好的调控效果，在以自组织为主的名牌生态系统调控过程中，品牌资产、利益关系、契约、人际关系、品牌文化等工具可能较为重要，而在以他组织为主的名牌生态系统调控中，则法律法规政策、舆论、规制标准等则可能成为关键的调控工具。不同调控工具使用范围与特点如表 10 - 2 所示。

表 10 – 2 名牌生态系统调控工具特性

调控工具	核心调控成员	调控强度	适用范围
品牌资产	名牌企业	强	整个系统
契约	各个成员	强	整个系统及其子系统
规制与标准	名牌企业与关键成员	强	整个系统
文化	名牌企业与关键成员	弱	整个系统
人际关系	各个成员	中等	子系统
管理关系	各个成员	中等	子系统
法律法规	政府及相关中介成员	强	整个系统
利益分配	名牌企业与关键成员	强	整个系统及其子系统
舆论	媒体、公众	中等	整个系统及其子系统
资本运作	名牌企业与关键成员	强	子系统

§10.4 目前我国名牌生态系统调控策略

由于名牌生态系统成员多，区域分布广，影响因素多，变化大，因而其稳定性精确调控难度较大。名牌企业只能采取日常监控的方式，掌握系统运作信息，并对名牌生态系统的影响因素，发展变化趋势及稳定状态做出推测。经常性地微调一些运行要素，以便使系统处于经常的调适状态，避免整个系统的大幅调整。

（1）品牌形象调整策略。对品牌形象进行监控，判断形象要素变化状态，及时清除不良偏差，同时采取措施不断提升品牌形象。形象调控要有系统观念，要与形象稳定、形象创新结合起来。

（2）产品质量调控策略。对产品质量进行全寿命期监控，了解顾客需求变化趋势，及时进行产品质量策划与改进，紧跟市场潮流，调整质量水平，采用先进标准，稳定质量状态。

（3）联盟策略。采取紧密、半紧密方式将名牌企业、供应商、中间商、零售商相关组织及相关群体结为战略联盟，以增加名牌生态系统的运行稳定性及对抗性能。联盟要以有效性及动态性为基本原则，以资产或契约为纽带，对于增加稳定但影响效率的联盟应予以解除。

（4）寻求政策支持。作为名牌生态系统主要要素之一政府及其政策法规对名牌生态系统的稳定性起到至关重要的作用。政策对名牌企业的支持力度决定了名牌生态系统的核心能力状况。因此，寻求政府最大限度的支持，对于改善稳定性具有较大的促进作用。

（5）保持适当的资源储备。许多名牌生态系统出现大的动荡，重要原因之一是核心成员资源不足而导致商业流程中断后引起的。因此要根据名牌产品商业流程协调各成员或吸引新成员，确保资源的适度储备。其中对核心名牌企业的资源储备的优化与调控最为重要。

（6）采取措施优化名牌产品市场秩序。市场秩序是名牌生态系统稳定的外在表现，直接影响名牌产品的市场销售与居民消费。在影响市场秩序的因素中，价格体系状况是最重要因素，因此必须对其实施严格监控与适时调整。要得到稳定的价格体系必须建立高效完善的营销网络。

第 11 章

名牌生态系统评价模型

§11.1 概　　述

具有生物生态系统特征的名牌生态系统作为社会商业生态系统的核心子系统,对社会经济发展起到关键的支撑作用,因此对其进行评价可从两个角度进行:一是名牌生态系统的对外功能,即对外综合贡献度的评价;二是对其系统本身运行状态进行健康性评价。

名牌生态系统综合评价要求对所评价的对象进行深入研究,首先必须获得可靠的基础信息(包括生态因子、价值及功能状况的数据信息)。评价指标必须有可查性、可比性及定量性。在建立综合评价模型中必须保证在不同尺度上收集到的数据具有整合性,这样才能保证大尺度模型采用小尺度的局域性数据。

名牌生态系统评价的基本模型框架可由图 11-1 表示。

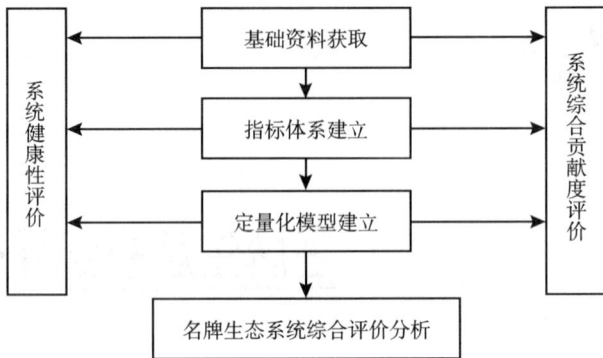

图 11 - 1　名牌生态系统评价的基本模型框架

§11.2　名牌生态系统综合贡献度评价模型

☛11.2.1　名牌生态系统综合贡献度评价指标设计

名牌要想得到健康稳定的发展必须要与外部相关环境要素组成良性循环的生态系统，即以品牌为龙头形成名牌商业生态系统。系统成员根据特定的规则，按一定结构组织在一起，发挥社会经济服务功能。名牌商业生态系统发挥价值创新功能，随着名牌生态系统发展，规模越来越大，其复杂性越来越高，企业品牌进入良性发展轨道。过去对名牌进行的综合评价基本上是仅仅对单个名牌进行的评价，因而难以表现出名牌对社会经济的综合贡献率。从生态学角度，生态系统的功能评价尺度较大，维度较多，这为我们对名牌生态系统的评价提供了思路与方法。名牌生态系统的功能效用可分为系统经济效益、社会效益、名牌所在地形象以及关联相关带动等四个方面。因此，对名牌商业生态系统的功能进行综合评价，可以从四个方面进行考虑。

名牌生态系统的功能评价可以设定如下几个主要指标：

1. 经济效益指标（A_1）

经济效益指标主要是从经济效益角度对名牌商业生态系统加以衡量，例如，政府税收、名牌企业效益，供应商及名牌营销商相关经济效益、名牌支撑成员效益等，这些指标体现了名牌对各相关利益方的贡献，同时也可体现出名牌生态系统的功能状况。税收指数主要是指名牌企业缴税占财政收入的比重；名牌企业效益、供应商及名牌营销商经济效益用相对指数表示，计算公式为：

经济效益指数 = 相关成员收益额/行业内标杆名牌生态系统对应成员收益额 ×100%

2. 社会效益指标（A_2）

名牌商业生态系统的重要功能是其名牌产品能够为最终顾客带来价值满足，因此评价名牌商业生态系统的社会功能必须首先要考虑满足顾客需要这一指标，顾客需求满足 X_{21}，用名牌产品顾客满意度表示。劳动就业 X_{22}，用就业弹性值表示。资源利用与环保指数 X_{23}，其评价标准依据已达到相关环保标准评分确定。

3. 地区形象指标（A_3）

名牌—地区知名度 X_{31} 主要是指市场上知道该名牌所在地区的人数比率，也就是地区因名牌而被人"知晓"的广度；名牌—地区美誉度 X_{32} 则是指在知晓名牌所在的地区的人数中对地区形象持赞誉或肯定的人的比率。

4. 关联带动效应指标（A_4）

关联效应主要是指名牌商业生态系统内部或与其他系统之间的经营接触，进行物流、信息流的交换，从而带动其他名牌商业生态系统发展的效应。主要的关联效应指数有

产业优化指数 X_{41}，主要用高新技术应用水平表示。其计算公式为：

产业优化指数 = 产业优化产值/职工人数$^{\alpha}$ × 固定资产净值$^{\beta}$

市场溢出效应指数 X_{42}，可以利用的关联名牌生态系统数量(S_1)/地区内名牌生态系统总数（S_2）。数值越高则说明其作用越大。

管理模式示范效应指数 X_{43}，用名牌生态系统管理模式采用多少表示。

相关产业带动效应指数 X_{44}，用相关产业带动数量表示。

综上所述，我们设计了名牌商业生态系统综合效益评价指标体系，见图 11 - 2。

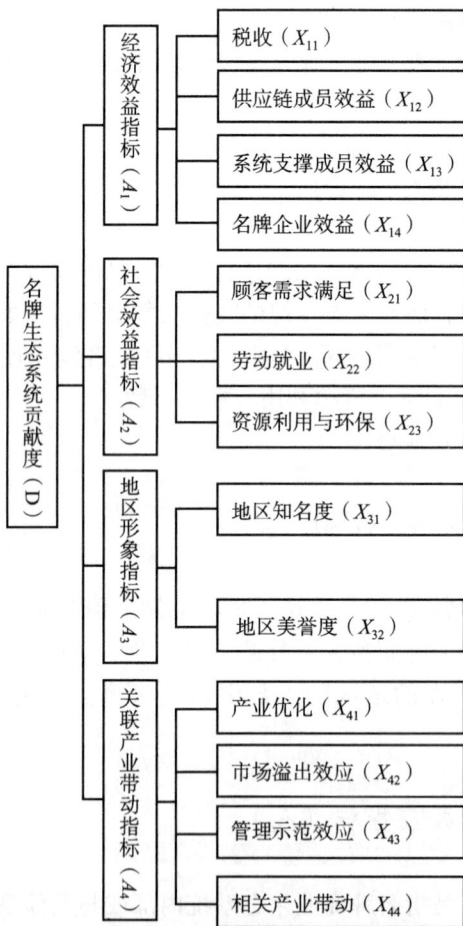

图 11 - 2　名牌生态系统贡献度评价指标体系

☛11.2.2　名牌生态系统综合贡献度评价模型

1. 评价方法选择

根据上面对贡献度指标的分析，我们建立了名牌生态系统综合贡献度评价指标体系，因而可以考虑采用由美国运筹学家匹兹堡大学教授 Saaty 于 20 世纪 70 年代提出的层次分析法（AHP）。但由于 AHP 对定性的处理较为有效，对于混合型尤其是定量性问题则会造成大量信息丢失，难以充分利用，考虑到各评价指标与贡献度的关系并不十分明确，因此，我们决定在模型进行层次分析中加入灰色系统理论，即将灰色综合评估法与层次分析法 AHP 有机结合。一方面可以通过原始数据的规范化处理，较好地解决评价中人为因素的偏差（评价信息对评价者是不确切的，灰色的）；另一方面又可对复杂系统的各层子系统进行评估，在子系统评估的基础上进行综合分析，从而得到更加科学的评价结果。灰色系统理论是我国学者华中科技大学教授邓聚龙于 1982 年在国际首次提出的，他以"部分信息已知，部分信息未知"的小样本、贫信息为研究对象，主要通过对部分已知信息的生成、开发，提取有价值信息，实现对评价对象的正确认识，对于实验观测数据及其分布没有特殊要求与限制，因而可以对含有大量灰色元素的名牌生态系统综合贡献度评价指标进行有效处理（王连芬，1990）。

2. 指标权重及指标值评价模型的建立

（1）建立判断矩阵。采用层次分析法来确定各项指标的权重。我们特别邀请数十名专家进行调查，根据调查结果，建立如下判断矩阵 A_i；进行层次单排序及一致性检验：记 X_{ij} 对于 A_i 的权重为 b_{ij}，A_i 对于总指标 D 的权重为 a_i，构造两两比较判断矩阵求得层次单排序及其一致性检验结果；进行层次总排序及其一致性检验：由于影响 A_1，A_2，A_3，A_4 的指标个数不完全相同，因此应对 A_1，A_2，A_3，A_4 的排序权重 a_i 进行加权修正，计算公式为：

$$\overline{a}_i = \frac{n_i a_i}{\sum_{i=1}^{4} n_i a_i} \quad (i = 1, 2, 3, 4)$$

其中，n_i 为 A_i 所支配的指标个数；$\overline{a}_i$ 为修正后的指标 A_i 对于总指标 D 的权重，修正后的权重向量为：$(\overline{a}_1, \overline{a}_2, \overline{a}_3, \overline{a}_4)$。指标体系层次总排序结果见表 11 - 1。

表 11 - 1　　　　　　　　　层次总排序数据

项目	A_1	A_2	A_3	A_4	总层次权重
	a_1	a_2	a_3	a_4	
X_{11}	a_{11}				b_1
X_{12}	a_{12}				b_2
X_{13}	a_{13}				b_3
X_{14}	a_{14}				b_4
X_{21}		a_{21}			b_5
X_{22}		a_{22}			b_6
X_{31}			a_{31}		b_7
X_{32}			a_{32}		b_8
X_{33}			a_{33}		b_9
X_{41}				a_{41}	b_{10}
X_{42}				a_{42}	b_{11}
X_{43}				a_{43}	b_{12}
X_{44}				a_{44}	b_{13}

组合一致性检验：

$$CR^{(2)} = CR^{(1)} + \left(\sum_{i=1}^{4} \overline{a}_i CI_i^{(2)} \right) \Big/ \left(\sum_{i=1}^{4} \overline{a}_i RI_i^{(2)} \right) = 0.09963 < 0.10$$

通过组合一致性检验。

(2) 灰色层次模型。

①确定评价灰数。通过对大量相关文献的阅读分析以及对有关专家意见以及对统计资料中企业数据的分析，整理出如表 11 - 2 所示的名牌生态系统贡献度指标等级表。

表 11 - 2 各指标灰类等级分析表

	指标	单位	代号	权重	较弱类	一般类	较强类
经济效益指标	税收	‰	X_{11}	b_1	$\otimes_{11min}$	$\otimes_{11medium}$	$\otimes_{11max}$
	名牌企业效益	‰	X_{12}	b_2	$\otimes_{12min}$	$\otimes_{12medium}$	$\otimes_{12max}$
	供应链成员效益	‰	X_{13}	b_3	$\otimes_{13min}$	$\otimes_{13medium}$	$\otimes_{13max}$
	系统支撑成员效益	\	X_{14}	b_4	$\otimes_{14min}$	$\otimes_{14medium}$	$\otimes_{14max}$
社会效益指标	顾客需求满足	%	X_{21}	b_5	$\otimes_{21min}$	$\otimes_{21medium}$	$\otimes_{21max}$
	劳动就业	\	X_{22}	b_6	$\otimes_{22min}$	$\otimes_{22medium}$	$\otimes_{22max}$
	资源利用与环保	\	X_{23}	b_7	$\otimes_{23min}$	$\otimes_{23medium}$	$\otimes_{23max}$
地区形象指标	名牌 - 地区知名度	%	X_{31}	b_8	$\otimes_{31min}$	$\otimes_{31medium}$	$\otimes_{31max}$
	名牌 - 地区美誉度	%	X_{32}	b_9	$\otimes_{32min}$	$\otimes_{32medium}$	$\otimes_{32max}$
关联指标带动	产业优化	\	X_{41}	b_{10}	$\otimes_{41min}$	$\otimes_{41medium}$	$\otimes_{41max}$
	市场溢出效应	\	X_{42}	b_{11}	$\otimes_{42min}$	$\otimes_{42medium}$	$\otimes_{42max}$
	管理示范效应	\	X_{43}	b_{12}	$\otimes_{43min}$	$\otimes_{43medium}$	$\otimes_{43max}$
	相关产业带动	\	X_{44}	b_{13}	$\otimes_{44min}$	$\otimes_{44medium}$	$\otimes_{44max}$

从表中确定评价灰类的等级，灰类的灰数及灰数的白化权函数。本模型中有 3 个评价灰类："较弱"、"一般"、"较强"分别代表处于三种不同阶段的名牌商业生态系统，即："名牌商业生态系统创立"、"名牌商业生态系统区域化"、"区域名牌商业生态系统化"。

②白化权函数。白化权函数有如下三种：灰类序号为 e，在本书中 $e = 1$，2，3。

第一类"较强"（$e = 1$），灰数 $\otimes \in [d, \infty)$，其白化权函数为 f_1，如图 11 - 3 所示。

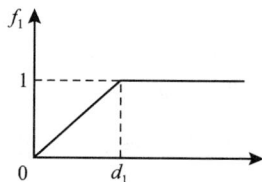

图 11 - 3 一类白化权函数

白化权函数表达式为：

$$f_1(x) = \begin{cases} \dfrac{x}{d_1} & x \in [0, d_1] \\ 1 & x \in [d_1, \infty) \\ 0 & x \in [0, \infty) \end{cases}$$

第二类"一般"（$e = 2$），灰数 $\otimes \in [0, d_2, 2d_2]$，其白化权函数为 f_2，如图 11 - 4 所示。

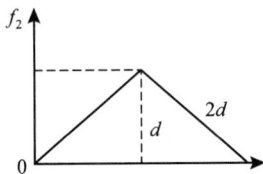

图 11 - 4　二类白化权函数

白化权函数表达式为：

$$f_2(x) = \begin{cases} \dfrac{x}{d_2} & x \in [0, d_2] \\ (x_2 - 2d_2)/-d_2 & x \in [d_2, 2d_2] \\ 0 & x \in [0, 2d_2] \end{cases}$$

第三类"较弱"（$e = 3$），灰数 $\otimes \in [0, d_3, 2d_3]$，其白化权函数为 f_3，如图 11 - 5 所示。

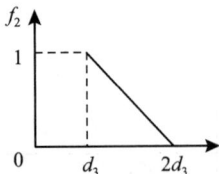

图 11 - 5　三类白化权函数

白化权函数表达式为：

$$f_2(x) = \begin{cases} \dfrac{x - 2d_3}{-d_3} & x \in [d_3, 2d_3] \\ 1 & x \in [0, d_3] \\ 0 & x \in [0, 2d_3] \end{cases}$$

按照前面提及的分指标灰类，本指标体系的三角白化权函数的一般形式如图 11 -6 所示。

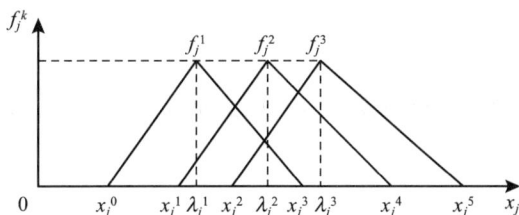

图 11 -6　三角白化权函数

其中，x_j^0 和 x_j^5 为延拓值，对于 j 指标的一个观测值 x，可以计算出其灰类 $k(k=1, 2, 3)$ 的白化权函数 $f_j^k(x)$。

$$f_j^k(x) = \begin{cases} 0 & x \notin \left[x_j^{k-1}, x_j^{k+2} \right] \\ \dfrac{x - x_j^{k-1}}{\lambda_j^k - x_j^{k-1}} & x \in \left[x_j^{k-1}, \lambda_j^k \right] \\ \dfrac{x_j^{k+2} - x}{x_j^{k+2} - \lambda_j^k} & x \in \left[\lambda_j^k, x_j^{k+2} \right] \end{cases}$$

3. 名牌生态系统贡献度计算

将某一名牌的 12 项指标分别代入各自的三角白化权函数，可以计算出该名牌生态系统关于某分指标对"较弱"、"一般"、"较强"三个灰类的白化权函数值 f_1, f_2, f_3 依据最大值原则，可以进行判断。而且依据分子数可以计算出某名牌生态系统关于灰类 $k(k=1, 2, 3)$ 的综合聚类评价指数：

$$\sigma_j^k = \sum_{j=1}^{12} f_j^k(x_{ij}) \eta_j$$

其中，$f_j^k(x_{ij})$ 为对象 i 在指标 j 下属于灰类 k 的白化权函数，η_j 为指标 j 在综合聚类中的权重。若拥有多个名牌生态系统，则计算结果为所有名牌生态系统贡献度之和。

名牌生态系统贡献度评价指数的值越大，即表明名牌生态系统贡献度越高，反之则说明其贡献度越小。

§11.3　实例分析

以名牌 H 为例对名牌商业生态系统贡献度进行计算分析:

1. 概况

H 集团是集科研、生产、贸易及金融于一体的综合性大型企业，拥有总资产 80 亿元，共有职工 1.3 万余人，产品已发展到具有冰箱、空调、冷柜、洗衣机、微波炉、热水器、展示柜、保健药品、小家电、洁具、厨具等 13 个门类，47 个系列，5 000 余规格品种的巨大产品群体。投资 16 亿元兴起工业园区，投资 5 亿元建设研究院，为国家重点扶持名牌之一。

2. 数据处理

各指标灰类等级见表 11 - 3。

表 11 - 3　　　　　　　　　指标灰类等级表

	指标	单位	代号	权重	较弱类	一般类	较强类
经济效益指标	税收	‰	X_{11}	0.1677	0.2 ~ 1.5	1.5 ~ 10	10 ~ 20
	名牌企业效益	‰	X_{12}	0.1227	0.05 ~ 0.2	0.20 ~ 0.50	0.50 ~ 0.80
	供应链成员效益	‰	X_{13}	0.1184	0.05 ~ 0.15	0.15 ~ 0.30	0.30 ~ 0.60
	系统支撑成员效益	\	X_{14}	0.0809	2 ~ 4	4 ~ 8	8 ~ 10
社会效益指标	顾客需求满足	%	X_{21}	0.0605	0 ~ 29	30 ~ 80	81 ~ 100
	劳动就业	\	X_{22}	0.0505	0.005 ~ 0.01	0.01 ~ 0.2	0.2 ~ 0.5
	资源利用与环保	\	X_{23}	0.0105	1 ~ 3	4 ~ 7	8 ~ 10
地区形象指标	名牌 - 地区知名度	%	X_{31}	0.0515	0 ~ 20	21 ~ 39	40 ~ 90
	名牌 - 地区美誉度	%	X_{32}	0.0515	5 ~ 20	21 ~ 39	40 ~ 60
关联指标带动	产业优化	\	X_{41}	0.0883	2 ~ 3	3 ~ 6	6 ~ 9
	市场溢出效应	\	X_{42}	0.067	2 ~ 3	3 ~ 7	7 ~ 9
	管理示范效应	\	X_{43}	0.031	2 ~ 4	4 ~ 6	6 ~ 9
	相关产业带动	\	X_{44}	0.1062	2 ~ 3	3 ~ 7	7 ~ 9

依据有关数据整理得 H 名牌生态系统主要各项评价指标实现值，见

表 11 - 4。

表 11 - 4   **H 名牌生态系统各指标值**

代号	x_{11}	x_{12}	x_{13}	x_{14}	x_{21}	x_{22}	x_{23}	x_{31}	x_{32}	x_{41}	x_{42}	x_{43}	x_{44}
实值	17.35	0.67	0.40	8	71	0.22	9	80	45	9	7	8.5	8

3. 计算各指标的白化权函数值

对于 X_{11}，将税收指数延拓至 $x_{11}^0 = 0.1$，$x_{11}^5 = 40$，x_{11}^1，x_{11}^2，x_{11}^3，x_{11}^4 分别取为"较弱"、"一般"、"较强"三个灰类的阈值，即 $x_{11}^1 = 0.2$，$x_{11}^2 = 1.5$，$x_{11}^3 = 10$，$x_{11}^4 = 20$，则 λ_{11}^k 取为 x_{11}^k 与 x_{11}^{k+1} 的均值，即：

$$\lambda_{11}^1 = \frac{1}{2}(x_{11}^1 + x_{11}^2) = \frac{1}{2}(0.2 + 1.5) = 0.85$$

$$\lambda_{11}^2 = \frac{1}{2}(x_{11}^2 + x_{11}^3) = \frac{1}{2}(1.5 + 10) = 5.75$$

$$\lambda_{11}^3 = \frac{1}{2}(x_{11}^3 + x_{11}^4) = \frac{1}{2}(10 + 20) = 15$$

将上述具体数值代入 $f_j^k(x)$ 白化权函数（见公式）可得 x_{11} 的三角白化权函数：

$$f_{11}^1(x) = \begin{cases} 0 & x \notin [0.1, 10] \\ \dfrac{x - 0.1}{0.85 - 0.1} & x \in [0.1, 0.85] \\ \dfrac{10 - x}{10 - 0.85} & x \in [0.85, 10] \end{cases}$$

$$f_{11}^2(x) = \begin{cases} 0 & x \notin [0.2, 20] \\ \dfrac{x - 0.2}{5.75 - 0.2} & x \in [0.2, 5.75] \\ \dfrac{20 - x}{20 - 5.75} & x \in [5.75, 20] \end{cases}$$

$$f_{11}^3(x) = \begin{cases} 0 & x \notin [1.5, 40] \\ \dfrac{x - 1.5}{15 - 1.5} & x \in [1.5, 15] \\ \dfrac{40 - x}{40 - 15} & x \in [15, 40] \end{cases}$$

将 H 名牌生态系统税收指数 $x_{11} = 17.35$ 代入上面三式，可以计算出

H 名牌生态系统关于税收指数这一指标对"较弱"、"一般"、"较强"三个灰类的白化权函数分别为：

$$f_{11}^1(17.35)=0,\ f_{11}^2(17.35)=0.1860,\ f_{11}^3(17.35)=0.906$$

从所得结果可以看出，就税收指数而言，H 名牌生态系统已进入较强的行列。

通过相同的运算过程，得出全部指数关于三个不同灰类的白化权函数值分别如表 11 - 5 所示。

表 11 - 5　　　　　　　　各指数白化权函数值

代号	X_{11}	X_{12}	X_{13}	X_{14}	X_{21}	X_{22}	X_{31}	X_{32}	X_{41}	X_{42}	X_{43}	X_{44}
$f_j^1(x)$	0	0	0	0	0	0	0	0	0	0	0	0
$f_j^2(x)$	0.1860	0.1923	0.5333	0	0.2250	0.7089	0	0	0	0	0	0.1250
$f_j^3(x)$	0.9060	0.8251	0.8333	0.6667	0.8920	0.6176	0.4000	0.5000	1	0.5000	0.4000	0.7500

4. 计算综合聚类系数 δ_i^k

由已计算出的分指标白化权函数值和 δ_i^k 计算公式的 H 名牌生态系统关于灰类 $K(K=1,\ 2,\ 3)$ 的综合贡献度聚类评价指数为：

$$\delta^1 = \sum_{j=1}^{12} f_j^1(x) \cdot \eta_j = 0$$

$$\delta^2 = \sum_{j=1}^{12} f_j^2(x) \cdot \eta_j = 0.1866$$

$$\delta^3 = \sum_{j=1}^{12} f_j^3(x) \cdot \eta_j = 0.8390$$

由 $\max\limits_{1 \leqslant k \leqslant 3}\{\delta_i^k\} = 0.8390 = \delta^3$，可以认为 H 名牌生态系统综合贡献度已达到"较强"灰类标准，且处于较高的水平。这一结果与 H 名牌生态系统在税收、社会贡献、地区知名度、美誉度等方面均处于较高水平的实际情况相一致。

§11.4　名牌生态系统健康性综合评价

☛11.4.1　名牌生态系统健康性特征

知名品牌具有丰富的内涵。在知名品牌周围存在着一个大的生态系统，它包含着许多成员，按照自身的利益，每一个成员与知名品牌之间有着不同程度的共生关系。一般的自然生态法则包括食物链平衡法则、物种共生和相互依赖法则、丛林法则、高效率者繁荣低效率者灭亡的法则、适者生存法则、长期演化法则、物种变化法则、自然进步法则、自然平衡法则，等等，所有这些自然法则对于名牌生态系统同样适用。例如，不同的品牌拥有自己的生态系统，它们与其周围的生态系统之间是相互竞争的、相互合作的而且是相互共生的，所有这些系统形成了社会的商业生态系统。商业生态系统包括名牌生态系统和非名牌生态系统。经过一段时间，一些生态系统进行扩张而另外一些生态系统有所收缩，这将有利于我们更深入地、全面地了解名牌创建、发展和保护的操作方式和机制，从而考察名牌生态系统。

一个知名品牌的产生和发展需要适宜的外在环境，包括外在的宏观环境和微观环境。宏观环境包括政策、经济、法律、科学技术、人口、社会、教育等。不同的市场地区有着相同的微观环境，但是这些微观环境间存在着一些不同的特点。例如，有些地区政府对名牌的发展给予很高的重视，为保护和发展名牌提供了一些有利的政策支持和法律支持；而一些地区拥有较高的经济发展水平，人口素质较高，并且拥有现代社会的意识，等等。所有的这些都能加快名牌的发展，建立名牌生态系统。外在的微观环境指的是名牌企业的消费者、分销商、供应商、公众、竞争者等。如果名牌企业拥有竞争力强的供应商、强势的分销商、满意的顾客、较少的竞争者和很低的竞争强度，那么这样的微观环境就很适合名牌生态系统的发展和扩张。否则，名牌生态系统很难在这个地区成长和扩张。

而作为社会生态系统关键子系统的名牌生态系统，其健康性具有以下特征：

（1）环境的动态适应。名牌生态系统在于其他生态系统的竞争过程中达到了生态平衡。当环境发生变化时，名牌生态系统具有优先改革以适应环境的能力。

（2）较高的扩张性。知名品牌是一种无形资产，因此名牌生态系统具有名牌效应。其他系统中的成员能够被这个系统所吸引，从而抛弃他们原有的系统加入到这个系统中来，使得名牌系统能够获得成长和提高的优势资源。

（3）系统稳定。由于名牌系统的领导地位、长期的获利能力和长远的发展能力，使得名牌系统拥有很好的抗干扰能力从而获得系统稳定。

（4）巨大的生命力。名牌生态系统拥有高质量的产品、知名的品牌、优势的社会环境和有能力的企业。其内部成员从系统中获得自身的利益，并且对品牌忠诚度高，不愿意退出这个系统，因此，生态系统具有很强的生命力。

（5）较强的社会感知力、知名度和影响力。由于名牌的知名度大，它的产品具有较高的市场占有率以及对消费者和公众较大的影响力。

（6）由名牌领导的许多品牌共生的生态系统。在生态系统内部除了知名品牌外还有许多不知名的品牌，这些品牌同样是生态系统生存的基础，它们与知名品牌一起共同构成了一个系统，这些品牌从这个系统中获得它们自身的利益和发展。

（7）系统成员具有很高的质量。系统成员的总体质量比同类的其他品牌生态系统要高。随着名牌生态系统的成长和演化，它们的质量也在跟着提高。一方面，为了使系统不断增强，成员们不断地主动提高它们的质量；另一方面，系统的成长满足了其成员的需要，因此，成员的质量也得到了相应地提高。

（8）规模经济性。名牌生态系统是整个社会中的一个核心的商业生态系统，按照自然发展的法则、丛林法则和适者生存的法则，名牌生态系统形成了适合于其发展的经济规模。

（9）高利润性。名牌生态系统中企业的利润通常要比其他企业的高。

☛11.4.2　名牌生态系统健康性综合评价方法及模型

1. 基于 AHP 和模糊数学的名牌生态系统综合评价

层次分析法（The Analytic Hierarchy Process，AHP）是一种定性与定量分析相结合的多准则决策方法，不仅能保证模型的系统性和合理性，而且能让决策人员充分运用有价值的经验和判断能力，从而为许多规则决策问题提供强有力的决策支持。AHP 法很好地解决了指标体系结构的设计问题，但却不适用于无法精确描述的系统分析问题。由于名牌生态系统评价体系中的各个指标来源于评判人员对名牌生态系统的各个单因素的主观判断，其差异和变化的内涵及外延是不确定的，且其概念具有模糊性，因此，在 AHP 各分析层次中引入模糊数学的方法，能够很好地解决评估过程中的一些不确定性因素，从而可以取得比较好的名牌生态系统的综合评价结果（王连芬，1990）。

（1）指标体系设计。利用层次分析法对名牌生态系统进行综合评价时，首先要确定反应名牌生态系统特征的指标体系。指标体系设计是为了建立全面质量管理的评价体系，实现对名牌生态系统各方面因素的综合评价，为此指标体系的设计应遵守以下原则：

①全面性原则。即所选择的指标要能包含名牌生态系统的各个因素。并且在保证评价目标可实现的条件下，尽量简化指标体系。

②科学性原则。即指标体系的设计要力求科学、准确地反映生态系统各因素之间的关系和层次结构。

③系统性原则。指标体系必须层次结构合理，协调统一。

④定性分析与定量分析相结合的原则。即为了进行综合评价，必须将反映名牌生态系统基本特征的定性指标定量化、规范化，为采用定量方法评价奠定基础。

⑤可行性和可操作性原则。即设计的指标应具有可采集性和可量化的特点，各项指标能够有效测量或统计。

根据对名牌生态系统的系统分析，我们得到名牌生态系统的评价指标体系。名牌生态系统体现了在市场经济环境中一个名牌的生命力和扩张力，所以，一个名牌生态系统的状况决定了名牌的生命力和竞争力。为了保护和发展知名品牌，掌握名牌生态系统所处的状况尤为重要。

名牌生态系统的状况可以由环境适宜性、战略状态、产品族及其结构、系统规模、系统核心能力、收益性、稳定性、扩张速度、扩张潜力、系统构成要素质量、系统排名、持续发展性以及社会效益等指标加以衡量。其中环境适宜性是指名牌生态系统对环境及其变化的适应程度；战略状态用以描述名牌生态系统的战略管理状况；产品族及其结构即品牌与产品的匹配程度，品牌结构与产品结构等状况；规模是描述名牌生态系统状况的重要指标，它可以由产品的覆盖范围、产品生产规模、生态系统成员的数量等指标加以衡量；收益性指名牌生态系统各成员在该品牌之下的收益状况，可由企业近几年产品销售收入、利税额表示；稳定性即名牌生态系统的长期获益性，长期成长性以及抗环境干扰能力，可用名牌企业发展的平稳性表示；扩张速度主要指名牌产品的销售增长率、市场占有率、市场覆盖率扩大速度以及系统成员数量的增加速度；扩张潜力主要指名牌知名度、市场容量的大小、名牌产品的市场饱和度以及竞争强度；系统构成质量主要指名牌产品市场竞争力、名牌企业实力、名牌产品网络质量状况（包括中间商实力和素质、二、三级网络质量等）、供应商实力及其经营状况，名牌知名度、美誉度，名牌企业与政府、媒体、金融机构的关系等；名牌的排名主要体现了该名牌在市场中的地位及市场控制能力；持续发展与社会效益状况主要指名牌生态系统从社会角度衡量的趋势符合性、间接效益大小以及资源节约与再生性。因此，名牌生态系统健康性综合评价的指标体系可由图 11 - 7 加以表示。

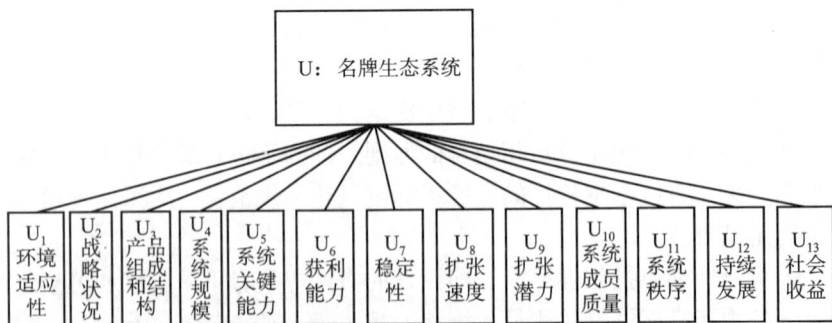

图 11 - 7　名牌生态系统评价系统

名牌生态系统评价时，首先要对名牌生态系统的评价指标进行分别调查与测定，定性指标要加以数量化。数量化的方法可考虑采用专家调查法，根据同类行业的最佳状态，按 0~10 评分；然后利用层次分析法与模糊数学进行综合分析，得到名牌生态系统的综合定量评价值，从而科学判断名牌生态系统的好、中、差等状况。

（2）采用 AHP 方法确定各评价指标的权重。AHP 的基本过程是：将一个复杂的被评价系统按其内在的逻辑关系，构造一个分层评价指标体系，依据领导决策和专家咨询的统计结果，对同一层或同一域的指标进行两两比较，按 1~9 比率标度法构造一致性判断矩阵，并由矩阵的最大特征根求解矩阵的特征方程，得到对应于该特征根的特征向量，最后将特征向量归一化，得到各指标的权重向量。

具体步骤如下：

①建立递阶层次结构模型。递阶层次是关于系统结构的抽象概念，是为研究系统各组成部分的功能的相互作用以及他们对整个系统的影响而构造的。通常模型结构分为 3 层，如图 11-8 所示。

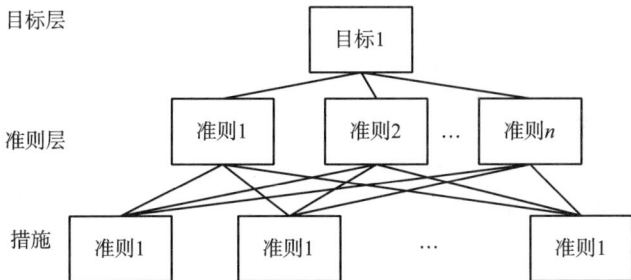

图 11-8 递阶层次结构

目标层。这是最高层，是指分析问题的预定目标或理想结果。

准则层。该层为中间层，为评价准则或衡量准则，也可为因素层、约束层，可再分为子准则、子因素层。

措施层。这是最低层，表示为实现目标可提供选择的各种措施、指标等。

②构造两两判断矩阵。应用层次分析法解决决策中的权重分配问题，依据是两两比较的标度和判断原理。Saaty 教授巧妙地运用了模糊数学理论，集人类判断事物好坏、优劣、轻重、缓急的经验方法，提出了 1~9 的比例标度，如表 11-6 所示。

表 11 - 6　　　　　　　　　　比例标度的意义

标度值	定义	说明
1	同样重要	两元素的重要性相等
3	稍微重要	1 个元素的重要性稍高于 1 个
5	明显重要	1 个元素的重要性明显于另 1 个
7	强烈重要	1 个元素的重要性强烈于另 1 个
9	绝对重要	1 个元素的重要性绝对于另 1 个
2，4，6，8 为上述相邻判断的中值。若因素 i 与因素 j 比较得 a_{ij}，则因素 j 与因素 i 比较得 $1/a_{ij}$			

判断矩阵 $A = (a_{ij})_{n \times n}$ 有如下性质：
$$a_{ij} = 1；a_{ij} > 0；a_{ij} = 1/a_{ij}(i, j = 1, 2, 3, \cdots, n)$$

③层次分析的计算。对于两两比较得到的判断矩阵 A，解特征根问题：$AW = \lambda_{\max} W$，所得到的 W 经正规化后作为元素的排序权重。数学上已证明，对于正定互反矩阵 A，其最大特征根 $\lambda_{\max}$ 存在且唯一，W 可以由正分量组成，除差 1 个常数倍外，W 是唯一的。实际上，对 A 很难求出精确的特征值 $\lambda_{\max}$ 和特征向量 W，只能求它们的近似值。计算方法一般有幂法、积法以及根法，通常采用根法，其计算步骤如下：

判断矩阵 A 的元素按行相乘，得到行元素的乘积 M_i：
$$M_i = \prod_{i=1}^{n} a_{ij}(i, j = 1, 2, \cdots, n)$$

各行的乘积 M_i 分别开 n 次方，得到 W_i'：
$$W_i' = \sqrt[n]{W_i}(i = 1, 2, \cdots, n)$$

将向量 W' 归一化：
$$W_i = W_i' \Big/ \sum_{i=1}^{n} W_i'(i = 1, 2, \cdots, n)$$

计算判断矩阵的最大特征根 $\lambda_{\max}$：
$$\lambda_{\max} = \sum_{i=1}^{n} \left[(AW)_i / nW_i \right]$$

其中 $(AW)_i$ 表示 AW 的第 i 个分量。

④判断矩阵的一致性检验。判断矩阵的一致性指标为：
$$CI = (\lambda_{\max} - n)/(n - 1)$$

其中，n 为判断矩阵的阶数。

平均随机一致性指标 RI，RI 是多次（大于 500 次）重复进行随机判断矩阵特征值得计算后取算术平均值得到的。RI 的取值如表 11 - 7 所示。

表 11 −7　　　　　　　　　　　　　　　　　　*RI* 的取值

阶数	1	2	3	4	5	6	7	8	9	10	11	12
RI	0	0	0.52	0.80	1.12	1.26	1.36	1.41	1.46	1.49	1.52	1.54

计算一致性比例 *CR*：

$$CR = CI/RI$$

当 *CR* < 0.1 时，一般认为 *A* 的一致性是可以接受的。

随后我们利用层次分析法确定生态系统的指标权重：

构造层次分析结构，将图 11 −9 所示的名牌生态系统指标分层，归为三个上级指标层：结构指标、持续力指标和生产力指标。具有合理的系统结构是决定名牌生态系统能否健康的内在特性和要求。没有合理的系统结构，就不可能形成健康的生态系统。名牌生态系统结构的生态合理性主要可以从产品组成和结构、系统规模、系统关键能力和系统成员质量四个分指标来反映。持续力指标是指当非生物环境发生"恶化"时，健康的名牌生态系统应具有抵御策略，以保证结构完整、功能正常，主要体现在环境适应性、稳定性、扩张速度、扩张潜力、系统秩序和持续发展力等方面。生产力指标用来评价系统是否具有高效的系统生产力，企业生态系统的基本功能是为社会创造更多更有价值的产品和服务，高的物质、资金流动速率和资源利用效率反映着名牌生态系统的活力，主要体现在战略状况、获利能力和社会收益等方面。分层的指标体系图如图 11 −9 所示。

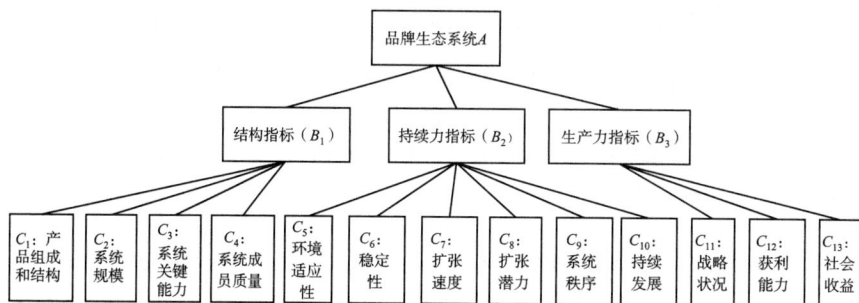

图 11 −9　名牌生态系统层次分析结构

构造判断并进行层次单排序，将第一层指标两两比较，得到判断矩阵 *A*：

$$A = \begin{bmatrix} 1 & 1/3 & 1/5 \\ 3 & 1 & 1/3 \\ 5 & 3 & 1 \end{bmatrix}$$

矩阵 A 的特征向量为：
$$W' = (0.1047,\ 0.2582,\ 0.6371)^T$$

$\lambda_{\max} = \sum \dfrac{[AW]_i}{nW_i} = 3.0387$，$CI = 0.01933$，$RI = 0.58$，$CR = 0.0333 < 0.1$，通过一致性检验。

将与指标 B_1 相关的四个指标两两比较，得判断矩阵 B_1：

$$B_1 = \begin{bmatrix} 1 & 3 & 1/3 & 1/3 \\ 1/3 & 1 & 1/5 & 1/3 \\ 3 & 5 & 1 & 3 \\ 3 & 3 & 1/3 & 1 \end{bmatrix}$$

矩阵 B_1 的特征向量 $W_1 = (0.1504,\ 0.0764,\ 0.5127,\ 0.2605)^T$

$\lambda_{\max} = \sum \dfrac{[AW]_i}{nW_i} = 4.1975$，$CI = 0.0658$，$RI = 0.9$，$CR = 0.0731 < 0.1$，通过一致性检验。

将与指标 B_2 相关的四个指标两两比较，得判断矩阵 B_2：

$$B_2 = \begin{bmatrix} 1 & 1.3333 & 1.1111 & 6 & 3.333 & 1.67 \\ 0.75 & 1 & 0.8 & 4 & 2.5 & 1.25 \\ 0.9 & 1.25 & 1 & 5 & 3 & 1.5 \\ 0.167 & 0.25 & 0.2 & 1 & 0.5 & 0.33 \\ 0.3 & 0.4 & 0.33 & 2 & 1 & 0.5 \\ 0.6 & 0.8 & 0.667 & 3 & 2 & 1 \end{bmatrix}$$

矩阵 B_2 的特征向量 $W_2 = (0.27132,\ 0.19812,\ 0.24264,\ 0.04730,\ 0.08281,\ 0.15781)^T$。

$\lambda_{\max} = \sum \dfrac{[AW]_i}{nW_i} = 6.00694$，$CI = 1.24$，$RI = 1.26$，$CR = 0.001387 < 0.1$，通过一致性检验。

将与指标 B_3 相关的四个指标两两比较，得判断矩阵 B_3：

$$B_3 = \begin{bmatrix} 1 & 1/5 & 1/3 \\ 5 & 1 & 3 \\ 3 & 1/3 & 1 \end{bmatrix}$$

矩阵 B_3 的特征向量为：

$$W_3 = (0.105, 0.637, 0.258)^T$$

$$\lambda_{max} = \sum \frac{[AW]_i}{nW_i} = 3.038, \quad CI = 0.019, \quad RI = 0.58, \quad CR = 0.033 < 0.1,$$

通过一致性检验。

层次总排序，第二层指标 C 相当于顶层 A 的层次总排序计算如表 11-8所示。

表 11-8　　　　　　　　指标 C 的计算

	B_1	B_2	B_3	总排序 W $\sum\limits_{j=1}^{3} b_j c_{ij}(i=1,2,3)$	重要程度排序
	0.1047	0.2582	0.6371		
$C_1(U_3)$	0.1504			0.015747	11
$C_2(U_4)$	0.0764			0.007999	13
$C_3(U_5)$	0.5127			0.05368	6
$C_4(U_{10})$	0.2605			0.027274	9
$C_5(U_1)$		0.2713		0.07005	3
$C_6(U_7)$		0.1981		0.051149	7
$C_7(U_8)$		0.2426		0.062639	5
$C_8(U_9)$		0.0473		0.012213	12
$C_9(U_{11})$		0.0828		0.021379	10
$C_{10}(U_{12})$		0.1578		0.040744	8
$C_{11}(U_2)$			0.105	0.066896	4
$C_{12}(U_6)$			0.673	0.428768	1
$C_{13}(U_{13})$			0.258	0.164372	2

由表 11-8 可以看出，获利能力和社会收益对名牌生态系统来说，具有最为重要的地位。按照 $U_1 \sim U_{13}$ 的顺序，其特征向量为：

$$W' = (0.7005, 0.06689, 0.01574, 0.008, 0.05368, 0.4288,$$
$$0.0511, 0.06264, 0.01221, 0.02727, 0.02138, 0.0407,$$
$$0.1643)^T$$

（3）采用模糊数学方法确定模糊矩阵。由于名牌生态系统的模糊性，所以在对多个系统进行综合比较时，单单排列它们的得分情况是不合适的，这个问题可依据模糊决策方法进行处理，即隶属度最大的就是最优的名牌生态系统。

模糊理论是为了解决真实世界中普遍存在的模糊现象而发展起来的一门学科，它是美国自动控制学家拉特飞·扎德（Lotfi A. Zadeh）于 1965

年首先提出的一种定量表达工具，用来表现某些无法明确定义的模糊性概念。模糊理论是以模糊集合为基础，其基本精神是接受模糊性现象存在的事实，而以处理概念模糊不确定的事物为其研究目标，并积极地将其严密量化成计算机可以处理的信息。实际上，模糊理论是模糊集合、模糊关系、模糊逻辑、模糊控制、模糊测量等理论的泛称，我们通常将之称为模糊数学。

在采用模糊技术处理时，隶属度函数的设计是整个模糊算法的关键，不同的隶属度函数会对算法的处理结果以及算法实现的难易程度产生不同的影响，这要求隶属度函数必须能客观、准确地反映系统中样本存在的不确定性。目前，构造隶属度函数的方法很多，但还没有一个可遵循的一般性准则。在对实际情况进行处理时，通常需要针对具体问题根据经验来确定合理的隶属度函数。不少的学者在这方面做了一些研究，但目前主要是采用基于样本到类中心之间的距离来度量其隶属度的大小，即基于距离的隶属度函数。

一般情况下，确定隶属度大小的基本原则是依据样本所在类中的相对重要性，或对所在类贡献的大小。样本到类中心之间的距离是衡量样本对所在类贡献大小的依据之一。目前基于距离的隶属度函数的确定是将样本的隶属度看作是特征空间中样本与其所在类中心之间距离的函数。本书所采用的即是基于距离的隶属度函数。

假设对生态系统内的 k 个名牌生态系统的 m 个指标进行评价，设 r_{ij} 为第 j 个名牌生态系统的第 i 个指标的值，即：

$$S = \begin{bmatrix} s_{11} & s_{12} & \cdots & s_{1k} \\ s_{21} & s_{22} & \cdots & s_{2k} \\ \vdots & & & \vdots \\ s_{m1} & s_{m2} & \cdots & s_{mk} \end{bmatrix}$$

设 f_i 为第 i 个指标在实际问题中的最优值，$F = (f_1, f_2, \cdots, f_m)$ 为最优指标值向量，其中 f_i 的确定要考虑实际问题。设 $r = \max_j |s_{ij} - f_i|$ $(j = 1, 2, \cdots, 12)$，则其隶属度公式可定义如下：

$$r_{ij} = \begin{cases} 1 - \dfrac{s_{ij} - f_i}{r} + \delta, & s_{ij} > f_i \\ 1 - \dfrac{f_i - s_{ij}}{r} + \delta, & s_{ij} \leqslant f_i \end{cases}$$

其中，$r_{ij}(i = 1, 2, \cdots, 12; j = 1, 2, \cdots, 5)$ 表示第 j 个系统的第 i

个指标的隶属度，$\delta > 0$ 是预设的一个很小的常数，避免出现 $r_{ij} = 0$ 的情况。则指标隶属度矩阵 R 为：

$$R = \begin{bmatrix} r_{11} & r_{12} & \cdots & r_{1k} \\ r_{21} & r_{22} & \cdots & r_{2k} \\ \vdots & & & \vdots \\ r_{m1} & r_{m2} & \cdots & r_{mk} \end{bmatrix}$$

由最小最大算子即查德算子（$\wedge$，$\vee$），是指把求模糊集合的交集和并集的运算分别定义为逐元对隶属度求最小和最大。这是在大部分模糊数学文献中被广泛应用的一种算子，与其他算子相比，简单方便又可以反映模糊问题的本质。在查德算子中，$a \wedge b = \min(a, b)$，$a \vee b = \max(a, b)$。

模糊综合评价合成运算中的算子较多，最小最大算子法在运算中突出了某一单项指标对系统优劣的重要影响。同时考虑到最大隶属度原则，本书采用最大算子法进行合成运算。

给定一个最优样本，任何样本都可以与其比较计算其与最优样本的相近程度（距离），如果一个待评价样本与给定的最优样本的相近程度越大，则其对于该分类的隶属度越大。

上述的 G 函数公式，在模糊数学领域里又称贴近度。关于贴近度的计算方法种类比较多，常见的计算方法有：海明贴近度、欧几里得贴近度、最大最小贴近度、格贴近度。一般所使用的方法为海明贴近度和格贴近度，本书使用前者。具体步骤为：由隶属度矩阵 R 可建立标准优等方案，作为选优的相对标准。优等系统 G 由最大隶属度原理为：

$$G = (r_{11} \vee r_{12} \vee \cdots \vee r_{1k}, \ r_{21} \vee r_{22} \vee \cdots \vee r_{2k}, \ \cdots, \ r_{m1} \vee r_{m2} \vee \cdots \vee r_{mk})^T$$
$$= (g_1, \ g_2, \ \cdots, \ g_m)^T$$

根据隶属度矩阵，第 j 个系统的指标可以用向量式表示为：

$$R_j = (r_{1j}, \ r_{2j}, \ \cdots, \ r_{mj})^T \qquad j = 1, \ 2, \ \cdots, \ k$$

根据 R_j 与优等系统 G 的带权贴近程度的大小排序，从而得到 R_j 的优排序。带权的海明贴近度计算公式为：

$$N_H(R_j, \ G) = 1 - \left[\sum_{i=1}^{m} W_i(g_j - r_{ij}) \right]$$

贴近度最大者对应的系统 j 为绩效最优。

（4）基于 AHP 和模糊数学的名牌生态系统评价算例。下面以山东食品行业某知名品牌的生态系统为例，使用基于 AHP 和模糊理论的综合评价方法对此生态系统进行评价和诊断。

根据评估者的打分及其权重建立各指标的模糊矩阵，同时对指标进行加权计算，得到各系统指标的得分值如表 11 - 9 所示。

表 11 - 9　　　　名牌生态系统指标值

名牌 指标	A	B	C	D
环境适应性 U_1	3	8	6	1
战略情况 U_2	3	7	6	2
产品组合结构 U_3	5	7	8	2
系统规模 U_4	3	9	7	2
系统关键能力 U_5	2	8	7	3
获利能力 U_6	3	8	6	2
稳定性 U_7	6	7	7	2
扩张速度 U_8	2	8	6	2
扩张潜力 U_9	3	7	7	3
系统成员质量 U_{10}	4	8	6	3
系统秩序 U_{11}	4	7	8	3
持续发展 U_{12}	3	8	5	2
社会收益 U_{13}	3	7	5	4

按问题的实际情况建立优等系统指标值向量 F 为：

$$F = (10, 10, 9, 8, 10, 9, 8, 7, 10, 10, 9, 10, 6)^T$$

设 $\delta = 0.0001$，则 4 个系统指标的隶属度矩阵为：

$$R = \begin{bmatrix}
0.2223 & 0.7779 & 0.5557 & 0.0001 \\
0.1251 & 0.6251 & 0.5001 & 0.0001 \\
0.4287 & 0.7143 & 0.8572 & 0.0001 \\
0.1668 & 0.8334 & 0.8334 & 0.0001 \\
0.0001 & 0.7501 & 0.6251 & 0.1251 \\
0.1430 & 0.8572 & 0.5715 & 0.0001 \\
0.6668 & 0.8334 & 0.8334 & 0.0001 \\
0.0001 & 0.8001 & 0.8001 & 0.0001 \\
0.0001 & 0.5715 & 0.5715 & 0.0001 \\
0.1430 & 0.7144 & 0.4287 & 0.0001 \\
0.1668 & 0.6668 & 0.8334 & 0.0001 \\
0.1251 & 0.7501 & 0.3751 & 0.0001 \\
0.0001 & 0.6668 & 0.6668 & 0.3334
\end{bmatrix}$$

按最大隶属度原理，建立优等系统 G 为：

$G = (0.7779, 0.6251, 0.8572, 0.8334, 0.7501, 0.8572, 0.8334,$
$\quad 0.8001, 0.5715, 0.7144, 0.8334, 0.7501, 0.6668)^T$

计算优等系统和各系统的贴近程度，其结果为：

$$N_H(G, R_A) = 0.37912, \quad N_H(G, R_B) = 0.98118,$$

$$N_H(G, R_C) = 0.87341, \quad N_H(G, R_D) = 0.29099。$$

于是名牌生态系统的排序结果为：$B > C > A > D$，即 B 和 C 名牌是强势名牌。

四个名牌系统的指标雷达图如图 11 – 10 所示。

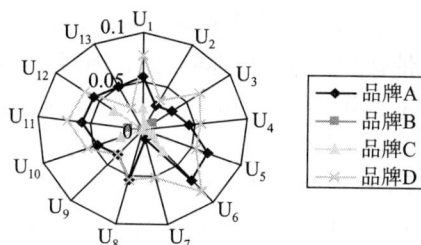

图 11 – 10   名牌系统的指标雷达图

从雷达图中也可以直观地看出 B 名牌生态系统与最优值最贴近，其次是 C、A、D，其结果与计算出的贴近度数值结果相一致。

☛11. 4. 3   基于 *DEA* 及 *DEA/AHP* 对名牌生态系统评价模型

1. 名牌生态系统数据包络分析（*DEA*）模型

数据包络分析（Data Envelopment Analysis, DEA）是著名运筹学家 A. Charnes 和 W. W. Cooper 等学者以"相对效率"概念为基础，根据多指标投入和多指标产出对相同类型的单位进行相对有效性或效益评价的一种系统分析方法，是处理多目标决策问题的有效方法。它可以根据一组输入数据和输出数据来评价决策单元（DMU）的优劣，即评价各单位的相对效率。我国学者对数据包罗分析做出了很多发展（魏权龄，2004）。

DEA 的特点是在评价各 DMU 时选择最有利于该 DMU 的权，而且不需事先假定输入和输出的函数关系直接进行包络分析，得到的评价结果不受任何人为因素的影响，具有客观性强的特点，能尽量避免分析者主观意志的影响。还可以通过输入、输出变量之间的影响程度来判断如何调整输入变量来相应地提高输出结果。

DEA 具有以下优点：

（1）DEA 各输入，输出的权重变量，总是从最有利于决策单元的角度进行评价，从而避免了确定各指标权重的问题。

（2）DEA 方法不必确定输入，输出之间关系的显式表达式。既不必像生产函数法那样，先利用回归分析，确定一个生产函数表达式，然后再估计在一定输入的条件下，能达到多大的产出。

（3）DEA 方法排除了很多主观因素的影响，如不用事先确定权重，也不需要一个预先已知的带有参数的生产函数形式，因而，具有很强的客观性。

C^2R 模型是 DEA 的第一个模型，它是一个分式规划，通过使用由 Charnes 和 Cooper 给出的 C^2 变换将分式规划化为一个与其等价的线性规划问题。该分式规划是将科学 – 工程效率的定义推广到多输入、多输出的系统相对效率的概念，由线性规划的对偶理论，可以得到一个对偶规划，该对偶规划具有经济含义。判断一个 DMU 是否为 DEA 有效，本质上是判断该 DMU 是否落在生产可能集的生产前沿面上，这里的生产前沿面是由观察到的决策单元的输入数据和输出数据的包络面的有效部分。

假设有 n 个名牌生态系统决策单元（DMU），这 n 个名牌生态系统决策单元具有可比性。每个名牌生态系统决策单元都有 m 种类型的输入和 s 种类型的输出，即输入向量为 $x = (x_1, x_2, \cdots, x_m)^T$，输出向量为 $y = (y_1, y_2, \cdots, y_m)^T$，使用 (x, y) 表示这个名牌生态系统 DMU 的整个生产活动。设名牌生态系统 DMU_j 对应的输入和输出向量分别为：

$$x_j = (x_{1j}, x_{2j}, \cdots, x_{mj})^T > 0 \qquad j = 1, 2, \cdots, n$$
$$y_j = (y_{1j}, y_{2j}, \cdots, y_{mj})^T > 0 \qquad j = 1, 2, \cdots, n$$

其中，$x_{ij} > 0$，$y_{rj} > 0$，$i = 1, 2, \cdots, m$；$r = 1, 2, \cdots, s$。x_{ij} 为第 j 个名牌生态系统决策单元对第 i 种类型输入的投入量；y_{rj} 为第 j 个名牌生态系统决策单元对第 r 种类型输出的产出量；x_{ij}、y_{rj} 为已知的数据，可以根据历史资料得到，也即是实际观测到的数据。

由于在运营过程中名牌生态系统各种输入和输出之间的地位和作用不同，因此要对名牌生态系统 DMU 进行评价，须对它的输入和输出进行"综合"，即把它们看做只有一个总体输入和一个总体输出的生产过程，这样就需要赋予每个输入、输出恰当的权重，分别记作：$v = (v_1, v_2, \cdots, v_m)^T$ 和 $u = (u_1, u_2, \cdots, u_m)^T$，它们是变量。则用于评价的 DEA 模型可以表述为：

$$\max h_{j0} = \frac{\sum\limits_{r=1}^{s} u_r y_{rj0}}{\sum\limits_{i=1}^{m} v_i x_{ij0}}$$

$$\begin{cases} \text{s. t.} \ \dfrac{\sum\limits_{r=1}^{s} u_r y_{rj}}{\sum\limits_{i=1}^{m} v_i x_{ij}} \leqslant 1, j = 1, 2, \cdots, n \\[6pt] v = (v_1, v_2, \cdots, v_m)^T \geqslant 0 \\[4pt] u = (u_1, u_2, \cdots, u_m)^T \geqslant 0 \end{cases}$$

上式是一个分时规划问题，使用 Charners-Cooper 变化，即令：

$$t = \frac{1}{v^T x_{j0}}, \ w = tv, \ \mu = tu$$

则可变成如下的对偶规划为：

$$\begin{cases} \min \theta \\ \text{s. t.} \ \sum\limits_{j=1}^{n} \lambda_j x_j \leqslant \theta x_{j0} \\[6pt] \sum\limits_{j=1}^{n} \lambda_j y_j \geqslant y_0 \\[6pt] \lambda_j \geqslant 0, j = 1, 2, \cdots, n \\ \theta \ \text{无约束} \end{cases}$$

进一步引入松弛变量 s^+ 和剩余变量 s^-，将上面的不等式约束变为等式约束，则可变为：

$$\begin{cases} \min \theta \\ \text{s. t.} \ \sum\limits_{j=1}^{n} \lambda_j x_j + s^+ = \theta x_{j0} \\[6pt] \sum\limits_{j=1}^{n} \lambda_j y_j - s^- = y_0 \\[6pt] \lambda_j \geqslant 0, j = 1, 2, \cdots, n \\ \theta \ \text{无约束} \\ s^+ \geqslant 0, s^- \geqslant 0 \end{cases}$$

求解上述数学规划，得到的最优值表示第 j_0 个名牌生态系统的综合效率指数 h_{j0}。通过求解上述 n 个规划模型就可以分别得到相应 n 个评估名牌生态系统的综合效率指数，其指数的大小顺序表示该 n 个方案的优劣顺序，相应的最优解 w、μ 即为最有利于评估名牌生态系统的权重分配。

若 $\theta^* = 1$，且 $s^{*-} = 0$，$s^{*+} = 0$，则决策单元名牌生态系统 j_0 为 DEA 有效，其运营活动同时为技术有效和规模有效。

若 $\theta^* = 1$，但至少有某个输入或输出松弛变量大于零，则名牌生态系统决策单元为 j_0 为弱 DEA 有效。名牌生态系统决策单元 j_0 不是同时技术有效和规模有效，此时的经济活动不是同时技术效率最佳和规模效益最佳。

若 $\theta^* < 1$，决策单元名牌生态系统 j_0 不是 DEA 有效，其运营活动既不是技术效率最佳，也不是规模收益最佳。

在检验 DEA 有效性时，为了简化计算可以利用非阿基米德无穷小的 C^2R 模型。令 $\varepsilon > 0$ 是一个非阿基米德无穷小量，ε 是一个小于任何正数且大于 0 的数，则具有非阿基米德无穷小 ε 的 C^2R 模型为：

$$\begin{cases} \min\left[\theta - \varepsilon(\hat{e}^T s^- + e^T s^+)\right] \\ \sum_{j=1}^{n} \lambda_j x_j + s^+ = \theta x_{j0} \\ \sum_{j=1}^{n} \lambda_j y_j - s^- = y_0 \\ \lambda_j \geq 0, \ j = 1, 2, \cdots, n \\ s^+ \geq 0, \ s^- \geq 0 \end{cases}$$

假设上面的最优解为 λ^0，s^{-0}，s^{+0}，θ^0，则有：

若 $\theta^0 < 1$，则决策单元名牌生态系统不为弱 DEA 有效；

若 $\theta^0 = 1$，$\hat{e}^T s^- + e^T s^+ > 0$，则决策单元名牌生态系统仅为弱 DEA 有效；

若 $\theta^0 = 1$，$\hat{e}^T s^- + e^T s^+ = 0$，则决策单元名牌生态系统为 DEA 有效。

另外，通过 C^2R 模型中的 λ_j 的最优值还可以判断出名牌生态系统 DMU 的规模收益情况，即：

若存在 $\lambda_j^* (j = 1, 2, \cdots, n)$ 使得 $\sum \lambda_j^* = 1$，则名牌生态系统 DMU 为规模收益不变；

若不存在 $\lambda_j^* (j = 1, 2, \cdots, n)$ 使得 $\sum \lambda_j^* = 1$，则若 $\sum \lambda_j^* < 1$，那么名牌生态系统 DMU 为规模收益递增；

若不存在 $\lambda_j^*(j=1,2,\cdots,n)$ 使得 $\sum \lambda_j^* = 1$，则若 $\sum \lambda_j^* > 1$，那么名牌生态系统 DMU 为规模收益递减。

（弱）DEA 有效的经济含义包括"技术有效"和规模收益状况等。技术有效是指：输出相对输入而言已达到"最大"。当一个输出的情况是指 m 种投入 $X=(x_1,x_2,\cdots,x_m)^T$，所能产出的最大值为 Y，也即生产函数：$Y=f(x_1,x_2,\cdots,x_m)=f(X)$。因此，某种生产方式 (X_0,Y_0) 称为技术有效是指它位于生产函数 $Y=f(X)$ 的曲面上，即 $Y_0=f(x_1^0,x_2^0,\cdots,x_m^0)=f(x_0)$。"规模有效"是指投入的规模既不偏小，也不偏大。这里的"偏小"是指当投入成倍增大时，产出会高于投入的同倍数的增长；"偏大"是指当投入成倍增大时，产出会低于投入的成倍数的增长。这就是说，"规模有效"是处于规模收益不变的生产方式。因此在 C^2R 模型下的弱 DEA 有效的名牌生态系统决策单元是"规模有效"的，同时也是"技术有效"的。一个名牌生态系统若为 DEA 有效，其经济含义是指该决策单元的生产活动是有效的，即处于下列理想状态：（1）除非增加一种或多种投入，或减少其他种类的产出，否则无法再增加任何产出；（2）除非增加一种或多种投入，或减少其他种类的产出，否则无法再减少任何投入。

2. DEA/AHP 两阶段分析法

DEA 方法可利用名牌生态系统决策单元（DMU）的输入输出数据来判定其有效性，提供了一个利用客观数据来评价名牌生态系统的方法，但该方法只能解决名牌生态系统决策单元的相对有效性问题，只能将决策单元分为有效和非有效两组，由于其权重的可变性不能解决所有名牌生态系统的全排序问题。单一层次的 AHP 方法能通过求最大特征根的特征向量来实现各单元的全排序，但由于其权重带有很大的主观性，因此排序结果也含有很大的主观不确定性。因此考虑综合 DEA 与 AHP 来解决全排序的方法（李光金，1996；徐琴，2006；朱泰英，2006），这种方法分为两个阶段：（1）运用 DEA 方法对每一对决策单元进行有效性分析，每一次只考虑该对决策单元，而忽略其他的决策单元；（2）根据第一阶段的计算结果，创建"成对比较矩阵"，在此基础上应用单一层次的 AHP 方法计算所有的决策单元的全排序值。

其具体步骤如下：

（1）确定名牌生态系统决策单元的指标体系。DEA 模型对于投入产出变量具有高度敏感性，因此评价指标的选取是应用 DEA 的基础和前提。在指标数量上，评价指标的多少最好与 DMU 的数量相适应。因为在 DEA 模型中，随着评价指标集的扩大，每一决策单元的有效性系数也会增大，即随着评价指标数的增加或 DMU 的减少，DEA 评价结果的区分度会越来越差。Golany 与 Roll（1989）依据经验法则，认为受评估的 DMU 个数（n）至少应为投入项（m）与产出项（s）个数总和的 2 倍，即 $n \geq 2(m+s)$。

（2）对于同一类型的 n 个名牌生态系统决策单元利用 DEA 方法为 AHP 方法确定判断矩阵。设一共有 n 个决策单元，每个决策单元都有 m 种类型的输入和 s 种类型的输出，设决策单元 j 的输入向量为 $x_j = (x_{1j}, x_{2j}, \cdots, x_{mj})^T$，输出向量为 $y_j = (y_{1j}, y_{2j}, \cdots, y_{mj})^T$，与一般常用的 C^2R 模型不一样，在这里从所有的决策单元中选取任意 2 个名牌生态系统决策单元 M 和 N，对这 2 个名牌生态系统决策单元使用数据包络方法确定它们的相对效率。

对名牌生态系统决策单元的 DEA 线性规划模型有下面命题成立：

$$\begin{cases} V_{NM} = \max \mu^T y_N \\ \text{s. t.} \begin{cases} w^T x_M - V_{MM} \mu^T y_M \geq 0 \\ w^T x_N = 1 \\ \mu^T y_N \leq 1 \\ w \geq 0, \ \mu \geq 0 \end{cases} \end{cases}$$

其中 $t = \dfrac{1}{v^T x_{j0}} > 0$，$w = tv$，$\mu = tu$。很明显，在 2 个决策单元构成的 DEA 模型中 $V_{MM} = V_{MN}$，$V_{NM} = V_{NN}$。

名牌生态系统决策单元 DEA 有效的充要条件也是相对效率值为 1 且无投入产出松弛，若从投入、产出着手，在同一生产可能集中，无法区分有效决策单元谁优谁劣，除非改变生产可能集定义。但如果从另外一个角度出发，不是选择"最有利于该决策单元"的权重，而是选取最有利于其余决策单元的权重，其效率值就未必是 1。因此，在计算被评价名牌生态系统决策单元的效率时，同时也计算出其余名牌生态系统决策单元在此权重下的效率值并列入表 11-10。

表 11-10 中，左对角元素称简单效率（Simple-efficiency），其余称横切效率（Cross-efficiency），如 V_{jj} 为第 j 个名牌生态系统决策单元在取"最有利于该决策单元"权重下的简单效率；$V_{tj}, t = 1, \cdots, nt \neq j$ 是第 t 个决

策单元权重取"最有利于第 j 个决策单元"的条件下的效率值。

表 11－10　　　名牌生态系统决策单元的简单效率与横切效率

决策单元	1	2	…	j	…	n
1	V_{11}	V_{12}	…	V_{1j}	…	V_{1n}
…	…	…	…	…	…	…
t	V_{t1}	V_{t2}	…	V_{tj}		V_{tn}
…	…	…	…	…	…	…
n	V_{n1}	V_{n2}	…	V_{nj}	…	V_{nn}

基于以上 DEA 的求解结果，我们可以构造 AHP 的判断矩阵。对于每一对名牌生态系统决策单元 j，k：$a_{jk} = \dfrac{V_{jj} + V_{jk}}{V_{kk} + V_{kj}}$，且 $a_{ii} = 1$，$a_{kj} = 1/a_{jk}$。

构造的判断矩阵 $A_{n \times n}$ 不是由主观判断得到的，而是由 DEA 模型方法分别对每一对名牌生态系统决策单元进行有效性分析，并以效率指数作为创建判断矩阵的依据。

（3）第二阶段：AHP 全排序。在这一阶段里，利用从第一阶段得到的判断矩阵 $A_{n \times n} = [a_{jk}]_{n \times n}$，使用几何平均法或者规范列几何法计算 A 的最大特征值 $\lambda_{\max}$ 及其对应的特征向量 $w = (w_1, w_2, \cdots, w_n)$，$T_{wj}$ 代表第 j 个名牌生态系统决策单元的相对重要程度，基于此对各名牌生态系统决策单元进行全排序。

3. 算例

（1）使用单一 DEA 方法对名牌生态系统相对效率进行分析。依据 Golany 与 Roll（1989）的经验法则，即受评估的 DMU 个数（n）至少应为投入项（m）与产出项（s）个数总和的 2 倍，由于投入项与产出项为 13 个，这样 DMU 至少为 26 个。假设 26 个同行业的名牌生态系统，记作 DMU_i，$i = 1, 2, \cdots, 26$。其输入输出指标如表 11－11 所示。评估结果如表 11－12、表 11－13 所示。

表 11－12、表 11－13 的数据反映了名牌生态系统活动是否同时为技术有效和规模有效。可以看出 26 个名牌生态系统 DMU_4，DMU_5，DMU_9，DMU_{12}，DMU_{16}，DMU_{18}，DMU_{21}，DMU_3 和 DMU_{26} DEA 有效，θ 值的大小反映了名牌生态系统技术效率的高低。

表 11 - 11　　　　　　　　　　　　输入输出指标

	系统输入											系统输出	
	环境适应性 U_1	战略情况 U_2	产品组合结构 U_3	系统规模 U_4	系统关键能力 U_5	持续发展 U_{12}	稳定性 U_7	扩张速度 U_8	扩张潜力 U_9	系统成员质量 U_{10}	系统秩序 U_{11}	获利能力 U_6	社会收益 U_{13}
DMU_1	3	3	5	3	2	3	6	2	3	4	4	3	3
DMU_2	8	7	7	9	8	8	7	8	7	8	7	8	7
DMU_3	6	6	8	7	7	5	7	6	7	6	8	6	5
DMU_4	1	2	2	2	3	2	2	2	3	3	3	2	4
DMU_5	1	2	3	4	5	6	7	8	1	2	3	9	2
DMU_6	3	3	3	3	2	2	2	5	3	6	7	3	2
DMU_7	5	4	5	4	4	4	4	2	3	6	7	3	4
DMU_8	8	5	9	6	7	5	8	4	3	5	2	1	2
DMU_9	3	4	8	6	3	1	1	1	3	5	7	3	4
DMU_{10}	4	7	6	6	7	4	6	7	5	6	7	4	4
DMU_{11}	8	7	8	7	7	7	9	7	9	6	7	7	7
DMU_{12}	1	4	2	2	2	1	1	1	1	2	2	1	2
DMU_{13}	4	5	6	4	6	6	6	6	6	4	4	4	4
DMU_{14}	6	7	8	8	2	1	2	1	7	3	9	3	4
DMU_{15}	5	5	5	5	5	5	5	5	3	3	3	3	3
DMU_{16}	3	4	8	4	2	5	3	3	3	3	3	6	2
DMU_{17}	3	5	6	7	8	5	7	4	6	7	4	6	5
DMU_{18}	5	6	5	1	5	7	4	3	6	7	5	9	8
DMU_{19}	4	3	4	4	4	4	4	4	4	4	4	4	4
DMU_{20}	9	8	7	8	7	8	7	6	7	8	8	9	8
DMU_{21}	1	2	2	2	1	1	1	1	1	1	2	2	2
DMU_{22}	2	2	7	8	5	8	8	5	3	2	3	2	1
DMU_{23}	2	3	4	3	3	4	3	6	6	7	8	9	
DMU_{24}	3	4	5	6	3	5	5	4	3	2	4	5	3
DMU_{25}	4	8	1	1	2	2	2	1	1	1	1	1	1
DMU_{26}	5	6	5	6	5	6	4	6	4	3	5	5	6

·

表 11 - 12　　　　　　　　　　　　系统输入评估结果

决策单元	系统输入										
	s_1^-	s_2^-	s_3^-	s_4^-	s_5^-	s_{12}^-	s_7^-	s_8^-	s_9^-	s_{10}^-	s_{11}^-
DMU_1	0.8300	0.1105	1.0737	0.2266	0.0000	0.2805	2.5411	0.0000	0.0000	0.6091	0.0000
DMU_2	1.8929	0.0317	0.4286	4.3690	1.4484	0.0000	1.2063	2.4524	0.0000	0.0159	0.0000
DMU_3	2.0190	0.7678	1.4502	1.2227	1.8199	0.0000	1.6493	0.9384	0.7109	0.0000	0.0000
DMU_4	0.0000	0.0000	0.0000	0.0000	0.0000	0.0000	0.0000	0.0000	0.0000	0.0000	0.0000
DMU_5	0.0000	0.0000	0.0000	0.0000	0.0000	0.0000	0.0000	0.0000	0.0000	0.0000	0.0000
DMU_6	1.1707	0.5848	0.0000	0.4390	0.1463	0.0000	0.2927	2.4878	0.0000	2.0488	2.1220

续表

决策单元	系统输入										
	s_1^-	s_2^-	s_3^-	s_4^-	s_5^-	s_{12}^-	s_7^-	s_8^-	s_9^-	s_{10}^-	s_{11}^-
DMU$_7$	1.4402	0.3106	0.9944	1.4770	0.8061	0.2042	0.9770	0.0000	0.0000	1.5426	2.3683
DMU$_8$	3.7500	1.6250	4.3750	3.5000	3.1250	1.3750	4.0000	1.7500	0.3750	1.3750	0.0000
DMU$_9$	0.0000	0.0000	0.0000	0.0000	0.0000	0.0000	0.0000	0.0000	0.0000	0.0000	0.0000
DMU$_{10}$	0.7293	1.2597	0.4199	0.7072	1.8564	0.0000	1.3039	1.7901	0.0000	0.4862	0.0000
DMU$_{11}$	2.5857	0.8244	1.7735	1.6587	1.1808	0.0000	3.1651	0.9700	2.2193	0.0000	0.0000
DMU$_{12}$	0.0000	1.7650	0.0000	0.0000	0.8825	0.0000	0.0000	0.0000	0.0000	0.8825	0.0000
DMU$_{13}$	0.0000	0.1492	1.4286	0.8571	1.4286	0.5714	2.0000	1.7143	1.4286	0.0000	0.0000
DMU$_{14}$	0.0000	0.0000	0.0000	0.0000	0.0000	0.0000	0.0000	0.0000	0.0000	0.0000	0.0000
DMU$_{15}$	1.4286	1.0000	1.4286	2.0714	1.4286	0.7857	0.4286	0.2143	0.0000	0.0000	0.0000
DMU$_{16}$	0.0000	0.0000	0.0000	0.0000	0.0000	0.0000	0.0000	0.0000	0.0000	0.0000	0.0000
DMU$_{17}$	0.0000	1.0594	2.1457	4.8480	3.8255	0.0836	3.2077	0.9469	1.6232	1.9469	0.0000
DMU$_{18}$	0.0000	0.0000	0.0000	0.0000	0.0000	0.0000	0.0000	0.0000	0.0000	0.0000	0.0000
DMU$_{19}$	1.2282	0.0000	0.7178	1.6216	0.9251	0.2446	1.1342	1.1892	0.1436	0.0000	0.0000
DMU$_{20}$	3.0436	0.6410	0.0000	2.8717	0.8186	0.2402	1.0898	0.7042	0.0000	0.1669	0.0000
DMU$_{21}$	0.0000	0.0000	0.0000	0.0000	0.0000	0.0000	0.0000	0.0000	0.0000	0.0000	0.0000
DMU$_{22}$	0.5556	0.2222	0.0000	2.7222	2.7778	0.7222	2.2778	2.0556	2.1667	0.7222	0.0000
DMU$_{23}$	0.0000	0.0000	0.0000	0.0000	0.0000	0.0000	0.0000	0.0000	0.0000	0.0000	0.0000
DMU$_{24}$	1.1786	0.5714	1.1786	1.7857	0.0357	0.6429	1.2500	0.0714	1.1786	0.0000	0.2857
DMU$_{25}$	2.1429	4.8571	0.0000	0.2143	0.7143	0.5000	0.8571	0.0714	0.0000	0.0000	0.0000
DMU$_{26}$	0.0000	0.0000	0.0000	0.0000	0.0000	0.0000	0.0000	0.0000	0.0000	0.0000	0.0000

表 11－13   系统输出评估结果

决策单元	系统输出		θ
	s_6^+	s_{13}^+	
DMU$_1$	0.0000	0.0000	0.6402
DMU$_2$	0.0000	0.0000	0.7063
DMU$_3$	0.0000	0.8863	0.6256
DMU$_4$	0.0000	0.0000	1.0000
DMU$_5$	0.0000	0.0000	1.0000
DMU$_6$	0.0000	1.3659	0.7317
DMU$_7$	0.0000	0.5002	0.6000
DMU$_8$	1.2500	0.0000	0.6250
DMU$_9$	0.0000	0.0000	1.0000
DMU$_{10}$	0.0000	0.1547	0.5083
DMU$_{11}$	0.0000	0.0000	0.7769
DMU$_{12}$	0.8825	0.0000	1.0000
DMU$_{13}$	0.0000	0.0000	0.7143
DMU$_{14}$	0.0000	0.0000	1.0000

决策单元	系统输出		θ
	s_6^+	s_{13}^+	
DMU_{15}	0.0000	0.0000	0.7143
DMU_{16}	0.0000	0.0000	1.0000
DMU_{17}	0.0000	0.0000	0.8705
DMU_{18}	0.0000	0.0000	1.0000
DMU_{19}	0.0000	0.0000	0.7319
DMU_{20}	0.0000	0.0000	0.7661
DMU_{21}	0.0000	0.0000	1.0000
DMU_{22}	0.0000	0.0000	0.5566
DMU_{23}	0.0000	0.0000	1.0000
DMU_{24}	0.0000	0.0000	0.8928
DMU_{25}	0.0000	0.0000	0.7143
DMU_{26}	0.0000	0.0000	1.0000

（2）使用 DEA/AHP 两阶段法对名牌生态系统进行分析。对以上的26 个名牌生态系统决策单元现在使用 DEA/AHP 两阶段法对其进行评估。

首先由 DEA 方法求出 $[V_{ij}]_{n \times n}$ 用矩阵，计算得 $[V_{ij}]_{n \times n}$ 中主对角线上的元素 $V_{ii} = \theta_i$，非主对角线上的元素均为 0。

所以：

$$a_{jk} = \frac{V_{jj} + V_{jk}}{V_{kk} + V_{kj}} = \frac{V_{jj}}{V_{KK}} \quad 且 \quad a_{ii} = 1, \quad a_{kj} = 1/a_{jk}$$

即：

$$a_{12} = \frac{V_{AA} + V_{AB}}{V_{BB} + V_{BA}} = \frac{\theta_1}{\theta_2} = \frac{0.6402}{0.7063} = 0.906$$

$$a_{21} = \frac{1}{a_{12}} = 1.103$$

同理，可以依次计算出判断矩阵中的其他元素，于是得判断矩阵 A 为：

$A = $ Columns 1 through 9

1.0000	0.9064	1.0233	0.6402	0.6402	0.8749	1.0670	1.0243	0.6402
1.1032	1.0000	1.1290	0.7063	0.7063	0.9653	1.1772	1.1301	0.7063
0.9772	0.8857	1.0000	0.6256	0.6256	0.8550	1.0427	1.0010	0.6256
1.5620	1.4158	1.5985	1.0000	1.0000	1.3667	1.6667	1.6000	1.0000
1.5620	1.4158	1.5985	1.0000	1.0000	1.3667	1.6667	1.6000	1.0000
1.1429	1.0360	1.1696	0.7317	0.7317	1.0000	1.2195	1.1707	0.7317
0.9372	0.8495	0.9591	0.6000	0.6000	0.8200	1.0000	0.9600	0.6000
0.9763	0.8849	0.9990	0.6250	0.6250	0.8542	1.0417	1.0000	0.6250

1.5620	1.4158	1.5985	1.0000	1.0000	1.3667	1.6667	1.6000	1.0000
0.7940	0.7197	0.8125	0.5083	0.5083	0.6947	0.8472	0.8133	0.5083
1.2135	1.1000	1.2418	0.7769	0.7769	1.0618	1.2948	1.2430	0.7769
1.5620	1.4158	1.5985	1.0000	1.0000	1.3667	1.6667	1.6000	1.0000
1.1157	1.0113	1.1418	0.7143	0.7143	0.9762	1.1905	1.1429	0.7143
1.5620	1.4158	1.5985	1.0000	1.0000	1.3667	1.6667	1.6000	1.0000
1.1157	1.0113	1.1418	0.7143	0.7143	0.9762	1.1905	1.1429	0.7143
1.5620	1.4158	1.5985	1.0000	1.0000	1.3667	1.6667	1.6000	1.0000
1.3597	1.2325	1.3915	0.8705	0.8705	1.1897	1.4508	1.3928	0.8705
1.5620	1.4158	1.5985	1.0000	1.0000	1.3667	1.6667	1.6000	1.0000
1.1432	1.0362	1.1699	0.7319	0.7319	1.0003	1.2198	1.1710	0.7319
1.1967	1.0847	1.2246	0.7661	0.7661	1.0470	1.2768	1.2258	0.7661
1.5620	1.4158	1.5985	1.0000	1.0000	1.3667	1.6667	1.6000	1.0000
0.8694	0.7881	0.8897	0.5566	0.5566	0.7607	0.9277	0.8906	0.5566
1.5620	1.4158	1.5985	1.0000	1.0000	1.3667	1.6667	1.6000	1.0000
1.3946	1.2641	1.4271	0.8928	0.8928	1.2202	1.4880	1.4285	0.8928
1.1157	1.0113	1.1418	0.7143	0.7143	0.9762	1.1905	1.1429	0.7143
1.5620	1.4158	1.5985	1.0000	1.0000	1.3667	1.6667	1.6000	1.0000

Columns 10 through 18

1.2595	0.8240	0.6402	0.8963	0.6402	0.8963	0.6402	0.7354	0.6402
1.3895	0.9091	0.7063	0.9888	0.7063	0.9888	0.7063	0.8114	0.7063
1.2308	0.8053	0.6256	0.8758	0.6256	0.8758	0.6256	0.7187	0.6256
1.9673	1.2872	1.0000	1.4000	1.0000	1.4000	1.0000	1.1488	1.0000
1.9673	1.2872	1.0000	1.4000	1.0000	1.4000	1.0000	1.1488	1.0000
1.4395	0.9418	0.7317	1.0244	0.7317	1.0244	0.7317	0.8406	0.7317
1.1804	0.7723	0.6000	0.8400	0.6000	0.8400	0.6000	0.6893	0.6000
1.2296	0.8045	0.6250	0.8750	0.6250	0.8750	0.6250	0.7180	0.6250
1.9673	1.2872	1.0000	1.4000	1.0000	1.4000	1.0000	1.1488	1.0000
1.0000	0.6543	0.5083	0.7116	0.5083	0.7116	0.5083	0.5839	0.5083
1.5284	1.0000	0.7769	1.0876	0.7769	1.0876	0.7769	0.8925	0.7769
1.9673	1.2872	1.0000	1.4000	1.0000	1.4000	1.0000	1.1488	1.0000
1.4053	0.9194	0.7143	1.0000	0.7143	1.0000	0.7143	0.8206	0.7143
1.9673	1.2872	1.0000	1.4000	1.0000	1.4000	1.0000	1.1488	1.0000
1.4053	0.9194	0.7143	1.0000	0.7143	1.0000	0.7143	0.8206	0.7143
1.9673	1.2872	1.0000	1.4000	1.0000	1.4000	1.0000	1.1488	1.0000
1.7126	1.1205	0.8705	1.2187	0.8705	1.2187	0.8705	1.0000	0.8705
1.9673	1.2872	1.0000	1.4000	1.0000	1.4000	1.0000	1.1488	1.0000
1.4399	0.9421	0.7319	1.0246	0.7319	1.0246	0.7319	0.8408	0.7319
1.5072	0.9861	0.7661	1.0725	0.7661	1.0725	0.7661	0.8801	0.7661
1.9673	1.2872	1.0000	1.4000	1.0000	1.4000	1.0000	1.1488	1.0000
1.0950	0.7164	0.5566	0.7792	0.5566	0.7792	0.5566	0.6394	0.5566
1.9673	1.2872	1.0000	1.4000	1.0000	1.4000	1.0000	1.1488	1.0000
1.7564	1.1492	0.8928	1.2499	0.8928	1.2499	0.8928	1.0256	0.8928
1.4053	0.9194	0.7143	1.0000	0.7143	1.0000	0.7143	0.8206	0.7143
1.9673	1.2872	1.0000	1.4000	1.0000	1.4000	1.0000	1.1488	1.0000

Columns 19 through 26

0. 8747	0. 8357	0. 6402	1. 1502	0. 6402	0. 7171	0. 8963	0. 6402
0. 9650	0. 9219	0. 7063	1. 2690	0. 7063	0. 7911	0. 9888	0. 7063
0. 8548	0. 8166	0. 6256	1. 1240	0. 6256	0. 7007	0. 8758	0. 6256
1. 3663	1. 3053	1. 0000	1. 7966	1. 0000	1. 1201	1. 4000	1. 0000
1. 3663	1. 3053	1. 0000	1. 7966	1. 0000	1. 1201	1. 4000	1. 0000
0. 9997	0. 9551	0. 7317	1. 3146	0. 7317	0. 8196	1. 0244	0. 7317
0. 8198	0. 7832	0. 6000	1. 0780	0. 6000	0. 6720	0. 8400	0. 6000
0. 8539	0. 8158	0. 6250	1. 1229	0. 6250	0. 7000	0. 8750	0. 6250
1. 3663	1. 3053	1. 0000	1. 7966	1. 0000	1. 1201	1. 4000	1. 0000
0. 6945	0. 6635	0. 5083	0. 9132	0. 5083	0. 5693	0. 7116	0. 5083
1. 0615	1. 0141	0. 7769	1. 3958	0. 7769	0. 8702	1. 0876	0. 7769
1. 3663	1. 3053	1. 0000	1. 7966	1. 0000	1. 1201	1. 4000	1. 0000
0. 9760	0. 9324	0. 7143	1. 2833	0. 7143	0. 8001	1. 0000	0. 7143
1. 3663	1. 3053	1. 0000	1. 7966	1. 0000	1. 1201	1. 4000	1. 0000
0. 9760	0. 9324	0. 7143	1. 2833	0. 7143	0. 8001	1. 0000	0. 7143
1. 3663	1. 3053	1. 0000	1. 7966	1. 0000	1. 1201	1. 4000	1. 0000
1. 1894	1. 1363	0. 8705	1. 5640	0. 8705	0. 9750	1. 2187	0. 8705
1. 3663	1. 3053	1. 0000	1. 7966	1. 0000	1. 1201	1. 4000	1. 0000
1. 0000	0. 9554	0. 7319	1. 3149	0. 7319	0. 8198	1. 0246	0. 7319
1. 0467	1. 0000	0. 7661	1. 3764	0. 7661	0. 8581	1. 0725	0. 7661
1. 3663	1. 3053	1. 0000	1. 7966	1. 0000	1. 1201	1. 4000	1. 0000
0. 7605	0. 7265	0. 5566	1. 0000	0. 5566	0. 6234	0. 7792	0. 5566
1. 3663	1. 3053	1. 0000	1. 7966	1. 0000	1. 1201	1. 4000	1. 0000
1. 2198	1. 1654	0. 8928	1. 6040	0. 8928	1. 0000	1. 2499	0. 8928
0. 9760	0. 9324	0. 7143	1. 2833	0. 7143	0. 8001	1. 0000	0. 7143
1. 3663	1. 3053	1. 0000	1. 7966	1. 0000	1. 1201	1. 4000	1. 0000

通过判断矩阵 A，计算出其最大的特征根 λ_{max} 及对应的特征向量 W 为：

$$W = (0.0302, 0.0334, 0.0295, 0.0472, 0.0472, 0.0346, 0.0283,$$
$$0.0295, 0.0472, 0.0240, 0.0367, 0.0472, 0.0337, 0.0472,$$
$$0.0337, 0.0472, 0.0411, 0.0472, 0.0346, 0.0362, 0.0472,$$
$$0.0263, 0.0472, 0.0422, 0.0337, 0.0472)^T$$

$$\lambda_{max} = \sum \frac{[AW]_i}{nW_i} = 26.00085$$

对判断矩阵进行一致性检验：

一致性指标为：

$$CI = \frac{\lambda_{max} - n}{n - 1} = \frac{26.00085 - 26}{26 - 1} = 0.000034$$

26 阶判断矩阵的平均随机一致性指标为：

$$RI = 1.6587$$

随机一致性指标：

$$CR = \frac{CI}{RI} = \frac{0.000034}{1.6587} = 2.0498 * 10^{-5} \ll 0.1$$

判断矩阵 A 通过一致性检验，即具有非常满意的一致性。

AHP 的排序结果如表 11 - 14 所示。

表 11 - 14　　　　　　　　AHP 的排序结果

排序	名牌生态系统	权重	排序	名牌生态系统	权重
1	DMU_4	0.0472	13	DMU_{11}	0.0367
1	DMU_5	0.0472	14	DMU_{20}	0.0362
1	DMU_9	0.0472	15	DMU_6	0.0346
1	DMU_{12}	0.0472	16	DMU_{19}	0.0346
1	DMU_{14}	0.0472	17	DMU_{13}	0.0337
1	DMU_{16}	0.0472	17	DMU_{15}	0.0337
1	DMU_{18}	0.0472	17	DMU_{25}	0.0337
1	DMU_{21}	0.0472	20	DMU_2	0.0334
1	DMU_{23}	0.0472	21	DMU_1	0.0302
1	DMU_{26}	0.0472	22	DMU_3	0.0295
11	DMU_{24}	0.0422	22	DMU_8	0.0295
12	DMU_{17}	0.0411	24	DMU_7	0.0283

§11.5　名牌生态系统的诊断

11.5.1　名牌生态系统的常见问题

名牌生态系统的诊断基于以上的评价结果，诊断的目的是确定名牌生态系统是否存在问题及其产生原因，从而提供一些具体的应对方案。

名牌生态系统常见的问题包括以下几点：

（1）关键能力缺乏症。名牌拥有企业或者核心企业缺乏关键能力，导致了名牌生态系统在市场竞争中的不利和弱竞争性。

（2）生命周期短。由于出产品、名牌、核心企业、分销商、消费者和外在相关组织等，名牌生态系统得以迅速建立，但是几年后就不复存在。

（3）脆弱性或处于亚健康。由于名牌系统刚刚建立，名牌和其企业处于幼年期，因此生态系统极其脆弱，不能经受任何严重的打击或挫败。而且，如果名牌生态系统处于战略转型期或者战略失败期，系统也不具有很强的竞争力。

（4）生态系统紊乱。名牌生态系统的法则不起作用，导致了市场的无序。系统成员进入和退出系统比较频繁，将产品投入市场毫无规则性。

（5）生态系统侏儒症。名牌生态系统不能够成长，长时间内维持着一个较小的规模。

（6）生态系统变形。名牌生态系统的结构或功能发生变形。

（7）信息阻塞。信息不能够畅通无阻地传递。名牌生态系统不能够及时地响应，快速地做出决定和灵活地经营。

（8）离心。在一段时间内，离开系统的成员数目远远大于进入系统的成员数目。

（9）畸形。名牌生态系统的构成不完善或者拥有一个病态的结构，直接导致了生态系统的平衡缺失。

（10）功能缺失。生态系统长期处于垄断或被保护状态，导致其营销、研发和生产能力下降甚至消失。

（11）巨人症。名牌生态系统尤其是核心企业在扩张的时候没有站在战略的角度进行控制，产生无限制的扩张，导致了生态系统由于规模庞大而缺乏灵活性和竞争能力，在低效率下运营。

（12）频繁变动。核心企业的名牌、产品和战术频繁地变动，导致系统成员不能适应这些变动。

（13）对环境的变化不够敏感。名牌生态系统由于缺少环境控制信息系统，导致对环境变化的适应性差，以致企业、名牌、产品和营销模式陈旧。

一些名牌生态系统只存在以上症状中的一点，而一些可能会存在很多点，所以，我们应该根据不同的情形对其进行诊断，分析原因，找出解决方案。

11.5.2 案例分析

根据第三部分中综合评价的结果，对例子中的四个系统进行诊断，诊断结果如表 11 - 15 所示。

从表 11 - 15 可以看出 B 和 C 存在一些问题：亚健康和秩序紊乱症。A 和 D 拥有较小的规模，对环境的适应性不好，需要进行变革和重组。从评价结果可以看出，名牌 B 的状态最好。D 最差。

表 11 - 15　　　　　　　　　诊断结果

症 状＼名 牌	A	B	C	D
名牌生命周期短				√
脆弱或亚健康		√	√	√
生态系统秩序紊乱		√	√	
生态系统秩序侏儒症	√			
关键能力缺失	√			√
生态系统变形	√			
信息阻塞			√	√
离心				√
畸形				
功能缺失		√		
巨人症				
频繁变动			√	
对环境不适应	√			√
综合评价值	0.3791	0.9812	0.8734	0.2910

名牌生态系统可持续发展
系统管理模型及其策略轨道

§12.1 名牌生态系统可持续发展系统管理模型

☛ 12.1.1 概述

目前国内外关于名牌生态系统的理论研究,主要集中在名牌生态系统创造发展的某个侧面,以其作用、内涵、结构构成等内容,而从系统角度对名牌生态系统创造发展过程管理进行研究的内容较少,尤其在名牌生态系统工程方面的研究,国内外尚显不足。

随着市场经济的深入发展,中国市场上各种品牌均遇到了前所未有的市场竞争压力。如何使一般品牌生态系统能够在激烈的市场竞争中求得生存并发展壮大成为名牌生态系统,是摆在我国企业界面前迫切需要解决的关键问题。我们经常看到这样一些现象:在许多市场上,有的品牌生态系统开始成长迅速,并成为该市场中的名牌生态系统,而另一些品牌开始投入很大,但很快就败下阵来,成为过眼云烟,形成了市场上的品牌流动现象。有的名牌在市场上能够长盛不衰，有的品牌在市场上虽能长期存在，但却长期得不到成长，还有的品牌生态系统开始成长不久，就出现全面衰退乃至失败，造成了很大的资源浪费。要解决这些问题，实现名牌持续健康成长，必须依托新的名牌生态系统管理理论。

名牌生态系统工程是指为了创造发展名牌而策划并实施的整体化运作项目，包括名牌生态系统环境分析、名牌生态系统创造目标设定、名牌生态系统核心产品对象的选择、名牌生态系统关键要素的识别、名牌生态系统创造过程与策略的规划实施及控制；名牌生态系统发展规划与实施控制、名牌生态系统再造策划与实施控制等内容。对于非名牌企业，其首要目标是创造一个品牌生态系统，进而创造出名牌生态系统；对于名牌生态系统则要通过实施名牌系统工程发展壮大已有的名牌生态系统；而衰败名牌生态系统则要通过实施名牌系统工程的再造工程，再创名牌生态系统的辉煌。企业要取得良好经济效益，必须实施名牌系统工程，以便企业能够在较短时间内处于市场主动地位。

名牌生态系统工程体系可用三维模型（见图 12 -1）加以描述：其中

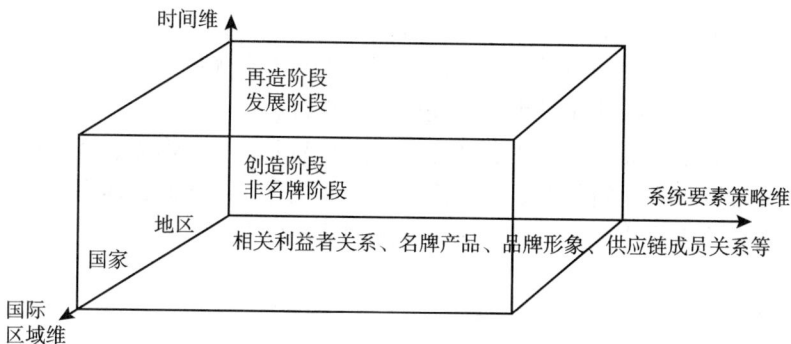

图 12 -1 名牌生态系统工程体系

时间维表示名牌生态系统处在创造发展的阶段，比如非名牌阶段、名牌创造阶段、名牌发展阶段及名牌再造阶段等；地区维表示名牌生态系统创造发展的区域层次，比如国际范围、国家范围、省市范围、地市范围等；策略维表示在不同地域、不同名牌生态系统创造发展阶段所应该采取的策略组合。策略组合包括了名牌生态系统要素的所有内容，比如在国家级名牌生态系统创造阶段，名牌企业要对其名牌生态系统要素诸如：名牌形象、名牌产品定位、名牌产品质量、名牌产品市场占有率、名牌产品技术创新、名牌市场地位、名牌保护措施、名牌企业资源供给、名牌分销渠道先进性、名牌企业管理体系完善程度、名牌企业股东（或投资者）关系、名牌最终消费者关系、中介组织关系、大众媒体关系、政府及公众关系、竞争者关系以及其他社会、经济、文化和自然环境状况等策略进行科学组合，使其达到投入最少回报最大的优化状态。

12.1.2 名牌生态系统创造发展过程中的关键变量

在名牌生态系统创造发展过程中，各个影响变量之间存在着一定的相互关系。体现名牌生态系统状况的指标中，名牌市场占有率、品牌知名度、品牌产品销售量、名牌生态系统产出规模、名牌生态系统成员数量、名牌生态系统稳定性、名牌生态系统成长性、名牌生态系统环境适应性等是主要的影响变量。它们的形态可用曲线表示，如图 12－2 所示。从名牌生态系统创造过程来看，市场投入先于系统产出量的变化，然后才有名牌的市场知名度。一般来讲，市场投入与系统产出及名牌知名度成一定的相关关系。在名牌企业产品质量与内部管理水平占有优势情况下，名牌生态系统的整体运作决定了其创造发展的成功与否。

另外，名牌企业的技术创新能力、产品品质、品牌形象、资源充足程度、企业体制及运行机制、生产规模、企业文化、生产制造体系以及外部环境等因素都会影响到名牌生态系统的创造与发展。

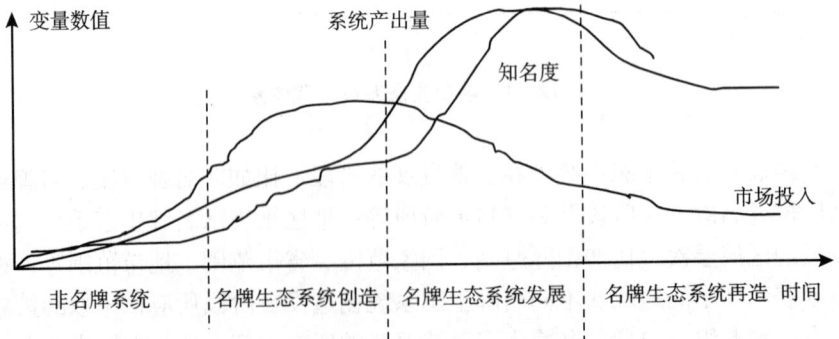

图 12－2 名牌生态系统创造发展过程性态

☛ 12.1.3   名牌生态系统创造发展系统管理逻辑模型

名牌生态系统创造发展系统管理模型主要展示名牌生态系统整个生命周期的发展过程及其与名牌要素的相互关系（见图 12-3）。通过模型可以看出，名牌生态系统创造发展过程须经历一个较长的时期。正确确定不同时期的战略组合是名牌生态系统能否取得成功的关键所在。

从国内外发展状况看，名牌生态系统的产生需要企业较长时间的艰苦努力才可能创造出来。总结诸多成功与失败的案例，可以发现，名牌生态系统的创造与发展存在一个具有严密逻辑关系的支持体系，我们将其称之为——"名牌生态系统塔"模型（见图 12-4）。它由塔基：名牌企业及系统成员；环境基础：内部与外部环境；软件基础：名牌生态系统管理体系与文化；名牌生态系统运作：营销、生产、研发、财务与人力资源；产品与服务以及著名品牌等组成。

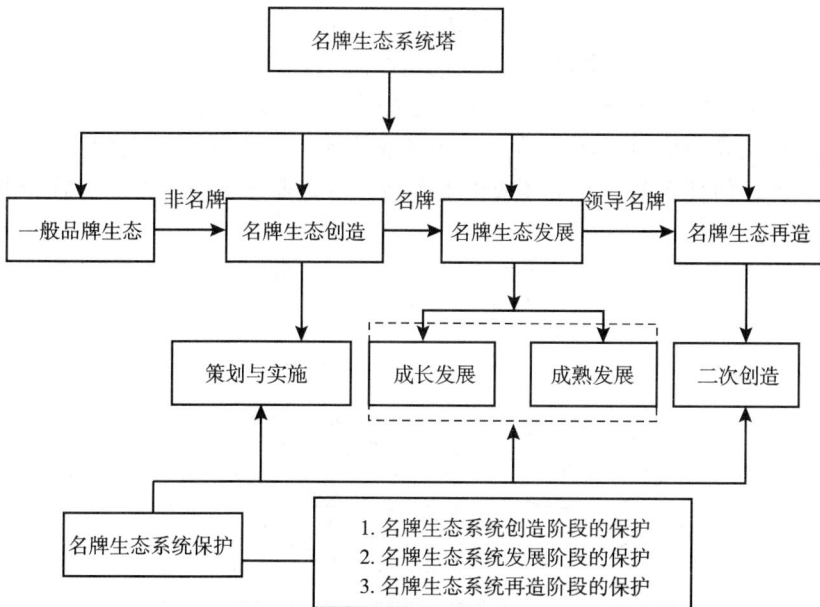

图 12-3   名牌生态系统创造发展系统管理模型

　　"名牌生态系统塔"是在较大程度上展示名牌生态系统创造与发展内在关系的层次结构模型,它揭示了名牌生态系统创造与发展的内在规律性,而创名牌实际是在构建辉煌的"名牌生态系统塔",如图12-4所示。从名牌生态系统塔模型可知:"名牌生态系统塔"的"塔基"是名牌企业与高素质系统成员。名牌企业及其系统成员应具有完善健全的综合管理体系,包括体制、战略、组织、制度、程序以及管理方法。管理系统是名牌与名牌产品赖以生存与发展的软件,没有好的系统管理体系,就不会有好的名牌生态系统文化的产生与持续改善,因此,也就不可能有好的名牌生态系统功能的发挥,即使是先天条件再好的高附加值(或高新技术)名牌,也不可能产生应有的效益。因此,在实施名牌生态系统战略时一定要高度重视管理体系建设,将其视为"名牌生态系统塔"的基础工程。如果名牌企业及其他系统成员自身缺乏建立良好制度的资源,应聘请外部咨询机构或专家协助进行。如果名牌企业及其他系统成员能够严格按照CIS程序,系统导入理念识别、行为识别、视觉与听觉识别,可对名牌生态系统文化建设起到巨大推动作用。如果一个名牌生态系统其核心企业及其他成员优秀,管理体系完善,并且已经建立了良好名牌生态系统文化,那么,这个名牌生态系统的功能就能得到充分发挥。"名牌生态系统塔"的"塔顶"部分是名牌产品(或优质产品)以及名牌。名牌产品是企业创名牌工程的直接产物,它是具有大规模、高质量、高美誉度、高市场占有率以及高经济效益的产品。名牌(或优质)产品是形成名牌企业的必要条件,但拥有名牌产品(或优质产品)的企业却不一定都是名牌企业。

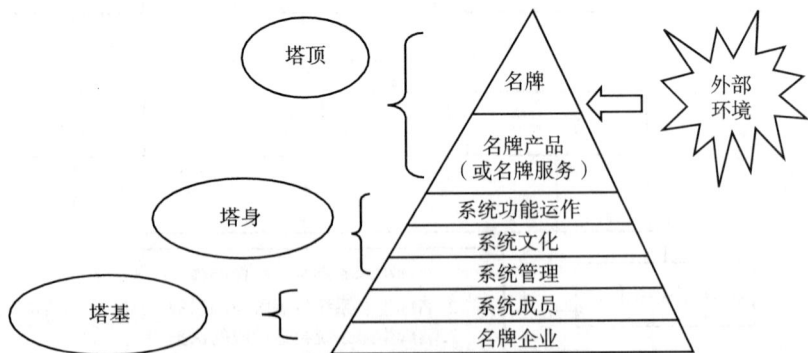

图12-4　名牌生态系统塔

从上面分析的构成要素与结构可以看出，"名牌生态系统塔"模型描述了一个名牌生态系统所应具有的构成要素与层次结构关系，基本体现了创造与发展名牌生态系统的标准要求。

名牌生态系统保护贯穿于整个名牌生态系统创造发展过程之中，名牌生态系统创造阶段，由于核心企业产品不是名牌产品，因而品牌生态系统在各个方面尚存在缺陷，系统成员素质低、步调不一致、产品质量问题与顾客不满意投诉等现象经常发生，其他名牌产品的竞争性打击、资源不充分以及管理体系不完善等都会给名牌生态系统的创造带来阻力与困难，严重时会使这个准名牌生态系统毁于一旦。因此，在创建名牌生态系统的过程中，要特别注意采取措施保护已有成果，其中品牌形象注册、控制市场秩序、确保产品质量、加强市场监控、加强成员联合保护措施、正确处理顾客投诉、建立自主知识产权、力争政府扶持保护等是应该加以注意的因素。

在名牌生态系统发展阶段，名牌企业已经创造出名牌产品，且具有较快发展速度，这时候核心企业品牌已成为市场后起之秀，占有率高、知名度大。一方面，竞争对手必定采取对策对付新的名牌产品，将新名牌置于死地；另一方面，名牌企业经营管理出现这样那样的问题，造成名牌生态系统资源不能按时供给而导致流动资金短缺、产品质量下降或出现质量事故、服务满足不了顾客需求等，直接会影响名牌产品的市场形象；再就是制假者则迅速模仿名牌产品，在名牌产品的主导市场上大肆销售假货，造成顾客信誉的严重下降。这些因素都会使名牌产品存在严重风险，一旦处理不好，名牌形象会即刻丧失。名牌生态系统发展阶段的保护主要在品牌形象全方位注册、防伪、打假、控制市场秩序、确保产品质量、加强市场监控、确保资源供应、确保系统成员应得利益、及时处理品牌危机、建立自主知识产权、紧跟世界科技潮流、力争政府扶持保护等方面。

名牌生态系统再造阶段的保护主要是防止因创新失败或产品质量问题而导致的顾客信任危机、核心企业危机效应带来的资源供给短缺、竞争者恶性打击以及对名牌企业实施法律保护并寻求政府扶持等。

§12.2　名牌生态系统创造发展管理策略轨道

☞12.2.1　名牌生态系统创造发展管理策略概要

不同名牌生态系统创造发展阶段具有不同的策略内容，归纳起来可表达为名牌生态系统创造、名牌生态系统成长性发展、名牌生态系统成熟性发展及名牌生态系统二次创造四个阶段的策略，如图 12－5 所示。

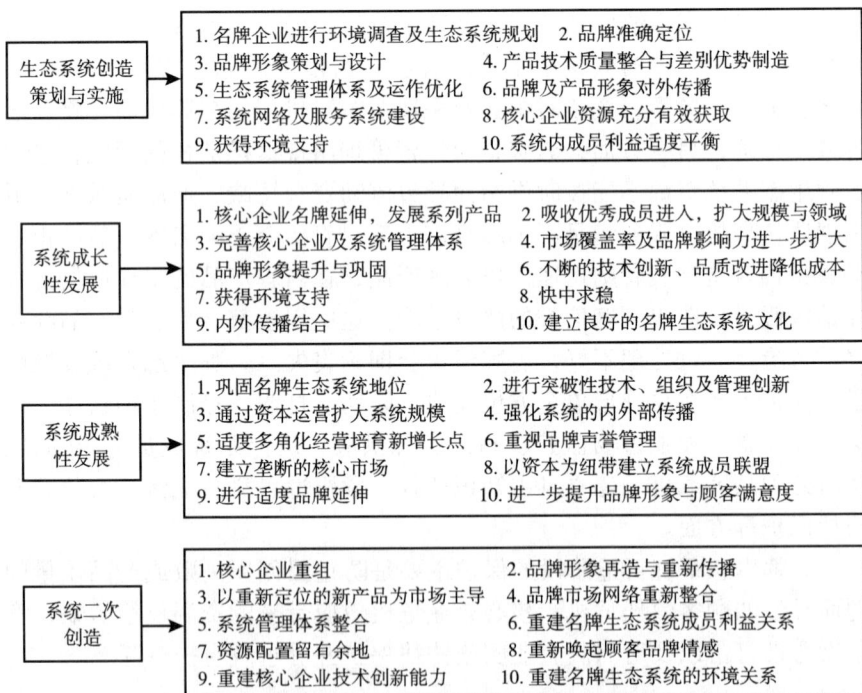

生态系统创造 策划与实施	→	1. 名牌企业进行环境调查及生态系统规划　2. 品牌准确定位 3. 品牌形象策划与设计　　　　　4. 产品技术质量整合与差别优势制造 5. 生态系统管理体系及运作优化　6. 品牌及产品形象对外传播 7. 系统网络及服务系统建设　　　8. 核心企业资源充分有效获取 9. 获得环境支持　　　　　　　　10. 系统内成员利益适度平衡
系统成长 性发展	→	1. 核心企业名牌延伸，发展系列产品　2. 吸收优秀成员进入，扩大规模与领域 3. 完善核心企业及系统管理体系　4. 市场覆盖率及品牌影响力进一步扩大 5. 品牌形象提升与巩固　　　　　6. 不断的技术创新、品质改进降低成本 7. 获得环境支持　　　　　　　　8. 快中求稳 9. 内外传播结合　　　　　　　　10. 建立良好的名牌生态系统文化
系统成熟 性发展	→	1. 巩固名牌生态系统地位　　　　2. 进行突破性技术、组织及管理创新 3. 通过资本运营扩大系统规模　　4. 强化系统的内外部传播 5. 适度多角化经营培育新增长点　6. 重视品牌声誉管理 7. 建立垄断的核心市场　　　　　8. 以资本为纽带建立系统成员联盟 9. 进行适度品牌延伸　　　　　　10. 进一步提升品牌形象与顾客满意度
系统二次 创造	→	1. 核心企业重组　　　　　　　　2. 品牌形象再造与重新传播 3. 以重新定位的新产品为市场主导　4. 品牌市场网络重新整合 5. 系统管理体系整合　　　　　　6. 重建名牌生态系统成员利益关系 7. 资源配置留有余地　　　　　　8. 重新唤起顾客品牌情感 9. 重建核心企业技术创新能力　　10. 重建名牌生态系统的环境关系

图 12－5　不同名牌生态系统创造发展阶段的策略内容

☞ 12.2.2　不同角度的名牌生态系统创造发展策略轨道分析

不同名牌生态系统由于环境及品牌本身条件存在差异，因而其创造发展过程策略轨道是不一样的。通过分析可以看出名牌生态系统创造发展过程中不同阶段其关键影响因素是不同的。名牌生态系统创造期，主要因素在于品牌产品技术含量与质量的高低、营销网络及品牌广告。而对于产品质量同质的名牌生态系统，主要在于品牌形象宣传与营销网络建设。我们可以首先识别出名牌生态系统创造发展的关键因素，然后设计出名牌生态系统创造发展的科学策略轨道。一般来讲，名牌生态系统创造发展有如下一些标志性变量与影响因素变量：

标志性变量。品牌知名度、品牌质量、品牌产品档次、品牌覆盖区域、品牌与产品市场占有率、品牌文化含量、核心企业实力、核心企业管理能力、名牌生态系统成员素质、外部环境支持度、名牌生态系统规模、名牌生态系统获利性等。

影响因素变量。核心产品技术创新、品牌形象传播、产品促销、市场网络建设、产品价格策略、时间周期、资源投入、企业管理体系建设等。

从图 12 - 6 可以分析不同名牌生态系统发展变化的策略轨道。图 12 - 6 （a）表示企业在名牌生态系统创造发展过程中，对产品质量与品牌形象传播重视程度的变化轨道，不同点上两者重视程度不同；图 12 - 6 （b）表示对产品创新与品牌形象传播重视程度的变化轨道，不同点上两者重视程度不同；图 12 - 6 （c）表示产品创新度随时间的变化轨道，不同点上创新程度不同；图 12 - 6 （d）表示对品牌形象传播与产品销售努力重视程度的变化轨道，不同点上两者重视程度不同；图 12 - 6 （e）表示对市场占有率与企业利润率重视程度的变化轨道，不同点上两者重视程度不同；图 12 - 6 （f）表示名牌市场区域随时间的变化轨道，不同点上区域不同；图 12 - 6 （g）表示对名牌美誉度与知名度重视程度的变化轨道，不同点上两者重视程度不同；图 12 - 6 （h）表示对名牌企业内部管理与品牌产品营销体系建设重视程度的变化轨道，不同点上两者重视程度不同。我们可以利用名牌生态系统轨道图分析自己品牌生态系统创造发展状况，以便发现并及时解决问题。另外，通过对竞争品牌的名牌生态系统轨道分析，可以及时发现竞争品牌的优势及弱点，为名牌生态系统制定市场竞争策略提供帮助。

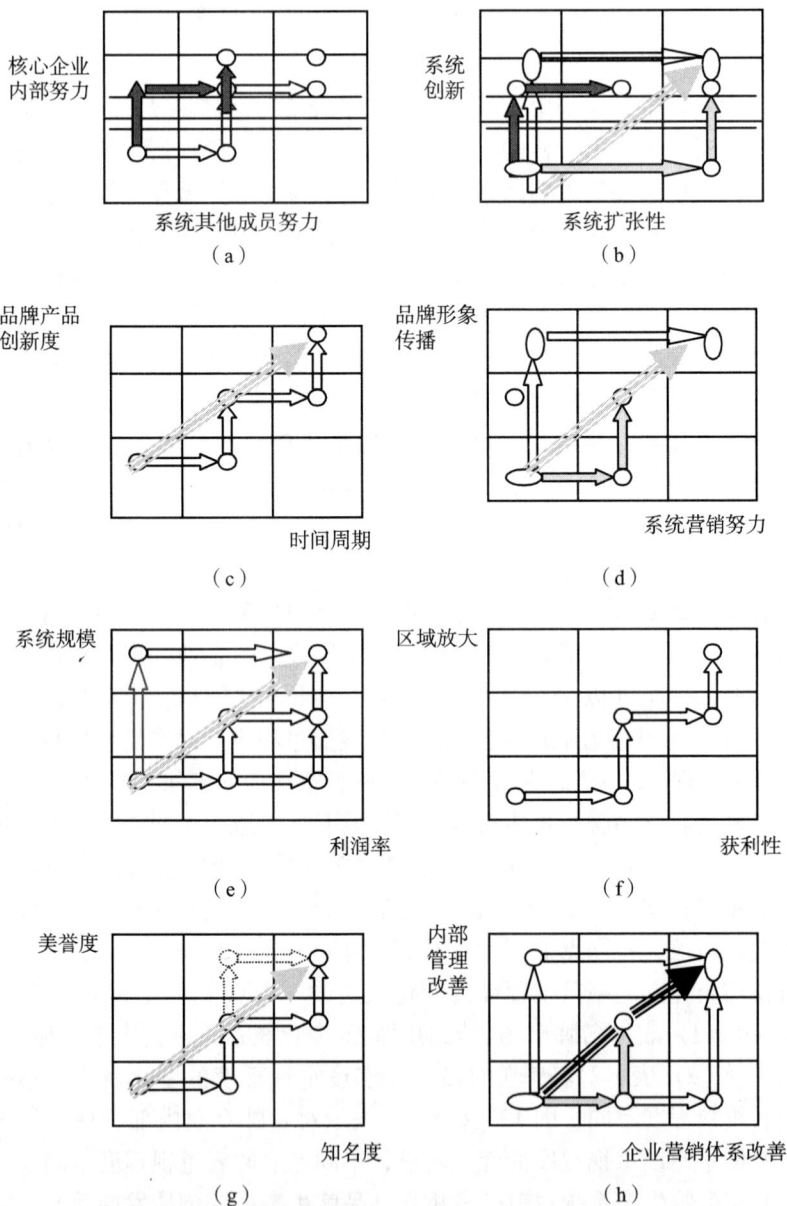

（a）　核心企业内部努力 / 系统其他成员努力

（b）　系统创新 / 系统扩张性

（c）　品牌产品创新度 / 时间周期

（d）　品牌形象传播 / 系统营销努力

（e）　系统规模 / 利润率

（f）　区域放大 / 获利性

（g）　美誉度 / 知名度

（h）　内部管理改善 / 企业营销体系改善

图 12-6　名牌生态系统的标志性变量与影响因素变量

☞12.2.3　名牌生态系统创造发展策略轨道设计

名牌生态系统策略轨道是指名牌生态系统在创造发展过程中企业采取的随时间而变化的策略路径与步骤。应根据所处的不同环境及条件，分阶段设计不同的名牌生态系统策略轨道。首先，对环境与条件做出系统分析，把握名牌生态系统发展的机会与威胁、优势与劣势；其次，判断名牌生态系统发展阶段，明确名牌生态系统成长的态势与位置；再次，确立名牌生态系统发展的近期、中期及远期目标；最后，根据名牌生态系统目标、名牌生态系统成长阶段、资源状况与市场竞争特点，设计名牌生态系统的阶段性策略轨道。名牌生态系统策略轨道大体上有如下几种：

全方位名牌策略轨道。即采用全系列名牌策略轨道，名牌生态系统在内部努力、外部努力、市场拓展、利润率提高、知名度扩大、美誉度提高、品牌形象提升以及销售推进等策略同步进行。这种策略轨道适用于实力雄厚、管理先进、居于领导地位的名牌生态系统。

分阶段组合策略轨道。即在名牌生态系统创造阶段，根据不同情况采用突出几个策略重点的组合轨道。比如，核心企业在一定时期将产品技术创新与广告促销策略同步实施，达到一定的市场占有率与知名度后，再集中精力进行企业品牌形象建设，以提高品牌的美誉度与顾客忠诚度。

重点或瓶颈突破的策略轨道。对处于发展期的名牌生态系统，由于较长时间的经营努力，其品牌已经具备了相当的市场基础，内部名牌生态系统要素相对稳定且有效，为了巩固其名牌生态系统的地位，寻求重点突破或跳跃而采用的单项策略轨道。而对于一些资源有限的新兴品牌，由于实力弱，市场地位低，不可能采用组合策略轨道全方位提升品牌素质，快速创造名牌生态系统，只能根据市场机会及资源状况，采取单一的、交替变化的重点突破的策略轨道。

再造名牌生态系统策略轨道。对于成熟或衰退名牌生态系统，为延长其寿命周期或重塑名牌生态系统形象而采取的针对不同名牌生态系统状况的策略轨道，比如，名牌生态系统因产品老化而衰退，则定位于创新努力策略轨道；若名牌生态系统因形象受损而衰，则定位于侧重名牌生态系统的外部努力的策略轨道；若名牌生态系统因管理而衰，则定位于名牌生态系统管理再造的策略轨道。

§12.3　名牌生态系统管理优化策略

名牌生态系统是一个典型的开放性的非线性系统，它通过核心名牌企业及大量系统成员的相互作用，在社会经济系统中发挥着关键支撑作用。优化名牌生态系统管理策略可大大提高系统运作效率及社会经济效益。

1. 开放的系统管理策略

根据普利高津的耗散结构理论，只有开放系统才能自动从环境吸取能量（即负熵）而从无序走向有序，而封闭系统只会走向死亡。因此，名牌生态系统本身应当对环境开放，只有开放的名牌生态系统才能不断地成长壮大。在管理策略上，一要建立一个良好的名牌生态系统成长机制，动态的吸纳优秀成员而放弃落后成员，以优胜劣汰原则构筑良好的资源要素流动机制，保证系统与环境、系统内部成员之间的流动畅通无阻、有条件时建立生态系统较大范围内的有形资源及信息、知识等无形资产的协同和共享。

2. 一体化管理策略

名牌生态系统内部各成员之间存在着复杂的相互作用机理，通过整合运作组成功能强大的系统竞争力。在名牌企业为中心的系统组织中，各成员均在名牌资产的光环下获得效益。因此，采用整合一体化的管理策略可有效减少系统内耗，促进形成系统竞争力的提升。一体化管理策略可包括系统成员共同体为系统投入资源，依据名牌文化效应形成统一的名牌生态系统品牌社区文化，建立系统内核心子系统管理联盟以及名牌生态系统一体化的经营运作规范与标准等。

3. 可持续的动态创新策略

由于名牌生态系统的结构与行为随着时间的推移而发生不断的变化，

有时原来的结构及机制也会逐渐变得无法适应环境，这时系统功能将会衰退乃至消亡。因此，名牌生态系统应采取持续的动态优化策略才能保持系统持续稳定发展。持续的动态优化要求系统内成员不断学习创新以提高自身素质及自身价值，可在核心系统成员的带动下形成学习创新型的名牌生态系统，并由名牌企业为主实施名牌资产增值、产品创新以及系统监控与调控策略。要根据环境资源状况适时创新名牌生态系统的结构形态及成员关系，以便保持系统的精益性及扩张性。另外，要监控名牌生态系统内部的各种随机涨落现象，比如，名牌企业及其他成员在新产品、新工艺等方面的成功创新或名牌生态系统内某些管理理念、管理方法等的成功引入，都可以通过系统的非线性作用而在名牌生态系统内得到放大，成为该系统快速成长的动力源泉及非平衡成长的系统序参量。

4. 非平衡优化策略

远离平衡态时系统升级成长的必要条件，它是名牌生态系统快速成长的主要策略。在名牌生态系统中，通过非平衡策略可保持系统成员价值能量交换的顺利进行，同时促进了系统活力的产生。名牌生态系统成员本身能力存在着非平衡性，因其在系统中发挥的作用不同而获得不同的价值回报。由于名牌生态系统固有的对称破缺性质，管理策略上应充分利用这种非平衡性而不断使名牌生态系统得到升级。具体来说，系统成员能力不平衡可使系统空间得到充分占据，结构不平衡使系统生态位得以合理化，成员地位不平衡使名牌企业对系统调控得以实现。通过关注关键物种及制造名牌生态系统的良性不平衡，可使名牌生态系统得以快速成长。

5. 环境优化策略

除了名牌生态系统自身的策略优化外，系统外部环境的优化策略也非常重要。由于名牌生态系统是社会经济的核心子系统，外部宏观环境因素对其功能发挥影响较大。政治、经济、法律、社会文化、教育及科技等环境因素既可促进也可限制名牌生态系统的发展。名牌生态系统成员尤其是名牌核心企业应审时度势、趋利避害，积极采取措施改善环境。另外，基于名牌生态系统的特殊地位，反过来又可能在政府政策、法规及规范标准等的制定以及社会文化形成等方面发挥极强的影响力与推动力，因而可以通过各种策略改善与优化名牌生态系统的外部环境。

§12.4 名牌商业生态系统可持续发展管理案例研究

12.4.1 AA 名牌生态系统构成及生态位描述

AA 股份有限公司属于轻工消费品企业，从 1997 年开始制定了名牌发展战略，启动了"名牌系统工程"，在发展过程中，先后实施了多项综合性名牌创造策略，经过 5 年的努力已成功进入快速发展期，成为中国名牌产品，进入国家名牌行列。

AA 股份有限公司位于胶东半岛的烟台市，是海内外闻名的葡萄酒之乡，被国际葡萄与葡萄酒组织认证为中国唯一的葡萄与葡萄酒城和国家工商局认定的葡萄酒原产地保护区域。AA 股份有限公司是我国葡萄酒行业的四强之一，其葡萄酒产量位居国内同行业第二位。该公司先后投资上亿元，从法国、意大利等国家引进了一大批国际先进设备，建成了大型的干型葡萄酒生产车间和地下酒窖，企业设备、技术力量达到了国际一流水平。AA 公司投资几千万元，在当地兴建了 3 处万亩葡萄种植基地。1998 年 AA 牌葡萄被国家绿色食品发展中心认证为绿色食品，同年 AA 也同样获得了中国绿色食品证书。1998 年 AA 公司经方圆认证委员会质量认证中心审核，一次性通过了国际 ISO9000 质量体系认证和 8 种产品认证，成为国内葡萄酒行业第一家获此殊荣的企业。2001 年公司通过了国际 ISO14000 环境管理体系标准认证。公司共有国家级优质产品近 10 个，是国内葡萄酒行业中国消费者协会唯一推荐品牌。2002 年 9 月 AA 品牌葡萄酒被国家权威机构认定为中国名牌产品，授权使用中国名牌产品标志。目前中国葡萄酒产业正处于"蓝海"阶段，市场需求发展快，是葡萄酒产业发展的机会期，但由于产业集中趋势加剧，名牌生态系统之间的竞争日趋激烈，因而存在一定的经营风险。

AA 名牌生态系统结构描述：

1. AA 名牌生态系统成员构成

（1）系统核心成员：AA 名牌企业；

（2）关键成员：各地合资销售公司、大型零售系统、所在地政府、核心市场经销商及消费者；

（3）其他重要成员：供应商、非核心市场区域分销商、行业协会、中介及其他环境支撑成员等。

2. AA 名牌生态系统区域市场分布形态

从图 12 - 7 可以看出，该名牌生态系统分布于中国局部区域市场中，核心区域位于山东境内，垂直结构处于中等生态位之上。

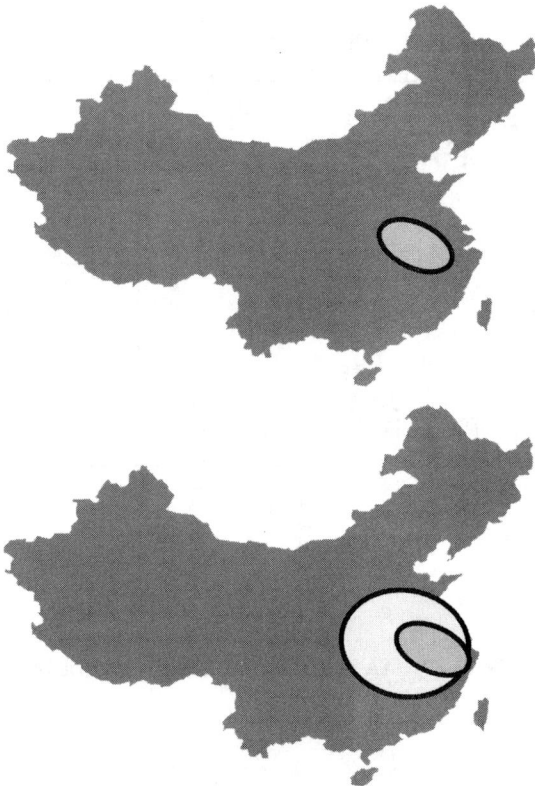

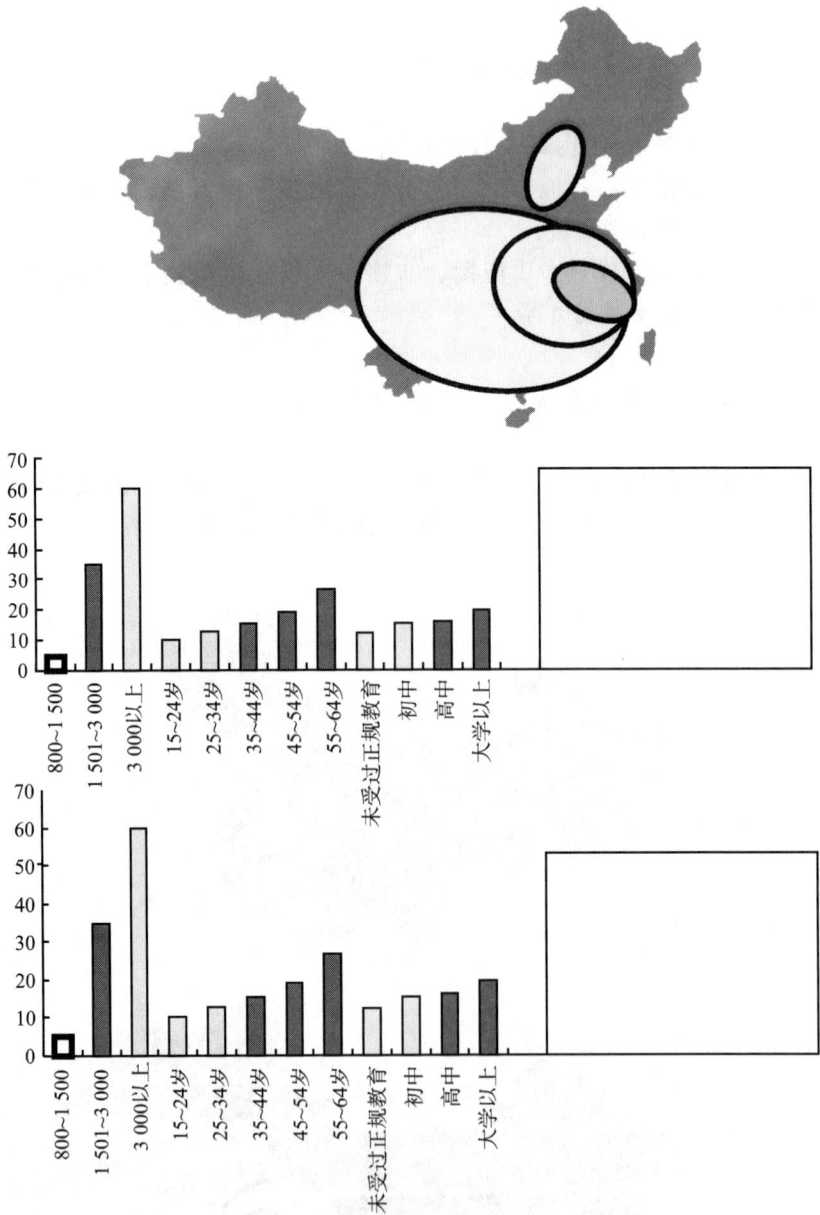

图 12-7　AA名牌生态系统区域市场分布形态

☞12.4.2　AA 名牌生态系统成长阶段策略

1. 非名牌阶段（1997 年以前）

该公司 1994 年由国有企业改制为股份制企业，从根本上解决了企业产权结构及经营机制问题，结束了长期亏损局面。1997 年以前，该企业以一般性质量水平产品投放市场，仅仅依靠全国糖酒订货会寻找客户，全公司仅有十几个销售业务代表销售产品，市场面窄，客户不确定；产品创新性不强，主要依靠多变的外观包装设计及中档价位优质产品赢得顾客。由于产品市场在中国呈上升趋势，同类竞争企业又不能绝对垄断，因而该企业的自然销售也取得了较好的成效，市场占有率与销售额持续增加，积累了一定的经济实力，企业管理素质逐步得到加强。但随着市场环境的变化，大企业竞争实力的不断增加，市场竞争越来越激烈，若不能尽快提升其品牌知名度与市场增长率，就很难得到持续稳定发展。

2. 名牌创造阶段（1997~1999 年）

1997 年开始，公司决定实施名牌战略。1998 年初该企业决定在国家自然科学基金项目"名牌创造发展及其战略管理"课题组参与下导入"名牌生态系统工程"。其主要工作围绕着企业名牌塔模型展开。首先，进行品牌系统工程规划，通过对企业环境进行研究，确立了名牌创造目标体系，提出了 2000 年实现创造全国知名品牌的总体目标；其次，按名牌战略规划进行部署与落实，通过五大工程迅速塑造 AA 品牌。对现有产品的结构进行了整合；再次，用一年的时间委托策划设计公司为企业设计并导入了企业形象识别系统（CIS），对品牌进行了定位，确立了 AA 品牌的"现代"核心理念。然后围绕"企业名牌塔"的塔身及塔顶展开了一系列卓有成效的工作，重点对产品质量及企业的市场营销网络、品牌及产品促销策略进行了部署。经过 1997 年、1998 年、1999 年 3 年的运作，企业的品牌知名度、产品美誉度、市场占有率、经济效益等都有了飞速发展。1999 年该品牌成为全国性品牌，并成为华东地区名牌产品。AA 公司实施的五大工程是：

（1）产品质量工程。对其产品结构进行了优化，确立了中价位高品质的产品定位；从法国、意大利引进了世界一流的设备与工艺技术，建立了现代化的葡萄酒生产系统，生产出了高质量的优质葡萄酒；建立了公司技术研发机构，形成了产学研一体化的技术创新体系；进行了原材料供应创新，实施了公司加农户的商业模式，实现了公司最关键原材料——葡萄的源头控制。公司与农户组成利益共同体，确定了以工补农，在资金、科技、政策上进行投资与扶持，建立了三万多亩优质葡萄种植基地，掌握了本地葡萄酒原料供应的主动权，通过以工补农，保护了农户的利益，同时为企业持续稳定发展创造了条件和基础；加强了产品工业设计，每年进行包装创新，并确立了国内同行企业包装领先的地位。

（2）品牌形象策划与传播工程。用一年的时间导入企业形象识别系统（CIS），确立了顾客至上的基本理念。以基本理念为基础，重新设计了公司的理念系统（MI），行为识别系统（BI）以及公司视觉识别系统（VI），形成了统一、鲜明、富有冲击力的形象识别体系。聘请正派、潇洒及具有文化品位的著名演员濮存昕作为 AA 品牌形象代言人，在全国形成了较大的名人效应冲击波。经过 3 年的传播品牌形象基本得到建立。

（3）企业文化工程。以公司多年形成的理念"尽心尽力，做到更好"统一公司员工思想意识，开展了丰富多彩的企业文化活动，讲创新比贡献，短短 3 年形成了公司积极向上的优秀企业文化，具有很强的凝聚力与向心力。

（4）市场拓展工程。制定了创造名牌产品的整体市场推进计划，确立了以东部沿海为核心，覆盖华中、华南，逐步形成了向全国进军的市场布局策略，改变了过去那种只靠经销商进行市场流通的传统做法，形成了稳扎稳打、渠道畅通有序的营销状态。在营销组合方面，通过精心策划，以灵活多变的方式，用最少的代价取得了最大的市场销售，并在社会组织、中间商、消费者及社会各界产生了积极影响。

（5）企业管理体系建设工程。以导入 ISO9000 国际质量体系标准为突破口，通过认真贯标，建立健全了公司管理制度及运作程序。并通过对公司所有方面管理制度的规范，初步形成了完善的公司管理体系。通过认真制定及执行企业管理制度，公司各级管理人员的管理素质得到了迅速提升。

（6）名牌企业软环境优化工程。主要围绕争取名牌企业及名牌产品市场所在地的政府、社区公众支持为目标而展开。

3. 名牌成长发展阶段（2000~2002 年）

2000 年开始，该品牌进入高速发展阶段。主要策略是继续实施"名牌系统工程"。在这一阶段的主要策略是：在完善管理体系基础上，重点实施了产品质量改进、品牌形象提升、生态型营销体系建设、人才聚集以及资本扩张等五大工程。通过实施五大策略工程，公司得到了快速成长并取得了良好经济效益。

（1）产品质量创新工程。在原有基础上实施质量创新，完善了公司质量管理体系，导入了 ISO9000（2000）新版国际标准，广泛开展了质量改进活动。重点对核心产品进行标杆（Benchmarking）创新活动，引进了国际最先进设备，引种了国际最新优质葡萄品种，研制了独具特色的新型生产工艺等，提升了产品质量档次与质量稳定性，大大提高了顾客满意度，降低了质量成本。

（2）品牌形象提升工程。在提升公司产品质量形象的同时，公司分地区分阶段进行了品牌传播活动。重点地区进行了高强度的整合传播，电视、广播、报纸、路牌、传单、公交车等多种媒体相互组合形成了强大的广告攻势，同时，通过提倡社会公益理念，主办、赞助并积极参与开展多种形式的社会公益活动，逐步形成了具有社会责任感的现代 AA 品牌形象。

（3）生态型营销体系建设工程。在市场营销工作方面主要进行了具有可持续发展能力的营销网络建设。通过与经销商、分销商建立稳固的战略联盟，建立了良好的市场秩序及市场利益链，疏通了营销渠道，扩大了市场吸纳容量，提高了 AA 品牌的市场份额。

（4）人才聚集工程。为了建立稳固而有活力的企业名牌"塔基"，2000 年开始，公司大量引进高素质人才，利用优秀企业文化与人才政策，吸引了全国各地的数百名优秀人才前来加盟。通过引进、培养与整合，逐步建立起一支作风过硬、技能超群的员工队伍。

（5）资本扩张工程。通过产业扩张，公司规模得到快速发展。从后向一体化的葡萄加工、包装制作到前项一体化的营销公司的建立，都大大增强了公司的市场营销能力及盈利水平。另外，相关多元化发展，如饮料、龙口粉丝等产品研发与生产也大大拓展了公司市场空间。

4. 名牌成熟发展阶段（2003~2006 年）

继续坚持以主业为核心的公司发展战略，通过巩固与提升企业管理水平，进行技术创新，提高产品质量，优化产品结构，加强市场营销以及提升 AA 形象等工作，实现公司品牌向领导品牌的转变。

启动公司资本运营战略，通过品牌运营，兼并收购同类中小企业，迅速扩大产品规模，同时运作公司海外上市募集资金，新上生物工程、现代农业等高科技项目，并力争尽快形成市场规模。另外，公司实施"人才兴企"战略，每年招聘博士、硕士研究生及优秀大学毕业生等高层次人才进入企业，以人为本构建企业核心竞争力。可以预见，该企业在未来几年内一定会有较大的发展。

将公司品牌创造发展主要策略工程加以归纳，如表 12 – 1 所示。

表 12 – 1　　　　　　　　　AA 名牌主要策略工程

发展阶段	名牌目标	主要策略内容	相应策略工程
非名牌阶段（1997 年前）	无	这一阶段产品质量一般、产品品种单调、价格较低，主要策略是通过业务员或糖酒订货会寻找经销商扩大销量，提高产品质量，迅速增加产品品种	无
名牌创造阶段（1997 ~ 1999 年）	地区名牌	进行名牌战略规划，改善产品质量、增加产品品种；建立品牌形象，迅速提升产品市场占有率；夯实公司管理基础，建立完善的公司管理体系，在重点地区成为主导品牌	· 国际 ISO9000 质量体系认证 · CIS 工程 · 市场拓展工程
名牌成长发展阶段（2000 ~ 2002 年）	国家名牌	继续实施名牌系统工程，进行质量创新与品牌形象提升，聚集人才、扩展市场区域，提高市场占有率，进行资本扩张，形成全国名牌	· 质量创新工程 · 生态型营销体系建设工程 · 人才聚集工程
名牌成熟发展阶段（2003 ~ 2006 年）	领导名牌	继续实施名牌系统工程	· 核心能力工程

☞ 12.4.3 AA 的名牌策略轨迹

1. 企业名牌创造发展阶段

企业名牌创造发展阶段如图 12 – 8 所示。

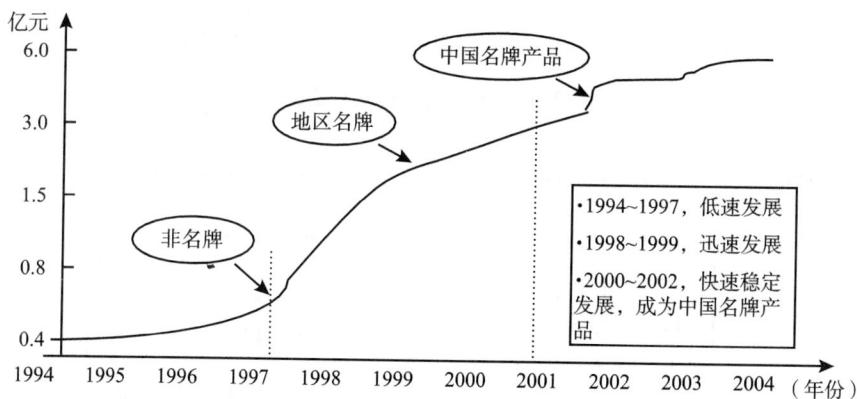

图 12 – 8　企业名牌创造发展阶段

图中标注：
- 中国名牌产品
- 地区名牌
- 非名牌
- ·1994~1997，低速发展
- ·1998~1999，迅速发展
- ·2000~2002，快速稳定发展，成为中国名牌产品

纵轴：亿元　6.0　3.0　1.5　0.8　0.4
横轴：1994　1995　1996　1997　1998　1999　2000　2001　2002　2003　2004　（年份）

2. 名牌策略要素发展轨道

通过对 AA 品牌创造发展策略的概述，可以大体上了解 AA 品牌不同发展阶段的策略内容。为了更深入了解其动态过程，我们还必须对其策略要素轨道进行描述。

名牌创造发展状态可由如下标志性变量加以衡量：知名度、美誉度、市场占有率、市场覆盖率、经济效益等；而相关的名牌创造发展策略要素变量有：品牌形象、产品质量、产品技术创新度、促销、营销网络、管理体系完善度、企业规模、经济实力等。对这些名牌创造发展策略要素的动态轨道，可由多种途径加以描述，其中名牌创造发展要素轨道图便是比较直观而有效的工具。图 12 – 9 表示了 AA 品牌在非名牌阶段（Ⅰ）、名牌创造阶段（Ⅱ）、名牌成长发展阶段（Ⅲ）的发展轨迹。图 12 – 10(a) ~ (d) 则表示了名牌创造发展的双要素轨道。

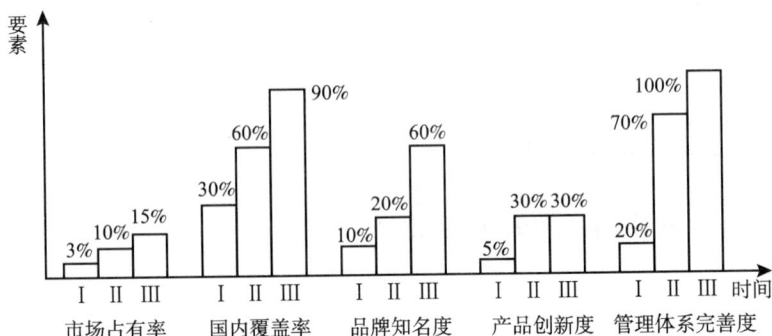

图 12 - 9   名牌创造发展状态变量

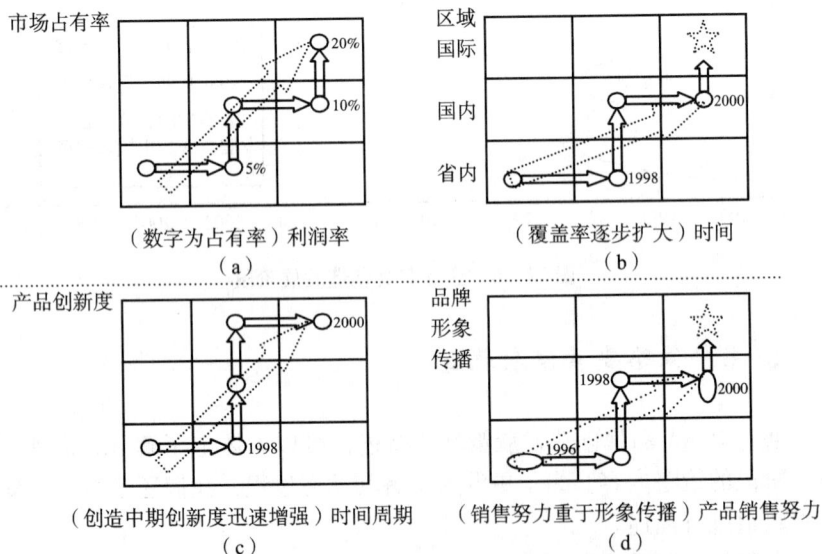

图 12 - 10   名牌创造发展策略要素的动态轨迹

从图 12 - 9 可以看出,在名牌生态系统创造发展的三个不同阶段,AA 品牌的市场占有率、国内市场覆盖率、品牌知名度、产品创新度以及管理体系的完善度均有了快速提升。从图 12 - 10(a) ~ (d)可以看出,该名牌在提高市场占有率的过程中,产品销售努力始终大于品牌形象传播努力,随着市场占有率的提高,企业利润率也在增加,说明产品结构有了很大改善。随着时间的推移，产品创新度逐步提高。而该品牌已由地区名牌发展成为中国名牌产品。

▬12.4.4　AA 名牌生态系统创建案例启示

通过对 AA 名牌及其他共计 20 个驻山东省名牌企业的考察及总结，得到如下一些案例启示：

（1）合理确定名牌生态系统发展目标，并对其进程进行科学规划。实施名牌战略，必须首先赋予名牌企业及其生态系统一个合理的目标。应遵循循序渐进、重点突破的原则。近期目标适当保守为宜，中长期目标必须先进。名牌生态系统目标体系应包括名牌生态系统管理边界划定、名牌形象、名牌地位、产品市场占有率、主业领域、生态系统规模及经济效益等指标。

（2）建设好的"名牌生态系统塔"是名牌生态系统创造成功的基石。"名牌生态系统塔"是一个完整的名牌生态系统支撑体系，从名牌生态系统塔基：名牌企业及高素质系统成员；名牌生态系统塔身：系统管理、系统文化及系统运营体系，到名牌生态系统塔顶：名牌及名牌产品等，均应相互协调，并组成有机整体。在 AA 名牌生态系统塑造过程中，"名牌生态系统塔"塔基及塔身的创建与优化始终是名牌生态系统工程实施的工作重点。名牌意识的确立、名牌企业及系统成员素质提升以及系统运作功能的优化等均以创立 AA 名牌生态系统为目标。"名牌生态系统塔"的打造是名牌持续成长的基础与前提，是名牌生态系统创造阶段系统管理的最主要工作。

（3）适时把握名牌生态系统创造发展的最佳策略轨迹。根据不同名牌生态系统发展目标、所处环境条件及发展状况，制定不同时期创名牌生态系统策略组合。针对不同时期特点抓住关键名牌资产要素，或单要素突进而带动整体成长，或以整体要素平衡求得名牌生态系统的稳定及健康发展。一个品牌从非名牌到名牌要经历从非名牌到初创名牌，到成长名牌，到成熟名牌、领导名牌等几个不同阶段，而在不同阶段品牌策略的轨道不同。比如 AA 公司，在名牌创造发展过程中，核心企业产品销售努力始终大于品牌广告传播努力，而现阶段 AA 名牌面临的重要任务是迅速提升品牌形象，实施最佳策略，把握住不同名牌创造阶段的关键变量，比如产品质量、品牌形象、营销网络、品牌知名度、系统管理以及名牌生态系统环境改善等。

（4）预警及危机管理是确保名牌生态系统创造成功与持续发展的支撑条件。在名牌生态系统创造过程中，环境变化及市场竞争等要素必然会给初创名牌的正常成长带来限制与威胁，及早预测品牌危机可有效防止名牌夭折或成长乏力问题。另外，出现名牌危机后的快速反应及有效管理，也是保证名牌的声誉及品牌价值不受损失的关键环节。AA名牌生态系统的快速健康发展充分证明了危机预警与危机管理对名牌生态系统创造发展的重要作用。

（5）名牌生态系统工程的内容应随不同状况而有所不同。对于不同产权、产业类型、不同发展阶段、不同地区及不同外部环境的企业，要视其具体情况设定名牌生态系统发展道路。简单的模仿不可能取得预想的效果。另外，由于名牌生态系统工程在实践中表现为"项目"性质，因而，通过"名牌生态系统工程"的推动，可大大提高名牌生态系统运作的效率及效益。

（6）建立良好的管理机制对名牌生态系统可持续发展具有重要作用。主要体现在运行机制及动力机制的创建及优化上。跨企业边界的管理机制要通过多个主体成员的博弈确定，而名牌生态系统应在其中起到核心作用。

（7）采用重点突出的名牌生态系统分布格局策略。鉴于中国市场区域辽阔，在名牌生态系统创建及发展过程中，采用重点突出的系统分布格局策略可形成适宜且具有相对优势的名牌生态系统生态位，并在生态系统的成长期内在其主导市场上成为领导型品牌生态系统。AA名牌生态系统的成功创建还说明，针对资源及环境条件，适当部署名牌企业及关键成员的地理布局，可以大大提高名牌生态系统的创建速度与效益。AA名牌企业总部位于中小城市，其政策环境要大大优越于大型中心城市。

（8）采用多样性策略。采用模式及成员多样性策略，既可提高系统活力，又可增加系统运行的稳定性。多样性的模式及成员，在中国区域广阔的市场上因地制宜，可以使名牌更加适应市场环境。而当某个区域的某个商业模式出现问题时，不至于影响到名牌的其他市场运作。类型各异的成员构成，可以为名牌生态系统带来不同长期的稳定性，某些成员退出而大量的成员会留在系统内。另外，多样性的成员构成可以使得系统与其他竞争名牌生态系统相互交叉渗透，系统协同性增加。

（9）创新是名牌生态系统发展壮大的核心动力。名牌企业及其其他关键成员的创新是名牌生态系统的动力源。一方面，核心企业要创新名牌产品、增加技术含量、提高产品质量；另一方面，要创新品牌价值、提高名牌资产，并通过传播扩大名牌生态系统的影响力及凝聚力。

总之，通过该案例可以看出一个品牌生态系统要想成为名牌生态系统，必须按照名牌生态系统演化规律制定并有效实施名牌战略；根据名牌生态系统的核心能力进行扩张与多元化；致力于名牌生态系统的长期稳定发展，切实做到所有系统成员利益均衡，并逐步形成稳固的联盟关系；增强名牌生态系统的文化凝聚力；加强名牌生态系统成员创新意识与风险意识，增强生态系统活力；针对名牌生态系统的不同发展阶段，制定并实施有效的市场营销策略；优化名牌生态系统成员结构，提高名牌生态系统的成员素质，以增加系统综合竞争力。

结　　语

随着市场经济及国际化的深入发展，中国名牌遇到了前所未有的竞争压力。如何使名牌能够在激烈的市场竞争中求得生存并发展壮大，成为各个名牌经营活动的关键问题。生物隐喻作为一种科学研究方法被广泛应用，许多著名品牌专家将品牌描述成"复杂的生物"，包含其产品或服务及品牌拥有企业而形成复杂的品牌系统。品牌系统与它们生活在其中的经济、社会和竞争形成的生态环境一起，共同构成了具有极其复杂系统运动行为的品牌生态系统。生态学的原理告诉我们，名牌及其产品与其他生命体一样，存在于市场生态系统之中，适者生存。当名牌及名牌产品所在的生态系统适应环境时，名牌能够生存与发展，当不适合环境时，名牌不能存在。名牌及其产品生态系统的存在性原理告诉我们，将名牌系统及其生存环境按生物生态系统进行分析研究，可以得到名牌完整的运动规律及其变化状态，并由此推演出企业名牌及产品管理的实用方法。

诸如社会网络理论等一些新的企业及品牌管理理论体现了新时代复杂多变环境下企业管理理论的新进展，为企业更加有效运作提供了方法与工具。然而，从理论深化、推广及应用情况看，这些理论尚缺乏协调性及可操作性。生物生态学在商业管理中的应用成果在描述企业可持续机制方面有了较大进步，尤其是商业生态系统理论的提出，为深入理解企业可持续成长规律提供了新的视角及方法。在品牌管理方面，生物生态学的引入也有了一定的进展。这些理论研究对名牌可持续成长的研究提供了新的视角及方法借鉴。

本书采用隐喻研究方法，基于生态学视角将品牌视为类生物物种，将其相关的商业系统视为类生态系统，类比生态系统的原理与方法对品牌尤其是名牌的可持续成长问题进行研究。对有关理论文献和企业实践活动进行了梳理，在对以往研究文献进行综述基础上，结合企业实践，初步建立了名牌生态系统理论分析框架及方法，运用系统分析的方法，定性定量研究了名牌生态系统构成、规律及启示。界定了品牌生态、品牌生态系统、品牌生态位等概念，指出品牌是具有类似生物特征的"生命体"，它与其生存环境一起形成了典型的商业生态系统即品牌生态系统。本书简要地阐述了品牌及名牌生态系统创建和可持续发展的重要性，明确了研究对象和范围，并介绍了理论分析框架和研究方法；对品牌、社会网络理论、相关利益者理论、供应链理论、生物生态理论在经济管理中的应用以及商业生态系统理论等进行了综述与评价；对品牌生态、品牌生态系统、品牌生态位等概念进行了界定，描述了品牌在市场区域中的分布结构及分布规律，提出了品牌生态位原理，并建立了品牌生态位的测度方法与模型；提出了名牌生态系统概念，分析了名牌生态系统的要素构成、分类，描述了名牌生态系统的结构形态，分析了名牌生态系统的环境因素，分析了名牌生态系统的演化过程、成长途径、运行及成长动力机制，建立了名牌生态系统动力来源结构优化匹配方程；分析了名牌生态系统成员的利益平衡与名牌生态系统的竞争及合作问题，建立了名牌生态系统的竞争及合作分析模型；利用博弈论探讨了名牌生态系统的成员竞合问题；对名牌生态系统中的知识分享、关联性及功能发挥，名牌生态系统的知识创新，名牌生态系统中的信息分类及信息流程优化等进行了探讨与分析；利用生物群落扩张方程，建立了名牌生态系统成员群落数量扩张模型；利用多主体建模、系统动力学等工具及方法，建立了名牌生态系统演化定量分析定量仿真模型，并给出了应用案例；分析了名牌生态系统的稳定性问题，探讨了名牌生态系统的稳定性判据与失稳预警方法，提出了名牌生态系统稳定性复合调控机制、调控模式与调控工具；探讨了名牌生态系统的评价问题，利用FUZZY、DEA/AHP等方法，建立了名牌生态系统功能及健康性评价模型，并给出了实际应用案例；建立了名牌生态系统可持续发展系统管理及策略轨道模型；通过案例研究给出了名牌生态系统创建成功的若干策略启示。这些研究结论对于深刻理解名牌生态系统的可持续成长机制及行为提供思维框架及操作方法。

由于能力及研究资源限制，本书存在很大的局限性，名牌生态系统机制及若干规律的实证尚显薄弱，名牌生态系统理论框架也存在不足之处。下一步将继续对名牌生态系统进行理论及实证研究，力争提出更具理论阐述力及实用性的方法与工具。

参 考 文 献

一、中文部分

1. ［美］Aulay Mackenzie，《生态学》，科学出版社 1999 年版。

2. 阿尔·里斯、劳拉·里斯：《打造网络品牌的 11 条法则》，上海人民出版社 2002 年版。

3. 艾丰：《名牌事业的崛起》，经济管理出版社 1995 年版。

4. 艾丰：《名牌论》，经济日报出版社 2001 年版。

5. 艾兴政、唐小我：《两种产品竞争与扩散模型研究》，电子科大出版社 1998 年版。

6. 安德雷亚斯：《营造名牌的 21 种模式》，中信出版社 1999 年版。

7. 安格尼斯嘉·温克勒：《快速建立品牌》，机械工业出版社 2000 年版。

8. 白玉、陈建华：《品牌生命周期的形成机理及其管理控制》，载《武汉理工大学学报》(信息与管理工程版) 2006 年第 6 期，第 117～120 页。

9. 布莱尔：《共同的所有权》，载《经济社会体制比较》1996 年第 3 期，第 37～40 页。

10. 曹慕昆、冯玉强：《基于多 Agent 计算机仿真实验平台 Swarm 的综述》，载《计算机应用研究》2005 年第 9 期，第 1～3 页。

11. 陈安、刘鲁、李刚等：《虚拟企业协作博弈中的双优策略》，载《系统工程理论与实践》2000 年第 8 期，第 11～17 页。

12. 陈国权：《供应链管理》，载《中国软科学》1999 年第 10 期，第 101～104 页。

13. 陈宏辉、贾生华：《利益相关者理论与企业伦理管理的新发展》，载《社会科学》2002 年第 6 期，第 53～57 页。

14. 陈宏辉：《利益相关者的利益要求：理论与实证研究》，经济管理出版社 2004 年版。

15. 陈维政、吴继红、任佩瑜：《企业社会绩效评价的利益相关者模式》，载《中国工业经济》2002 年第 7 期，第 57～63 页。

16. 陈蕴衡等：《层次分析法中确定判断矩阵的灰色统计方法》，载《山西统计》1995 年第 7 期，第 29～31 页。

17. 陈志祥、马士华、陈荣秋等：《供应链管理与基于活动的成本控制策略》，载《工业工程与管理》1999 年第 5 期，第 32～36 页。

18. 陈忠：《介入系统自组织的方法》，载《系统辩证学学报》1993 年第 1 期，第 66～69 页。

19. 陈忠：《现代系统科学学》，上海科学技术文献 2005 年版。

20. 彻纳东尼、麦克唐纳：《创建强有力的品牌》，中信出版社 2001 年版。

21. 但斌、张旭梅、黄河：《虚拟供应链体系结构和运作模式研究》，载《工业工程与管理》2000 年第 5 期，第 46～48 页。

22. ［德］亚历山大·S·米哈依洛夫：《从细胞到社会——复杂性运动的模型》，化学工业出版社 2006 年版。

23. 邓聚龙：《灰色控制系统》，华中工学院出版社 1985 年版。

24. 邓聚龙：《灰色系统》，国防工业出版社 1985 年版。

25. 刁兆峰、黎志成：《企业商业年龄及其测定方法初探》，载《科技进步与对策》2003 年第 9 期，第 137～138 页。

26. 董安邦、廖志英：《供应链管理的研究综述》，载《工业工程》2002 年第 9 期，第 16～20 页。

27. 范保群、王毅：《战略管理新趋势：基于商业生态系统的竞争战略》，载《商业经济与管理》2006 年第 3 期，第 3～10 页。

28. 范秀成：《品牌权益及测评体系分析》，载《南开管理评论》2000 年第 1 期，第 9～15 页。

29. 方福康：《复杂经济系统的演化分析》，载成思危：《复杂性科学探索》，民建出版社 1999 年版。

30. 方美琪、张树人：《复杂系统建模与仿真》，中国人民大学出版社 2005 年版。

31. 菲利普·科特勒：《营销管理》，上海人民出版社 1997 年版。

32. 冯德连：《中小企业与大企业共生模式的分析》，载《财经研究》2000 年第 6 期，第 35～42 页。

33. 符国群、佟学英:《品牌、价格和原产地如何影响消费者的购买选择》,载《管理科学学报》2003 年第 6 期,第 79 ~ 84 页。

34. 符国群:《品牌延伸研究:回顾与展望》,载《中国软科学》2003 年第 1 期,第 75 ~ 81 页。

35. 傅星、林寅:《基于多主体经济仿真的应用研究》,载《系统仿真学报》2006 年第 2 期,第 434 ~ 438 页。

36. 高哈特·凯利:《企业蜕变》,经济管理出版社 1998 年版。

37. 戈峰:《现代生态学》,科学出版社 2005 年版。

38. 龚元等:《中国中小企业品牌的生存策略》,载《决策借鉴》2000 年第 5 期。

39. 顾江:《生态系统稳定性统计模型分析运用》,载《数量经济与技术经济研究》2001 年第 1 期。

40. 顾力刚、韩福生、徐艳梅:《企业年龄研究》,载《外国经济与管理》2000 年第 12 期,第 8 ~ 12 页。

41. 哈肯·H:《协同学:理论与应用》,上海人民出版社 1987 年版。

42. 韩福荣、徐艳梅主编:《企业仿生学》,企业管理出版社 2002 年版。

43. 贺仲雄:《模糊数学及其应用》,天津科学技术出版社 1983 年版。

44. 贺爱忠等著:《网上名牌战略》,经济管理出版社 2003 年版。

45. 何建民:《创造名牌产品的理论与方法》,华东理工大学出版社 2002 年版。

46. 侯光明:《组织系统科学概论》,科学出版社 2006 年版。

47. 胡笙煌:《主观指标评价的多层次灰色评价法》,载《系统工程理论与实践》1996 年第 1 期,第 12 ~ 20 页。

48. 黄河、但斌、刘飞:《供应链的研究现状及发展趋势》,载《工业工程》2001 年第 1 期,第 16 ~ 20 页。

49. 黄昕、潘军:《关于汽车工业生态系统的几点思考》,载《商业研究》2002 年第 4 期,第 68 ~ 69 页。

50. 黄小原、李宝家:《供应链集成化动态模型与控制》,载《系统工程学报》2001 年第 4 期,第 254 ~ 260 页。

51. 黄欣荣:《复杂性科学的方法论研究》,重庆大学出版社 2006 年版。

52. 贾生华、陈宏辉:《利益相关者的界定方法述评》,载《外国经济与管理》2002 年第 5 期,第 13 ~ 18 页。

53. 姜昌华、韩伟、胡幼华:《Repast——一个多 Agent 仿真平台》,载

《系统仿真学报》2006 年第 8 期，第 2319～2322 页。

54. 金碚：《中国工业国际竞争力——理论方法与实证研究》，经济管理出版社 1997 年版。

55. 金吾伦、郭元林：《复杂性科学及其演变》，载《复杂系统与复杂性科学》2004 年第 1 期，第 1～5 页。

56. 金吾伦著：《跨学科研究引论》，中央编译出版社 1997 年版。

57. 景天魁著：《中国社会发展观》，云南人民出版社 1997 年版。

58. 凯文·德劳鲍夫：《品牌生存》，电子工业出版社 2003 年版。

59. 肯·巴斯金：《公司 DNA——来自生物的启示》，中信出版社 2001 年版。

60. 孔文：《移动通信生态系统的演化》，载《世界电信》2002 年第 1 期，第 25～29 页。

61. 蓝伯雄、郑小娜、徐心：《电子商务时代的供应链管理》，载《中国管理科学》2000 年第 3 期，第 1～7 页。

62. 李博：《生态学》，高等教育出版社 2000 年版。

63. 李光金、刘永清：《DEA 有效决策单元判断及排序的新方法》，载《系统工程理论与实践》1996 年第 8 期，第 37～42 页。

64. 李天得、刘爱民：《金融传染理论与政策》，载《经济管理》2001 年第 3 期，第 19～24 页。

65. 李英、马寿峰：《基于 agent 的仿真系统建模》，载《系统工程学报》2006 年第 6 期，第 225～231 页。

66. 李永刚：《浙江小企业群落式发展初探》，载《财经论丛》2000 年第 5 期，第 25～31 页。

67. 廖守亿、戴金海：《复杂适应系统及基于 Agent 的建模与仿真方法》，载《系统仿真学报》2004 年第 1 期，第 113～117 页。

68. 刘宏：《社会资本与商业网络的构建：当代华人跨国主义的个案研究》，载《华侨华人历史研究》2000 年第 1 期，第 1～15 页。

69. 刘洪等：《经济系统演化的基本原理》，载《数量经济与技术经济研究》，2000 年第 12 期，第 36～39 页。

70. 刘茂松等：《景观生态学》，化学工业出版社 2004 年版。

71. 刘友金、黄鲁成：《产业群集的区域创新优势与我国高新区的发展》，载《中国工业经济》2000 年第 2 期，第 33～37 页。

72. 刘仲康：《试论品牌成长战略》，载《南开管理评论》2000 年第 1

期,第 24~27 页。

73. 刘仲康等:《名牌战略》,中国友谊出版公司 1997 年版。

74. 柳键、马士华:《供应链库存协调与优化模型研究基础》,载《管理科学学报》2004 年第 4 期,第 1~7 页。

75. 柳泉波、何克抗:《基于多主体的计算建模与仿真框架——社会科学领域发现式学习环境的构建》,载《电化教育研究》2004 年第 1 期,第 27~30 页。

76. 卢泰宏、周志民:《基于品牌关系的品牌理论:研究模型及展望》,载《商业经济与管理》2003 年第 2 期,第 4~9 页。

77. 卢泰宏、谢飙:《品牌延伸的评估模型》,载《中山大学学报》(社科版) 1997 年第 6 期,第 9~14 页。

78. 卢泰宏等:《整体品牌设计》,广东人民出版社 1998 年版。

79. 吕一林:《零售业经营业态的变革与企业营销的演变》,载《中国流通经济》2000 年第 2 期,第 14~17 页。

80. 罗国勋等:《小企业集群发展模式及其绩效研究》,载《数量经济与技术经济研究》2000 年第 6 期,第 70~72 页。

81. 马士华等:《供应链管理》,机械工业出版社 2000 年版。

82. 迈克·波特著:《竞争战略》,陈小悦译,华夏出版社 1997 年版。

83. 迈克尔·E·罗洛夫:《人际传播:社会交换论》,王江龙译,上海译文出版社 1991 年版。

84. [美]詹姆斯·格莱克:《混沌—开创新科学》,上海译文出版社 1990 年版。

85. [美] A. 麦肯齐等:《生态学》,科学出版社 2004 年版。

86. [美]摩尔:《公司进化论》,机械工业出版社 2007 年版。

87. 苗东升:《系统科学原理》,中国人民大学出版社 1990 年版。

88. 欧阳志云等:《中国生态环境敏感性及其区域差异规律研究》,载《生态学报》2001 年第 1 期,第 9~12 页。

89. 欧阳志云等:《生态系统服务功能及其生态经济价值评价》,载《应用生态学报》1999 年第 10 期,第 635~640 页。

90. 潘成云:《逆名牌效应:理论与实证分析》,载《当代财经》2005 年第 11 期,第 65~69 页。

91. 潘成云:《品牌生命周期论》,载《商业经济与管理》2000 年第 9 期,第 19~21 页。

92. 彭信武：《复杂性探究方式与经济学》，载《社会科学》2001 年第 2 期，第 38～41 页。

93. 彭新沙等著：《名牌战略与经济结构调整》，湖南人民出版社 2004 年版。

94. 皮洛：《数学生态学》，科学出版社 1988 年版。

95. 普里高津：《非平衡系统的自组织》，科学出版社 1986 年版。

96. 钱辉：《基于生态位的企业演化机理探析》，载《浙江大学学报》（人文社会科学版）2006 年第 2 期，第 20～26 页。

97. 钱学森、于景元、戴汝为：《一个科学新领域——开放的复杂巨系统及其方法论》，载《自然杂志》1990 年第 1 期，第 3～10 页。

98. ［瑞士］库尔特·多普菲：《演化经济学》，高等教育出版社 2004 年版。

99. 赛奇：《网络时代的品牌》，企业管理出版社 2002 年版。

100. 尚玉昌：《行为生态学》，北京大学出版社 1998 年版。

101. 沈艺峰、林志扬：《相关利益者理论评析》，载《经济管理》2001 年第 8 期，第 19～24 页。

102. 宋学锋：《复杂性科学研究现状与展望》，载《复杂系统与复杂科学》2005 年第 1 期，第 10～17 页。

103. 隋丽群译：《培育商业生态系统构筑现代企业模式》，载《参考消息》1998 年第 2 期，第 10～15 页。

104. 万伦来：《企业生态位及其评价方法研究》，载《中国软科学》2004 年第 1 期，第 73～78 页。

105. 王成荣：《中国名牌论》，人民出版社 1999 年版。

106. 王冲、夏远强、张昌生：《供应链管理相关理论研究综述》，载《价值工程》2006 年第 3 期，第 50～53 页。

107. 王东民：《品牌生命的复杂性和复杂的品牌生理生态学》，载《商业研究》2004 年第 6 期，第 17～20 页。

108. 王凤彬：《供应链网络组织与竞争优势》，中国人民大学出版社 2006 年版。

109. 王兰州等：《人文生态学》，国防工业出版社 2006 年版。

110. 王利：《基于主体的仿真建模工具》，载《计算机教育》2005 年第 2 期，第 48～51 页。

111. 王莲芬等：《层次分析法引论》，中国人民大学出版社 1990 年版。

112. 王新新：《试论剩余控制权分享制》，载《当代经济科学》1997 年第 1 期，第 23～29 页。

113. 王兴元：《企业名牌塔理论初探》，载《世界标准化与质量管理》1999 年第 9 期，第 22～25 页。

114. 王兴元：《名牌生态系统成员构成特点及利益平衡》，载《商业研究》2000 年第 10 期，第 80～82 页。

115. 王兴元：《名牌生态系统初探》，载《中外科技信息》2000 年第 6 期，第 70～75 页。

116. 王兴元：《名牌生态系统的竞争与合作研究》，载《南开管理评论》2000 年第 6 期，第 14～16 页。

117. 王兴元：《名牌生态系统评价与诊断》，载《中国学术期刊文摘》1999 年第 12 期，第 1569～1570 页。

118. 王兴元：《名牌生态系统中的知识传播与分享研究》，载《科学学与科学技术管理》2004 年第 8 期，第 48～51 页。

119. 王兴元等：《品牌忠诚度测度及策略导向模型》，载《经济管理（新管理）》2005 年第 3 期，第 59～65 页。

120. 王兴元等：《论生态型企业营销体系及其建立与改造》，载《企业经济》2002 年第 8 期，第 89～90 页。

121. 王兴元等：《名牌创造发展系统管理模型及策略轨道设计》，载《中国软科学》2003 年第 2 期，第 78～82 页。

122. 王兴元：《品牌生态位测度及其评价方法研究》，载《预测》2006 年第 5 期，第 60～64 页。

123. 王兴元：《商业生态系统理论及其研究意义》，载《科技进步与对策》2005 年第 2 期，第 175～177 页。

124. 王兴元、杨旭：《名牌生态系统中的信息流程网络优化管理》，载《科技进步与对策》2004 年第 4 期，第 166～168 页。

125. 王毅、陈劲、许庆瑞：《基于生命周期的生态设计探讨》，载《中国软科学》2000 年第 3 期，第 117～119 页。

126. 威勒·西兰芭著，张丽华译：《利益相关者公司——利益相关者价值最大化之蓝图》，经济管理出版社 2002 年版。

127. 温科勒：《快速建立品牌》，机械工业出版社 2000 年版。

128. 魏权龄：《数据包络分析》，科学出版社 2004 年版。

129. 吴长顺：《营销组合理论的困境与前瞻》，载《中国流通经济》

2000 年第 6 期，第 21～24 页。

130. 武春友、朱庆华、耿勇：《绿色供应链管理与企业可持续发展》，载《中国软科学》2001 年第 3 期，第 67～71 页。

131. 席酉民等：《和谐管理理论》，中国人民大学出版社 2002 年版。

132. 肖红叶：《偶然事件是怎样锁定历史路径的——复杂性科学研究背景综述》，载《统计与信息论坛》2003 年第 2 期。

133. 肖鸿：《试析当代社会网研究的若干进展》，载《社会学研究》1999 年第 3 期，第 1～11 页。

134. 徐琴、成爱武、许炳：《基于 DEA／AHP 的核心企业供应商选择方法》，载《西安工程科技学院学报》2006 年第 4 期，第 239～242 页。

135. 许芳、李建华：《企业生态位原理及模型研究》，载《中国软科学》2005 年第 5 期，第 130～139 页。

136. 许国志：《系统科学》，上海科技教育出版社 2000 年版。

137. 薛求知、徐忠伟：《企业生命周期理论：一个系统的解析》，载《浙江社会科学》2005 年第 5 期，第 192～197 页。

138. 戈登著，杨金标译：《系统仿真》，冶金工业出版社 1982 年版。

139. 杨瑞龙、周业安：《企业利益相关者理论及其应用》，经济科学出版社 2001 年版。

140. 约翰·H·霍兰：《隐秩序—适应性造就复杂性》，上海科技教育出版社 2000 年版。

141. 约翰·霍甘，孙雍君等译：《科学的终结》，远方出版社 1997 年版。

142. 于淼、张崴：《国外品牌整合及发展名牌产品的经验与做法》，载《农场经济管理》2006 年第 3 期，第 40～41 页。

143. 张江、李学伟：《人工社会——基于 Agent 的社会学仿真》，载《系统工程》2005 年第 1 期，第 13～20 页。

144. 张金屯：《植物种群空间分布格局研究》，载《植物生态学报》1998 年第 4 期，第 344～349 页。

145. 张莉：《供应链管理文献综述》，载《煤炭经济研究》2004 年第 11 期，第 45～46 页。

146. 师萍、张其凯：《测度企业技术进步的一种新方法》，载《中国软科学》1992 年第 6 期，第 33～35 页。

147. 张维迎：《博弈论与信息经济学》，上海三联出版社 1996 年版。

148. 张燚、张锐：《论生态型品牌关系的框架建构》，载《管理评论》2005 年第 3 期，第 18~23 页。

149. 张燚、张锐：《品牌生态管理：21 世纪品牌管理的新趋势》，载《财贸研究》2003 年第 2 期，第 75~80 页。

150. 张燚、张锐：《品牌生态学——品牌理论演化的新趋势》，载《外国经济与管理》2003 年第 8 期，第 42~48 页。

151. 赵国杰、李菊栋、郭世起：《商业生态系统理论及其应用》，载《质量春秋》2002 年第 1 期，第 42~45 页。

152. 赵红、杨宗昌：《企业绩效评价指标体系构建——基于利益相关者理论的新探索》，载《经济管理》2004 年第 16 期，第 64~69 页。

153. 赵成文：《名牌和名牌群落的社会效应》，载《商业研究》2003 年第 8 期，第 59~61 页。

154. 郑明身：《名牌战略的科学内涵及一般模式》，载《南开管理评论》2000 年第 1 期，第 4~8 页。

155. 周凤霞：《生态学》，化学工业出版社 2005 年版。

156. 周志民：《基于品牌社群的消费价值研究》，载《中国工业经济》2005 年第 3 期，第 103~109 页。

157. 邹辉霞：《供应链协同管理》，北京大学出版社 2007 年版。

158. 祖元刚：《非线性生态模型》，科学出版社 2004 年版。

159. 祖元刚：《能量生态学引论》，吉林科学技术出版社 1990 年版。

160. 祖元刚等：《生态场理论的初步研究：生态学研究进展》，中国科学技术出版社 1991 年版。

二、英文部分

1. Aaker, D. A. Managing Brand Equity. New York：Free Press, 1991.

2. Aaker, D. A. Measuring Brand Equity Across Products and Markets. California Management Review, 1996. （38）：pp. 102 – 120.

3. Aaker, David A., Building Strong Brands, New York：The Free Press, 1996.

4. Aaker, Jennifer L., Dimensions of Brand Personality, Journal of Marketing Research, 1999, 34 （8）：pp. 347 – 356.

5. Adizes, I. Managing Corporate Lifecycles. Prentice Hall, 1999.

6. Ansoff. Corporate Strategic, 1965. McGraw-Hill, NewYork.

7. Bearder, W. O. , Shimp T. The use of extrinsic cues to facilitate product adoption. Journal of Marketing Research, 1982, 5 (2): pp. 229 –239.

8. Berle. A. A. , Means, G. C. The Modern Corporation and Private Property. New York: McMillan.

9. Blackston. M. The Qualitative Dimension of Brand Equity. Journal of Advertising Research, Research, 1995, 35 (4): RC2 ~ RC7.

10. Bourdieu, P. Social Space and Symbolic Power. Sociological Theory, 1989, (1): pp. 14 –25.

11. Bourdieu, P. The Form of the Capital. Handbook of Theory and Research for the Sociology of Education. New York: Greenwood Press, 1986.

12. Bronnenberg, B. J. , Asymmetric Promotion Effects and Brand Positioning, Marketing Science, 1996, 15 (4): pp. 379 –394.

13. Burt. R. Structural Holes. Cambridge. MA: Harvard University Press, 1992.

14. Carpenter, G. S. , Competitive Strategies for Late Entry Into a Market With a Dominant Brand, Management Science, 1990, 36. (10): pp. 1268 – 1298.

15. Chernatory. L. D. Brand Management. England: Dartmouth Publishing Company Limited, 1998.

16. Janiszewski, C. A Connectionist Model of Brand-Quality Association, Journal of Marketing Research, 2000 (8): pp. 331 –350.

17. Clarkson, M. A stakeholder framework for analyzing and evaluating corporate social performance. Academy of Management Review. 1995 , (1): pp. 92 –117.

18. Coleman, J. Foundations of Social Theory. Cambridge, MA: Harvard University Press, 1990.

19. Coleman, J. Social Capital in the Creation of Human Capital. American Journal of Sociology, 1990, 9 (4): pp. 95 –120.

20. Deirdre. B. C. Brand building in the Digital Economy, Prentice Hall PTR 2001.

21. Duncan, T. Moriarty. S. Driving Brand Value McGraw-Hill, 1999

22. Fisher, M. L. What is the right supply chain for your product? Harvard Business Review. 1997. 75, (2): pp. 105 –117.

23. Fouruier, S. Consumer and Their Brands: Developing Relationship Theory in Consumer Research. Journal of Consumer Research, 1998, (3): pp. 344 – 373.

24. Freeman. R. E. Strategic management: A Stakeholder Approach. Boston: Pitman/Ballinger. 1984.

25. Gary D. Gyagory, Integrating Cultural Influences into Current Theory on Customer Loyalty Formation, Journal of Brand Management (UK), 1999, 6 (7): pp. 393 – 408.

26. Hannan, M. T., Freeman, J. H. The Population Ecology of Organizations. The American Business Review, 1982 (6): pp. 929 – 964.

27. Herr, P. M. Brand equity and advertising: advertising's role in building strong brands. Journal of Marketing Research. 1994. 31 (4): pp. 580 – 582.

28. Hoeffler, Steve; Keller, Kevin Lane. The marketing advantages of strong brands. Journal of Brand Management, 2003. 10 (6): pp. 421 – 445.

29. Iansiti., M, & Levien, R.. Strategy as Ecology. Harvard Business Review, 2004 (9).

30. Moore, J. F. The Death of Competition, Harper Collins Publishers, Inc. (USA), 1996.

31. James F. Moore. Predators and prey: A new ecology of competition. Harvard Business Review, 1993, 71 (3): pp. 75 – 84.

32. James G. Hutton, The Influence of Brand and Corporate Identity Programs on Consumer Behavior: A Conceptual Framework. Journal of Brand Management, 1997, 5, (11): pp. 120 – 135.

33. Jean N. Kapferer, Strategic Brand Management, Kogan Page, Ltd. 1999.

34. Jones. Instrumental Stakeholder Theory: A synthesis of Ethics and Economics. Academy of Management Review. 1995 (2): pp. 404 – 437.

35. Kahn BE, Bass FM. Aggregating individual purchases to the household level. Marketing science, 1986, 5 (3): pp. 260 – 268.

36. Keith S. Couler and Girish Punj, Influence of Viewing Context on the Determinations of Attitude Toward the AD and the Brand, Journal of Business Research, 1999, 45 (5): pp. 47 – 58.

37. Keller, K. L. Brand Knowledge Structures, Measuring and Managing Brand Equity, NJ: Prentice Hall, 1998.

38. Keller, K. L. Strategic Brand Management. Beijing: Prentice Hall and Ren min University of China Press, 1998.

39. Kemal, A. Delic, Umeshwar Dayal. The Rise of the Intelligent Enterprise. ACM Ubiquity, 2002. 3.

40. Kevin, D. L. Certainty and domain2independence in the sciences of complexity: a critique of James Franklin's account of formal science. Studies in History and Philosophy of Science, 1999, 30 (4): pp. 699 – 720.

41. Keller K. Lane. Strategic Brand Management. Prentice Hall, Inc., 1998.

42. Lee, H. L., Billington, C. Managing Supply Chain Inventory: Pitfalls and Opportunities. Sloan Management Review. Spring 1992. 33 (3): pp. 65 – 74.

43. McKelvey, B. Complexity Theory in Organization Science: Seizing the Promise or Becoming a Fad? Emergence. 1999, 1 (1): pp. 5 – 33.

44. Porter, M. E., Cluster and the New Economics of Competition. Harvard Business Review, 1998 (11/12): pp. 77 – 90.

45. Porter, M. E., Competitive Advantage. Free Press, NY., 1985.

46. Michael J. M. Global Trends 2005: An Owner's Manual for the Next Decade. St. Martin's Press, June 1999.

47. Mitchell, A., Wood, D. Toward a Theory of Stakeholder Identification and Salience: Defining the Principle of Who and What Really Counts. Academy of Management Review. 1997 (4): pp. 853 – 866.

48. Moore, J. F. The Death of Competition. Arts Licensing International, Inc. 1996.

49. Muniz, A. M., O' Guinn, T. C. Brand Community. Journal of Consumer Research, 2001, (3): pp. 421 – 432.

50. Nelson, R. P., Winter, S. G.. An Evolutionary Theory of Economic Change. The Belknap Press of Harvrd University Press, 1982.

51. Olson, P. Consumer Behavior and Marketing Strategy. Irwin: Homewood, 1993.

52. Peterson, R. A. The price and perceived quality relationship: Experi-

mental evidence. Journal of Marketing Research, 1970, 11 (4): pp. 525 – 528.

53. Kotlor, P. , Grary Armstrong, Principles of Marketing (7th edition), Printice Hall, Inc. 1996.

54. Prahalad, C. K. , Hamel, G. The Core Competence of the Corporation. Harvard Business Review, 1990 (3): pp. 79 – 91.

55. Florida, R. , The New Industrial Revolution. Futures 1991 (7/8): pp. 559 – 576.

56. Ares, R. U. , Toward a Non – linear Dynamics of Technological Progress. Journal of Economic Behavior and Organization 1994, 24 (6): pp. 35 – 69.

57. Rycroft, R. W. , Kash, D. E. , Innovation Policy for Complex Technologies. Issues in Science and Technology, 1999, 16. (Fall): pp. 73 – 79.

58. Sheth. J. N, Newman. B. I, and Gross. B. L. Consumption Values and Market Choice. Cincinnati, Ohio: South Western Publishing, 1991.

59. Shocker, D. A. , Rajendra K. S. and Robert W. R. Challenges and Opportunities Facing Brand Management: An Introduction to the Special Issue. Journal of Marketing Research, 1994, (31). pp. 149 – 158.

60. Croom, S. Supply Chain Management: an analytical framework for critical literature review. European J. of Purchasing & Supply Management, 2000 (6): pp. 67 – 83.

61. Tapscot, D. The Web Still Reigns. Intelligent Enterprise. 2001. 4 (7): pp. 16 – 18.

62. Tapscot, D. Collaborate With the Potential Enemy. Intelligent Enterprise. 2001, 4 (12): pp. 14 – 16.

63. Wang Xingyuan. ARMA-GM combined forewarning model for the quality control, Systems Engineering and Electronics, 2005. 16. (1): pp. 224 – 227.

65. Wang Xingyuan. Evaluation Model and Optimum Tactics for the Enterprises Brand Tower (EBT), Proceedings of ICIM' 2004. Japan, China Aviation Industry Press. 2004.

64. Wang Xingyuan. Evaluation Model for the Brand Market Niche. Proc. Of ICIM'06, China Aviation Industry Press. 2006.

65. Winter. S. Schumpeterian Competition in Alternative Technological Regimes. Journal of Economic Behavior and Organization. 1984（5）: pp. 287 – 320.

致　　谢

本书是作者承担的国家自然科学基金项目的部分研究成果，首先感谢国家基金委对我研究的大力扶持。作者的博士导师——北京航空航天大学管理学院夏国平教授对此项研究给与了悉心指导，夏老师渊博的知识、宽以待人的胸怀以及对我工作生活等各个方面的关心使我终生难忘，在此向夏老师表示衷心感谢！在项目研究过程中，各位领导及同事朋友们均在工作和生活上给与了大力支持和无私帮助，在此特向山东大学管理学院徐向艺院长、左金朝书记、杨蕙馨教授、刘岗教授、刘洪渭教授、吉小青教授、丁荣贵教授、陈志军教授、钟耕深教授、赵炳新教授、戚桂杰教授、王益明教授、宋一陵教授；经济科学出版社吕萍女士、于海汛先生等领导老师们表示衷心的感谢！另外，研究生孙平、于伟、张鹏、赵媛媛、王增辉、王光远以及我的家人也对本研究给予了大力帮助，在此，也向各位同学及家人们表示衷心感谢！

责任编辑：吕　萍　于海汛

责任校对：徐领弟

版式设计：代小卫

技术编辑：邱　天

名牌生态系统分析理论及管理策略研究

——基于生态学视角的探索

王兴元　著

经济科学出版社出版、发行　新华书店经销

社址：北京市海淀区阜成路甲 28 号　邮编：100036

总编室电话：88191217　发行部电话：88191540

网址：www. esp. com. cn

电子邮件：esp@esp. com. cn

汉德鼎印刷厂印刷

海跃装订厂装订

787×1092　16 开　20.75 印张　350000 字

2007 年 12 月第一版　2007 年 12 月第一次印刷

印数：0001—4000 册

ISBN 978 - 7 - 5058 - 6738 - 3/F・5999　定价：32.00 元